全国地方知识产权战略实施推进工作指导手册

贺　化　主编

知识产权出版社
全国百佳图书出版单位

图书在版编目（CIP）数据

全国地方知识产权战略实施推进工作指导手册 / 贺化主编. —北京 ：知识产权出版社，2014.9

ISBN 978-7-5130-2974-2

Ⅰ. ①全… Ⅱ. ①贺… Ⅲ. ①知识产权－工作－中国－手册 Ⅳ. ①D923.4-62

中国版本图书馆 CIP 数据核字(2014)第 201120 号

内容提要

本书基于全国地方知识产权战略实施的工作部署和经验，从全国地方知识产权战略实施框架体系入手，结合经典工作案例，对省、市、县各级政府推进知识产权战略实施的工作内容和工作重点进行了讲解，并对地方知识产权战略实施的重点内容进行了说明，将对地方知识产权战略实施工作参与人员全面理解地方知识产权战略实施，掌握推进地方知识产权战略实施的规范化的工作程序和方法具有重要意义。

责任编辑：陆彩云　　**责任出版**：刘译文

全国地方知识产权战略实施推进工作指导手册

贺 化　主编

出版发行：知识产权出版社有限责任公司　　**网　址**：http://www.ipph.cn
http://www.laichushu.com
电　话：010-82004826
社　址：北京市海淀区马甸南村 1 号　　**邮　编**：100088
责编电话：010-28000860 转 8110　　**责编邮箱**：Lcy@cnipr.com
发行电话：010-82000860 转 8101/8029　　**发行传真**：010-82000893/82003279
印　刷：北京市凯鑫彩色印刷有限公司　　**经　销**：各大网上书店、新华书店及相关专业书店
开　本：720mm×960mm　1/16　　**印　张**：20
版　次：2014 年 9 月第 1 版　　**印　次**：2014 年 9 月第 1 次印刷
字　数：280 千字　　**定　价**：60.00 元
ISBN 978-7-5130-2974-2

本书编委会

序　言

自2008年6月5日《国家知识产权战略纲要》颁布，我国知识产权战略实施已六年有余。六年来，通过全国知识产权系统的共同努力，知识产权战略实施工作机制全面建立，知识产权政策体系日趋完善，知识产权创造水平大幅提高，运用效果明显增强，知识产权保护状况显著改善，知识产权管理体制、机制不断健全，知识产权文化氛围初步形成，战略纲要设定的近期目标已基本实现。

当前，国际国内科技、经济、产业发展形势有了新的变化，知识产权战略实施也步入了新阶段。2014年7月11日，克强总理会见世界知识产权组织总干事高锐时明确提出“建设知识产权强国”。建设知识产权强国是我国知识产权事业发展阶段的一个必然选择，也是中华民族伟大复兴和实现中国梦的必然要求。区域知识产权战略实施既是知识产权强国建设的必要保障，也是知识产权强国建设的重要路径。知识产权强国建设离不开强省、强市建设支撑，而国家知识产权战略的落实也离不开地方知识产权战略实施的深入推进。

《全国地方知识产权战略实施推进工作指导手册》从省级、市（地）级、县（区）级三个层次系统地梳理了地方知识产权战略实施的工作体系，提出了地方知识产权战略实施中的重点任务，并列举了大量地方知识产权战略实施的相关案例，对指导全国推进地方知识产权战略实施工作具有较强的参考价值。我们希望地方各级知识产权管理部门合理使用本手册，求真务实，开拓创新，深入推进区域知识产权战略实施，为知识产权强省、强市建设提供有力保障，为实现知识产权强国和创新型国家建设做出重要贡献。

贺化

2014 年 9 月

前 言

2008年《国家知识产权战略纲要》颁布实施，知识产权战略上升为国家战略，知识产权事业迎来了蓬勃发展的春天。在《国家知识产权战略纲要》的指引下，经过全国知识产权系统六年的辛勤耕耘，知识产权战略实施取得了骄人成绩，知识产权制度不断完善，知识产权环境逐年改善，公众知识产权意识进一步增强，知识产权创造、运用、保护、管理能力不断提升。2013年，国家知识产权局共受理发明专利申请82.5万件，同比增长26.3%，连续3年位居世界首位。2013年中国通过《专利合作条约》（PCT）途径提交的国际专利申请数量为2.1516万件，首次突破2万件，同比增长15.6%，位列世界第三。

我国知识产权事业在快速发展的同时，还存在知识产权总体质量不高，运用能力相对薄弱，企业知识产权管理不够完善，知识产权保护水平与公众期望存在差距，知识产权意识和环境还有待进一步增强和优化，地区发展不平衡等问题。在当前我国经济发展方式转变、创新驱动发展、发达国家将知识产权作为重要的新的竞争手段的形势下，需要科学考虑各地发展实际，进一步加强对推进实施知识产权战略。同时，按照《国家知识产权战略纲要》要求，应“针对不同地区发展特点，完善知识产权扶持政策，培育地区特色经济，促进区域经济协调发展”。

地方知识产权战略应当紧紧围绕国家知识产权战略所设定的目标和任务，紧密结合地方特色实施推进。从省级、地市级到区县级，各级政府都应当结合上级知识产权战略的总体部署和自身实际积极开展战略实施工作，从而形成有层次、有特色、合力助推的知识产权战略实施立体工作体系，使知识产权战略在我国能够得到系统有效的实施。

基于全国地方知识产权战略实施工作部署和实践经验，本手册第一章介绍了全国地方知识产权战略实施推进体系，第二章、第三章和第四章分别总结了省级、地市级、区县级的知识产权战略实施工作体系。第五章围绕《国家知识产权战略纲要》要求，在梳理总结年度国家知识产权战略实施推进计划的基础上，提出了地方知识产权战略实施中的重点任务，并期望通过全国各地实际案例的经验启示，为地方知识产权战略实施工作提供指导借鉴。

本手册虽是我国各地方实施推进知识产权战略工作多年经验的积累，但也仅对全国地方知识产权战略实施推进工作的重点内容进行了阐述，未能涵盖全部工作内容，各地方有关部门在战略实施工作中要结合本地实际，对手册各部分的内容灵活运用，不必过分拘泥于本手册所设定的工作层级，合理有效地开展地方知识产权战略实施工作。

一次培训，一次会议，一次交流，都可能使人获得新的理解，新的感悟。我们希望，这本小册子能给地方知识产权战略实施工作一些启发和触动。同时希望能在更多知识产权同仁的关注下，这本手册的内容能得到不断丰富和完善，发挥更大的指导作用。

目　录

专 栏

1 全国地方知识产权战略实施推进体系

1.1 国家知识产权战略

1.1.1 国家知识产权战略制定背景

随着科学技术的进步、知识经济的兴起和经济全球化进程的加快，在世界范围内，知识产权的重要性日益显现。知识产权已经成为支撑我国经济发展和提升竞争力的重要战略资源。在我国经济社会发展进入从量变到质变的新时期，推动经济增长方式转变，消除资源和环境等因素的制约，提高我国在国际分工中的地位，迫切需要通过完善知识产权制度为自主创新和可持续发展提供动力机制和环境支撑，迫切需要全面提高政府和市场主体运用知识产权制度的能力，有效创造、运用、保护和管理知识产权资源。

我国在知识产权领域正面临越来越严峻的挑战。一是缺乏高质量的自主知识产权，特别是缺乏拥有自主知识产权的关键技术和国际知名品牌，难以支撑国民经济持续发展和促进经济增长方式的转变。二是知识产权侵权和权利滥用现象较多，知识产权执法力度不够和对知识产权滥用缺乏规制并存。三是运用知识产权能力薄弱。知识产权产业化和经营水平低，对国民经济发展的贡献尚未充分发挥。四是知识产权管理水平严重滞后。管理体制不健全，知识产权政策尚未在经济、贸易、科技等领域发挥主导作用。五是全社会知识产权意识亟待提高，知识产权服务支撑体系和人才队伍建设滞后于形势发展需要。六是应对知识产权规则国际化的能力不足。这些问题如不能及时、有效地加以解决，将会严重影响我国经济社会发展。

因此，制定和实施国家知识产权战略是我国深化改革开放和经济社会发展的客观需要，是积极应对知识产权国际规则变革的挑战、维护我国利益和经济安全的紧迫任务。

专栏 1-1 高层关注

完善知识创新体系，实施国家科技重大专项，实施知识产权战略，把全社会智慧和力量凝聚到创新发展上来。

——引自十八大报告

中国政府通过健全知识产权评价标准、完善技术交易市场和服务等，更好运用知识产权，促进科技成果向现实生产力转化，努力建设知识产权强国。

——引自李克强总理在 2014 年 7 月 11 日会见世界知识产权组织总干事高锐时的谈话

1.1.2 国家知识产权战略内容

2008 年 6 月 5 日，国务院发布《国家知识产权战略纲要》(以下简称《战略纲要》)。《战略纲要》的颁布实施，将知识产权工作上升到国家战略层面。战略按照“激励创造、有效运用、依法保护、科学管理”的方针进行统筹部署和整体推进，为我国的知识产权事业指明了发展方向和基本思路。

1.1.2.1 国家知识产权战略的基本定位

基于对形势与发展、机遇与挑战的综合分析，《战略纲要》认为，知识产权已经成为涉及国家发展的重大战略问题，要从国家战略资源的高度认识知识产权，从国家总体发展战略的高度，全面部署运用知识产权制度，促进创新型国家建设和全面建设小康社会的总体谋划。

1.1.2.2 国家知识产权战略的核心

国家知识产权战略具有基础性和长远性，其核心在于制度变革，重点是优化知识产权制度。要通过知识产权战略的实施，推动知识产权相关法规健全完善、体制合理协调、政策衔接配套，营造良好知识产权法治环境、市场环境和文化环境，发挥市场机制配置资源的基础作用、社会自我管理的重要作用和政府的引导作用，促进市场主体提高创造、运用、保护和管理知识产权的能力，进而提升国家核心竞争力，掌握发展主动权。

1.1.2.3 国家知识产权战略实施的基本原则

要坚持以邓小平理论和“三个代表”重要思想和科学发展观为指导，按照激励创造、有效运用、依法保护、科学管理的方针，着力完善知识产权制度，积极营造良好的知识产权法治环境、市场环境、文化环境，大幅度提升我国知识产权创造、运用、保护和管理能力，为建设创新型国家和全面建设小康社会提供强有力支撑。

1.1.2.4 国家知识产权战略的实施目标

到 2020 年，把我国建设成为知识产权创造、运用、保护和管理水平较高的国家。知识产权法治环境进一步完善，市场主体创造、运用、保护和管理知识产权的能力显著增强，知识产权意识深入人心，自主知识产权的水平和拥有量能够有效支撑创新型国家建设，知识产权制度对经济发展、文化繁荣和社会建设的促进作用充分显现。

从 2008 年至 2013 年五年的目标是：自主知识产权水平大幅度提高，拥有量进一步增加。运用知识产权的效果明显增强，知识产权密集型商品比重显著提高。知识产权保护状况明显改善。盗版、假冒等侵权行为显著减少，维权成本明显下降，滥用知识产权现象得到有效遏制。全社会特别是市场主体的知识产权意识普遍提高，知识产权文化氛围初步形成。

1.1.2.5 国家知识产权战略的实施重点

国家战略纲要确定的五个战略重点包括：一是完善知识产权制度。包括进一步完善知识产权法律法规、健全知识产权执法和管理体制、强化知识产权在经济、文化和社会政策中的导向作用。二是促进知识产权创造和运用。包括运用财政、金融、投资、政府采购政策和产业、能源、环境保护政策，引导和支持市场主体创造和运用知识产权，推动企业成为知识产权创造和运用的主体。三是加强知识产权保护。四是防止知识产权滥用。五是培育知识产权文化。

专栏 1-2 日本国家知识产权战略的实施

一、战略实施背景

第二次世界大战以后，日本在专利技术开发上实行“追随战略”，在专利诉讼方面则实行“专利网战略”，以量取胜，成功遏制了美国的专利封锁。然而，进入20 世纪 90 年代，日本技术经济发展面临困境。一方面是追随战略遇到来自美国的阻力。当时日本的制造业技术已经达到了国际先进水平，与欧美发达国家的技术落差不断缩小，处于产品生命周期的成熟阶段和衰落阶段的技术对日本企业已经不具有吸引力，技术引进对日本公司的边际效用开始呈现递减态势。美国公司纷纷对日本公司提起知识产权诉讼，大多数的判决都以日本公司的败诉而告终，日本公司要么退出美国市场，要么缴纳高额的知识产权许可费，从此，日本产品在美国市场的占有率大幅缩小。另一方面是亚洲新兴工业国家的挑战。随着亚洲新兴工业国家和地区如韩国、中国台湾、中国香港特别是中国大陆的经济增长和生产技术的提高，正在以低成本产品蚕食日本产品的市场份额。在汽车零件、电池、车内音响、电动工具、香烟、胶卷、印刷机调色剂、个性化玩具市场上，亚洲特别是中国的份额急速增加。并且随着生产技术的提高，这些国家和地区生产的仿造品的性能与日本产的品相差无几，对日本企业的出口造成了严重的冲击。反观日本国内的劳动力成本的提高，制造业的成本优势已经不复存在。

美国知识产权战略对日本的示范效应起到很大作用。日本开始对美国进行考察，试图找到美国经济恢复的原因。经过一番调研之后，日本发现，美国竞争力优势恢复的原因是美国实施了知识产权战略。在这样的背景下，日本开始确立“知识产权立国”的国策。

二、战略实施举措

2002 年日本成立由首相担纲的知识产权战略本部，颁布《日本知识产权战略大纲》;2003年实施《知识产权基本法》;2003年起每年出台战略实施推进计划。2009年4月，日本提出第三阶段知识产权战略基本方针。2009年6月，推出《知识产权推进计划2009》，提出五大政策目标，制定100多条重点政策措施，近200条一般政策措施。

日本立足于实现知识产权立国，在知识产权创造、保护、应用、管理等方面建立了一套科学合理的战略实施机制，主要举措包括：一是健全产学合作激励机制，激励知识产权创造；二是从专利的审查到专利权的获得、转让和运用等，都实行有效的保护政策，强化知识产权保护；三是促进知识产权的转让和流通，使发明创造和研究开发成果产业化，推动知识产权应用；四是发展具有国际优势和广泛影响的多媒体素材产业，利用这些知识文化资产扩展海外市场，创造更大价值；五是培养人才并提高国民意识。通过几年的实践，日本实现了从“贸易立国”到“技术立国”，再到“知识产权立国”的战略升级，推动了日本经济的发展。

了解邻国知识产权战略的政策目标和执行组织，分析其知识产权制度的历史和实现知识产权战略的经济原因，对我国知识产权战略的实施具有借鉴意义。

1.1.3 国家知识产权战略的实施体系

《战略纲要》确定的目标、战略重点、专项任务和战略举措是国家知识产权战略实施的基准和依据，国务院及其各部门从全局上统筹研究制定推进国家知识产权战略实施工作的制度、政策以及工作计划，逐年滚动实施，并对实施效果进行评估，适时调整年度工作重点，动态推进战略的全面深入实施。

1.1.3.1 国家知识产权战略的实施机构

（1）国家知识产权战略实施工作部际联席会议制度。

为贯彻落实《国家知识产权战略》，协调推进知识产权战略实施工作，确保实现国家知识产权战略目标，2008年10月9日国务院批复同意建立国家知识产权战略实施工作部际联席会议制度。部际联席会议成员包括国务院分管副秘书长和中宣部、外交部、发改委等28个部门分管领导，在这28个部门中，既有专利、商标、版权等知识产权管理部门，也有分别承担知识产权创造、运用和保护各环节的相关职能部门，以及各产业主管部门。联席会议办公室设在国家知识产权局。联席会议建立了全体会议、联络员和工作联系人制度。

部际联席会议主要职责为：在国务院领导下，统筹协调国家知识产权战略实施工作；研究制定国家知识产权战略实施计划；指导、督促、检查有关政策措施的落实；协调解决国家知识产权战略实施过程中的重大问题；研究国家知识产权战略实施的重大政策措施，向国务院提出建议；研究协调与国家知识产权战略实施工作有关的其他重要事项。

表 1-1　部际联席会议成员单位一览表

中央宣传部	外交部
发展改革委	教育部
科技部	工业和信息化部
公安部	司法部
财政部	人力资源和社会保障部
环境保护部	农业部
商务部	文化部
卫生部	国资委
海关总署	工商总局
质检总局	广电总局
版权局	林业局
国家知识产权局	法制办
中科院	总装备部
高法院	高检院

资料来源：国家知识产权战略网。

表 1-2　国家知识产权战略实施工作部际联席会议部署的工作重点情况

会议	工作部署情况
2008年11月21日 第一次全体会议	将实施知识产权战略作为学习和实践科学发展观的重要任务，标本兼治，着力建立知识产权长效机制，扎扎实实地做好知识产权各项工作

续 表

会议	工作部署情况
2009年1月12日 第一次联络员全体会议	各成员单位要围绕国家经济社会发展大局，结合战略实施的实际，加强学习，充分调查，找准问题，明确现阶段和长远目标，提出操作性强的工作计划；要积极整合内部资源，充分利用外部资源，密切加强部门之间的沟通协调，建立部门间和部际间有效协作机制，形成各政府部门实施《战略纲要》的统一部署和落实《战略纲要》的合力
2009年8月11日 第二次联络员全体会议	在当前形势下，战略实施工作在认识上，要把握好实施知识产权战略与应对金融危机的关系；在定位上，要准确把握好政府和市场主体的关系；在组织实施上，要切实把握好具体分工负责和相互配合统筹协调的关系
2010年1月27日 第三次联络员全体会议	在新的形势下，知识产权越来越成为支撑国家发展的战略性资源和主导未来产业发展的关键。现阶段，国际贸易保护主义有所抬头，我国面临的知识产权压力持续增大，更需要深刻认识并努力发挥知识产权的重要战略作用，大力推进知识产权战略实施。2010年围绕转变发展方式和调整经济结构，要抓好以下重点工作。一是鼓励知识产权创造和运用，提高自主知识产权水平。二是依法加强知识产权保护，健全知识产权法治环境。三是夯实基础，积极营造有利于实施知识产权战略的环境
2010年3月1日 第二次全体会议	抓紧研究制定鼓励知识产权创造和运用的政策措施，通过完善机制，促进自主知识产权成果化、产业化、商品化，实现知识产权市场价值；要加强知识产权保护，加大司法惩处力度，充分发挥中介组织在企业维权中的作用；积极组织研究知识产权与对外经贸问题，妥善应对知识产权国际纠纷
2010年8月25日 第四次联络员全体会议	在当前形势下，要充分发挥知识产权战略的重要支撑作用，确保我国转变经济发展方式进程顺利推进
2011年2月16日 第五次联络员全体会议	在当前形势下，加快实施知识产权战略既是应对国际竞争的需要，更是我国促进创新和加快经济发展方式转变的内在要求
2012年 2月3日 第六次联络员全体会议	2012年战略实施工作要由全面开展向深入推进转变，要由建立体系、打好基础向抓住重点、突出实效转变。要注重工作实效，细化任务方案，确保《推进计划》任务落实。要注重协调联动，加强部门间沟通联系，形成战略实施合力。要注重对外交流合作，在国际新规则制定过程中占据主动。要注重加强协调服务，创新工作方式，充分发挥联席会议制度作用。要注重基础性研究，为解决战略实施中遇到的宏观重大问题打好基础

续 表

会议	工作部署情况
2012年2月24日 第三次全体会议	2012年要重点做好知识产权相关法律法规制定修订、知识产权司法保护、知识产权行政执法与刑事司法衔接、知识产权行政执法信息公开、政府机关软件正版化、知识产权诚信体系建设和全社会知识产权保护意识提升等工作。各部门要密切配合，加强衔接，共同做好知识产权工作
2012年8月17日 第七次联络员全体会议	战略实施工作经过前几年的基础建设，现已朝着分层推进、重点突破、务求实效的方向转变，战略实施工作由起步期进入攻坚期，需要突出重点，集中力量解决一些关键性问题。各部门要继续不折不扣地做好计划的执行和落实；要加强对计划执行的督促检查，做好实施评估工作，加大工作推动力度；要结合形势发展，积极思考，加强对新阶段战略实施工作的谋划和部署；要认真筹备好战略实施五周年专题活动
2013年2月1日 第八次联络员全体会议	要深入贯彻党的十八大精神，做好新阶段知识产权谋划和部署。要抓住主要问题攻坚克难，从注重提高数量向更加注重提升质量转变，从注重制度构建向更加注重保护实效转变，从注重提高意识向更加注重提升能力转变。要加强协作配合，进一步完善战略实施统筹协调机制
2013年8月20日 第九次联络员全体会议	在国家知识产权战略实施进入新阶段之际，要统一思想、深化认识，做好新时期战略工作的总体规划，有力支撑创新驱动发展战略。要加强落实，力求实效，全力推进今年战略实施年度推进计划的执行
2014年2月19日 第十次联络员全体会议	当前形势下，要着力解决市场运用知识产权的活力和动力不足、知识产权保护不力短板效应显著、知识产权管理服务水平跟不上发展需要等问题。为确保战略实施工作深入推进，联席会议各成员部门要贯彻落实中央全面深化改革精神，做好《深化实施国家知识产权战略行动计划（2014—2020年）》组织制定工作

（2）国务院及其各部门。

国务院在战略实施中起领导作用。2008 年 12 月 12 日，国务院办公厅印发《实施国家知识产权战略纲要任务分工》，明确了各部门实施知识产权战略的任务分工。国务院各部门高度重视、强化组织领导，认真研究部署战略实施工作，制定实施战略的配套政策。各部门建立了从联席会议成员、联络员到工作联系人自上而下、逐级负责的工作机制，七个部门专门成立了本部门的战略实施领导小组，总装备部成立了国防知识产权局，高检院、广电总局等新设知识产权处。

表 1-3 专门成立战略实施领导小组的主要部门

部门	领导小组名称
国家知识产权局	专利战略推进工程领导小组
科技部	知识产权战略实施工作领导小组
司法部	知识产权战略实施工作小组
农业部	贯彻实施国家知识产权战略工作领导小组
国家工商总局	商标战略实施领导小组
高法院	贯彻实施《战略纲要》工作领导小组
总装备部	国防知识产权战略实施领导小组

1.1.3.2 国家知识产权局在战略实施中的作用

根据 2008 年 3 月 21 日《国务院关于机构设置的通知》(国发［2008］11 号)，国家知识产权局为国务院直属机构。2008 年 7 月国务院办公厅印发《国家知识产权局主要职责内设机构和人员编制规定》(国办发［2008］94 号)，明确其职责包含“会同有关部门组织实施国家知识产权战略”职能；内设机构新增保护协调司，承担组织协调实施《战略纲要》的有关工作。

在组织协调国家知识产权战略实施工作中，国家知识产权局承担知识产权战略实施协调机制的具体工作，组织拟定推进国家知识产权战略实施年度计划，开展涉及多部门知识产权工作的组织协调，开展战略实施工作的指导督促等。具体而言，主要从战略协调、行业战略、区域战略、知识产权保护四个层面开展工作。

战略协调工作：组织拟订推进国家知识产权战略实施的计划，提出实施知识产权战略的配套政策建议；承担知识产权战略实施协调机制的有关组织工作；组织战略重大课题研究，编辑知识产权战略实施工作简报等刊物。

行业战略工作：组织拟订行业知识产权战略的有关政策和措施。联系国务院有关部门，指导和协调重点行业知识产权战略实施工作。联系、协调重大科技项目和经济活动的知识产权工作。

区域战略工作：组织拟订区域知识产权战略的有关政策和措施。联系地方政府，指导和协调区域知识产权战略实施工作。组织进行区域知识产权战略实施评估工作。

保护知识产权工作：提出全国保护知识产权工作的方针及政策建议，组织拟订全国保护知识产权工作方案，组织协调全国保护知识产权专项行动，协调有关重要工作；参与侵犯知识产权重大案件的督办工作，承担知识产权执法协作机制的相关工作，承办行政执法的有关工作；协调执行知识产权多双边协议、协定中有关国内履约的行政执法工作；协调全国保护知识产权宣传活动的有关工作。

1.1.3.3 国家知识产权战略实施的政策文件体系

国家战略实施工作自上而下全面部署推进，全面构建了知识产权战略实施的政策文件体系，并从专业领域逐步融入经济、科技、社会、教育等各领域，全社会齐抓共管的局面正在形成(如表 1-4 所示)。知识产权政策文件体系包括三个层次：一是国家各类重大规划明确知识产权工作，“十二五”规划把每万人口发明专利拥有量列入发展目标。国务院出台《加强战略性新兴产业知识产权工作指导意见》。工业转型升级、服务业发展、科技创新、文化产业、人才等重大规划明确知识产权部署。二是各领域知识产权战略规划，如专利战略、商标战略、版权战略以及农业、林业、国防、中央企业、科技等分领域知识产权战略或规划，各部门落实贯彻《战略纲要》的任务分工、工作方案、指导意见、实施办法等。三是各区域、各省（区、市）、地（市）制定落实战略纲要的政策举措，长三角、西部大开发等区域政策注重发挥知识产权支撑作用，《关于深入实施知识产权战略，促进中原经济区经济社会发展的若干意见》印发。

表 1-4 国家知识产权战略实施的政策文件体系

序号	发布部门	文件名称
1	发展改革委	《国家发展改革委关于贯彻落实<国家知识产权战略纲要>任务分工》

续 表

序号	发布部门	文件名称
2	科技部	《科技部贯彻落实知识产权战略工作方案》
3	工业和信息化部	《贯彻实施<国家知识产权战略纲要>任务分工》
4	司法部	《关于贯彻<国家知识产权战略纲要>的指导意见》
5	农业部	《农业知识产权战略纲要》《农业部关于落实<国家知识产权战略纲要>有关重要措施的实施方案》《关于进一步加强农业知识产权工作的意见》
6	文化部	《文化部办公厅关于<国家知识产权战略纲要>实施工作任务分工的通知》
7	卫生部	《医药卫生知识产权管理规定》《关于加强中医药知识产权工作的指导意见》
8	国资委	《关于加强中央企业知识产权工作的指导意见》
9	工商总局	《关于贯彻落实<国家知识产权战略纲要>大力推进商标战略实施的意见》《国家工商总局实施<国家知识战略纲要>任务分工》
10	质检总局	《关于贯彻落实<国家知识产权战略纲要>有关工作的通知》
11	广电总局	《广播影视知识产权战略实施意见》《广电总局贯彻<国家知识产权战略纲要>任务分解方案》
12	版权局	《国家版权局关于贯彻国家知识产权战略纲要的实施意见》
13	林业局	《关于贯彻<国家知识产权战略纲要>的指导意见》
14	知识产权局	《全国专利事业发展战略（2010—2020年）》《国家知识产权局实施<国家知识产权战略纲要>任务分工》
15	高法院	《最高人民法院关于贯彻实施国家知识产权战略的若干意见》
16	总装备部	《国防知识产权战略实施方案》
17	国防科工局	《国防科工局关于贯彻落实国家知识产权战略纲要的实施意见》

1.1.3.4 国家知识产权战略实施工作的层级结构

知识产权战略是国家运用知识产权制度，促进经济发展，文化繁荣和社会进步的国家总体发展战略。这从根本上确立了知识产权工作在全面建设小康社会、建设创新型国家中的地位和作用。国家战略的实施工作方案可分为宏观、中观、微观三个层面，如图 1-1 所示。

宏观层面是指知识产权已上升为国家战略，其实施由国务院统一领导，进行任务分工；由部际联席会议统筹部署，每年制定年度推进计划；国务院各部门贯彻落实，出台配套政策。通过优化知识产权制度，加强体制、法规、政策的配套，以市场为导向，促进我国丰富的人力资源转变成智力资源成果，通过我国巨大的市场引力吸纳全世界的创新资源。

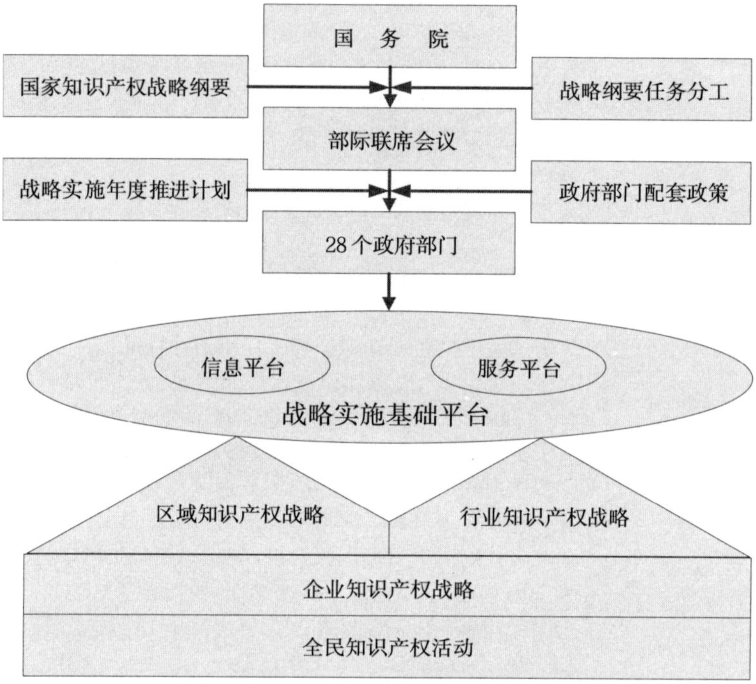

图1-1　国家知识产权战略实施推进示意图

中观层面是指，地区和行业知识产权战略工作，既要突出地区和行业特色，又能实现与国家法律法规、政策措施、体制的有效衔接。知识产权战略实施基础平台建设，如信息平台、服务平台。

微观层面是指，企事业单位知识产权战略，能综合运用知识产权，采取合理的知识产权战略提升企事业单位核心竞争力；个人与知识产权也密不可分，非职务发明是我国发明创造的重要组成部分，应充分利用知识产权制度，尊重个人的创新成果，培养公民的知识产权意识。

1.1.3.5 国家知识产权战略实施的督促检查机制

国家知识产权战略实施的督促检查机制通过国家知识产权战略实施的总

结评价工作实现。其目的是，通过全面及时掌握地方知识产权战略实施的整体情况和实际效果，总结战略推进的阶段性经验，查找战略实施过程中存在的问题，结合地区经济社会发展实际，适时调整阶段目标和政策方向，进一步推进地方知识产权战略实施，确保战略目标顺利实现。

国家知识产权战略实施总结评价工作，从工作开展层面上，可划分为联席会议成员单位层面的总结评价和地方层面的总结评价。从开展时间阶段上，可划分为阶段性总结评价和年度性跟踪评价。2012—2013 年，联席会议办公室分别在联席会议成员单位层面和地方层面，组织开展了考察战略实施五年目标实现程度的阶段性总结评价工作。此次五年期阶段性总结评价工作的开展，探索了总结评价工作的方式、方法，总结了战略实施的成绩、问题，开拓了战略实施工作思路，推动了地方战略的深入实施。

针对地方层面的全国战略实施总结评价工作由国家知识产权局会同联席会议相关成员单位共同组织地方开展，总结评价工作本身包括：审议地方总结评价工作方案，开展第三方总结评价，拟定全国地方战略实施评估报告，指导地方推进总结评价工作开展。评价的内容包括：评价地方知识产权战略实施总体情况，包括地方知识产权战略实施进展情况总体判断，地方知识产权战略实施体制机制建设情况，地方知识产权战略实施保障支撑情况；评价地方知识产权战略纲要完成情况，包括地方知识产权战略纲要阶段性目标完成情况，地方知识产权战略纲要战略重点、专项任务、战略措施、重点工作等的完成情况，以及地方知识产权战略纲要实施成效、存在问题及对策建议；评价地方知识产权战略实施促进区域经济发展情况，包括针对“知识产权促进经济发展方式转变”“知识产权促进自主创新”以及“知识产权促进产业优化升级”等知识产权支撑地方经济发展的情况开展专题评估。

1.2 地方知识产权战略

1.2.1 地方知识产权战略制定背景

国际国内形势要求。在知识产权重要性日益凸显的形势下，知识产权同样是地方核心竞争力的表现。与经济社会发展要求相比，各地普遍存在知识产权质量不高，重大自主知识产权偏少，知识产权管理服务体系不完善，知识产权与经济社会发展结合不够紧密，知识产权支撑和促进地方经济发展的作用尚未充分发挥等不足。因此，制定和实施地方知识产权战略已成为各级地方政府的一项重要工作。

国家战略的要求。《战略纲要》在战略措施“加强知识产权行政管理”中明确指出，要“制定并实施地区知识产权战略”。制定并实施地区知识产权战略是国家战略提出的要求，地方战略是国家战略的有机组成，是国家战略的实施途径和具体化，是国家战略的重要支撑，国家知识产权战略纲要中的各项目标、任务、举措都要通过地方知识产权战略加以细化、分解和落实、完成。

地方知识产权战略的实施不仅是地方政府落实国家知识产权战略的重要举措，更是推动地方经济发展，转变发展方式，调整产业结构的重要抓手。只有加强地方知识产权战略工作，才能统筹国内资源，形成合力，全面提升地方自主创新能力，转变地方经济发展方式，调整产业结构，有效应对国际金融危机，实现地方经济社会又好又快发展。

目前全国地方知识产权战略实施工作体系基本建立，全国除安徽和西藏外，已有 29 个省（区、市）和新疆生产建设兵团出台了地方知识产权战略，如表 1-5 所示。

表 1-5　各省（区、市）知识产权战略制定与实施情况

序号	省(区、市)	时间	文件名称
1	上海	2004	《上海知识产权战略纲要(2004—2010年)》
		2008	《关于本市实施国家知识产权战略纲要的若干意见》
		2012	《上海知识产权战略纲要（2011—2020年）》
2	山东	2005	《山东省知识产权发展纲要（2005—2010）》
		2012	《山东省知识产权战略纲要》
3	贵州	2006	《贵州省知识产权战略纲要（2006—2015年）》

续　表

序号	省(区、市)	时间	文件名称
4	广东	2007	《广东省知识产权战略纲要（2007—2020年）》
5	辽宁	2008	《辽宁省知识产权战略纲要》
6	陕西	2006	《陕西省农业植物新品种保护专项战略》
		2008	《陕西省知识产权战略纲要（2008—2020年）》 《陕西省知识产权战略推进计划（2008—2010年）》
		2010	《陕西省人民政府关于推进商标战略的实施意见》
		2011	《陕西省知识产权战略推进计划（2011—2012年）》
		2013	《陕西省知识产权战略推进计划（2013—2014年）》
7	青海	2008	青海省贯彻落实《国家知识产权战略纲要》实施意见
8	河南	2008	《河南省知识产权战略纲要》
		2013	《河南省人民政府关于加快实施知识产权战略的意见》
9	江苏	2009	《江苏省知识产权战略纲要》
10	湖南	2009	《湖南省知识产权战略实施纲要》
11	北京	2009	《关于实施首都知识产权战略的意见》
12	重庆	2010	《重庆市人民政府关于创建知识产权保护模范城市的意见》
13	四川	2009	《四川省知识产权战略纲要（2009—2020年）》
		2011	《四川省专利战略（2011—2020年）》 《四川省商标战略（2011—2020年）》 《四川省版权战略（2011—2020年）》 《四川省植物品种权战略（2011—2020年）》 《四川省地理标志产品保护战略（2011—2020年）》
14	河北	2009	《关于贯彻国家知识产权战略纲要的实施意见》
15	云南	2008	《云南省人民政府关于推进商标战略工作的实施意见》
		2009	《云南省人民政府关于贯彻国家知识产权战略的实施意见》
16	浙江	2009	《浙江省贯彻国家知识产权战略纲要实施意见》
17	广西	2009	《广西壮族自治区实施知识产权战略意见》
18	福建	2010	《福建省人民政府关于贯彻国家知识产权战略纲要的实施意见》
19	天津	2010	《天津市知识产权战略纲要》
20	新疆	2010	《新疆维吾尔自治区知识产权战略纲要》
21	海南	2010	《海南省知识产权战略纲要》
22	兵团	2010	《新疆生产建设兵团知识产权战略纲要》
23	甘肃	2010	《甘肃省知识产权战略纲要》
24	湖北	2010	《湖北省知识产权战略纲要》
25	吉林	2010	《关于进一步加强知识产权工作的意见》
26	黑龙江	2011	《黑龙江省知识产权战略纲要（2011—2020年）》
27	宁夏	2011	《宁夏回族自治区知识产权战略纲要》
28	江西	2012	《江西省知识产权战略纲要》

续 表

序号	省(区、市)	时间	文件名称
29	山西	2013	《山西省知识产权战略纲要》
30	内蒙古	2013	《内蒙古自治区知识产权战略纲要（2013—2020年）》

1.2.2 地方知识产权战略的内容

地方知识产权战略制定是一项政策性、专业性很强的工作，关系地方经济社会长远发展。制定战略要遵循认清战略形势，找准关键问题，分析问题、解决问题的思路。在此基础上，提出战略指导方针和原则，确立战略目标，划分战略阶段，明确战略重点，制定各项政策和保障措施，形成完整的区域知识产权战略。必须将区域知识产权战略制定工作建立在深入调查研究的基础上，特别要对战略涉及的重要内容进行深入研究。已经制定或者已经实施完成一轮知识产权战略的地方，应该根据国家战略中所确定的各项政策和措施来进一步完善本地的知识产权战略；尚未制定知识产权战略的地方，应以国家知识产权战略为依据来制定适合本地区的知识产权战略。

1.2.2.1 研究地方知识产权战略面临的形势

形势研究是整个战略研究的基础，具有统一认识、凝聚力量的作用。要从整体上分析地方经济社会发展面临的形势，掌握地方知识产权事业发展与地方综合竞争力的状况，研究知识产权与本地经济、科技、文化、社会发展的内在关系，摸清地区发展对知识产权的需求，查找制约发展的知识产权重点、焦点问题及原因，论述制定和实施地方知识产权战略的重要性和紧迫性，深化和统一认识。

1.2.2.2 确定地方知识产权战略指导方针

指导方针是地方知识产权战略的灵魂，是确定战略目标、战略重点和战略对策的依据。要确定地方知识产权战略如何贯彻和结合国家知识产权战略的指导思想，明确地方知识产权战略的定位，突出特点，把握重点和着力点。在此基础上，明确地方知识产权战略的指导方针、基本原则及政策取向。

1.2.2.3 明确地方知识产权战略目标

战略目标是战略实施要达到的绩效，战略目标既要振奋人心、鼓舞干劲，也应当切实可行，经过努力奋斗能够最终实现。地方知识产权战略应根据发展实际情况设定总体目标和阶段目标。阶段目标可以根据专利、商标、版权等知识产权类型分别设计，也可以根据立法、执法、人才、信息、中介等工作方面设计，还可以根据本地重点发展技术和产业领域设计。目标制定的关键是可统计、可比较、可考核。

1.2.2.4 提出地方知识产权战略的重点任务与政策措施

战略重点要针对重点问题和突出矛盾提出，要明确和抓住要害。在确定重点任务的基础上，提出地方知识产权战略的各项政策和保障措施。战略措施要务实，具有可操作性，包括知识产权创造、运用、保护和管理等各环节的重点工作，重点行业、重点领域的知识产权工作，知识产权工作体系建设、人才培养以及宣传教育等。

我国幅员辽阔，各地区发展条件和基础有很大差异，发展水平和发展状况也很不均衡。各地方在制定知识产权战略时，务必结合地方实际和发展需要，避免生搬硬套，千篇一律。要切实把知识产权导向融入各项实际政策中，努力制定出具有鲜明地方特色、切实解决地方问题的知识产权战略。表 1-6 为知识产权相关指标纳入政府考核情况。

表 1-6 知识产权相关指标纳入政府考核情况

序号	省(市、区)	纳入考核指标
1	天津	强化绩效考核、目标管理，实行项目化目标责任管理，通过市区两级监测进行定量化考核，确保各项工作取得实效
2	上海	市政府把每百万人发明专利拥有量和发明专利授权量作为对知识产权部门的考核指标
3	福建	将万人发明专利拥有量等创新指标纳入政府效能评估和绩效考核工作；将专利申请量、授权量等知识产权指标纳入对各设区市政府的工作目标考核体系

续 表

序号	省(市、区)	纳入考核指标
4	湖南	省新型工业化领导小组把企业专利工作纳入新型工业化考核指标体系
5	广东	2009年，省委省政府将“百万人口发明专利申请量”纳入《珠江三角洲地区改革发展规划纲要》重点监测指标。2010年，将“专利产出指数”纳入广东省市厅级党政领导班子和领导干部落实科学发展观评价指标体系；将“百万人口发明专利申请量、授权量”纳入广东国民经济和社会发展计划
6	重庆	市委、市政府将专利、商标作为经济社会发展重要指标逐步纳入对全市各区县（自治县）党委、政府领导班子实绩考核内容
7	四川	专利申请量、发明专利申请量、专利实施产值和专利执法保护纳入省委推动科技创新和成果转化督办目标，“每万人发明专利拥有量翻一番”纳入省委、省政府实施创新驱动发展战略五年目标
8	云南	年度专利申请量、发明专利拥有量目标被纳入创新型云南计划指标。专利、商标等知识产权工作被纳入省和州市科技进步与行政绩效考核指标体系
9	青海	西宁市已将知识产权工作纳入政府年度考核指标体系
10	陕西	2011年将“每百万人口发明专利授权量”作为陕西省“十二五”规划的33个主要发展指标之一 2013年起省政府将年度专利申请和年度专利授权作为考核设区市政府年度工作的指标体系 2013年省政府召开了全省商标战略推进工作会议，对新增的18件中国驰名商标重奖1800万元。各设区市、县（市、区）对新增省著名商标均有不同的奖励政策
11	新疆	对知识产权创造五年任务和年度指标分解到成员单位和地州市，并列为各级政府绩效考核和重大项目立项、检查、验收的重要指标体系
12	兵团	兵团建立了“三位一体”的知识产权战略层级考核机制，将知识产权指标和专利工作纳入了师市新型工业化考核和科技进步考核及园区工作目标考核的重要内容，将知识产权战略制定与实施作为重要考核指标之一

1.2.3 地方知识产权战略与国家战略的关系

地方知识产权战略是国家知识产权战略的有机组成部分、实施途径和重要支撑，是国家战略在地方层面的深化和具体化。加强地方知识产权战略实施工作，有利于加强国家战略实施与地方战略推进的衔接互动，有利于增强地方战略实施与地方经济发展的紧密联系。两者关系为：

国家战略是地方战略的依据。国家战略是从宏观层面对知识产权制度体系作出整体规划和战略部署，为地方战略的制定和实施提供指导和方向。地方知识产权战略需遵循国家知识产权战略的指导思想、基本原则，大力贯彻激励创造、有效运用、合理保护、科学管理的方针，围绕国家知识产权战略提出的重大任务和政策措施，提出并落实各项实施举措。

地方战略服从、服务于国家战略，是地方对国家知识产权战略实施的具体化，对国家战略形成完善和补充。地方战略介于国家战略与行业战略、企业战略之间，是国家战略落实为企业和行业自主创新能力提高的纽带和桥梁。地方战略执行国家知识产权战略，要在战略目标和重大措施上与国家战略确定的方向保持高度一致，内容上不得与国家战略相抵触。同时，地方战略创造的地方性知识及造成的良性区域竞争，既推动了国家战略的实施，又进一步丰富和完善了国家战略。

地方战略具有一定的自主性。地方战略在不与国家战略相抵触的前提下，地方政府可以从本地的具体情况和实际需要出发，发挥积极性和创造性，自主地规划和处理本地方的知识产权事务。各地在制定和实施地方战略时需从本地实际出发，找准突破口，体现出地方特色并服务于地方经济、社会发展。经济发达地区可以在产业结构调整上、发展知识经济上多下工夫，经济欠发达地区则应充分挖掘地区优势，以知识产权某些领域和环节为工作重点，以点带面，促进知识产权事业发展。此外，地方在制定具体知识产权政策时有较大空间。

实现国家知识产权战略与地方知识产权战略之间的合理衔接，第一，应合理科学地界定国家知识产权战略与地方知识产权战略的范畴；第二，地方政府应积极努力地做好衔接国家战略工作；第三，已经制定出台的地方知识产权战略纲要应依据国家知识产权战略部署和当地经济社会发展实际适时进行修改和调整，确保地方和国家知识产权战略实施工作的一致性；第四，鉴于各地知识产权发展极不平衡，因此，必须将地方知识产权战略制定工作建立在深入调查研究的基础上，特别要对战略涉及的重要内容加强深入研究；第五，根据地方特色制定适合自身发展的知识产权发展战略。

1.2.4 地方知识产权战略制定和实施中需要重点关注的内容

1.2.4.1 实施主体

地方战略的制定和实施需要各级主体的重视。首先是依靠地方党委、政府的领导和中央部委的指导。地方党委、政府的领导和各相关部委的指导、支持是地方战略顺利实施的关键，由地方政府分管领导直接领导牵头地方战略制定和实施工作，能加强知识产权战略实施的组织领导和协调力度。其次是地方政府各部门要全面参与，与知识产权相关的部门，与工业发展相关的部门都要参与进来，在地方知识产权战略制定实施过程中，优化政策环境，整合社会资源，密切合作、积极配合，给予大力支持，这些都是地方知识产权战略制定和实施工作顺利开展的保证。最后，要通过政策引导、加强指导服务，充分发挥高校院所、中介服务机构、社会组织在知识产权工作方面的优势，形成政府引导推进、社会各方积极参与的知识产权工作新局面，切实突出企业主体地位，支持、服务企业实施战略。

专栏 1-3 四川省不断增强重点企业、园区、城市知识产权竞争力

一、工作举措

一是聚焦企业、园区，提升优势产业和战略性新兴产业知识产权竞争力，服务产业兴省。近年来，四川省把发挥企业主体作用，作为实施知识产权战略，服务工业强省、产业兴省的重中之重，紧紧围绕四川省特色优势产业和战略性新兴产业，先后开展了大企业大集团、科技创新型企业、进出口企业、中小企业、农业产业化经营龙头企业知识产权“三推三促行动”和战略性新兴产业重大产品知识产权保护工程、百亿企业知识产权优势培育工程、百亿产业园区知识产权示范工程“三大工程”。

二是聚焦城市、县区，提升区域知识产权竞争力，服务多点多极支撑。四川省成都、德阳、绵阳三市率先开展国家知识产权试点示范城市创建工作，其中，成都成为全国首批示范城市，德阳、绵阳完成城市试点、开展示范城市培育。同时，还面向川南、攀西经济区推动攀枝花、宜宾、自贡三市开展国家知识产权试点城市工作，遂宁新增为国家试点城市。四川省还积极推动县域知识产权工作发展。

三是发挥“一奖两金”作用，加强激励和引导，知识产权运用和产业化成效显著。伴随着《战略纲要》的颁布实施，四川省省级专利申请资助资金和专利实施与促进专项资金快速增长，市州级和部分县级专利资助资金逐步设立，对全省专利创造和运用的引导力度不断加大。2013年，省政府又设立四川专利奖，出台《四川省专利实施与产业化激励办法》。与此同时，积极组织四川省优秀专利参评中国专利奖，不断加大对四川省专利实施与产业化取得显著经济社会效益的企事业单位的激励力度。

二、工作成效

四川省始终把提升企业知识产权创造、运用、保护、管理能力和水平作为重中之重，取得显著成效。第一，形成了国家级、省级和市（州）级企业知识产权试点示范“三级联动”工作格局，推动四川省企业知识产权工作能力和水平不断提升。四川先后在38个省级以上产业园区开展知识产权试点，成都高新区创建成为全国首批国家知识产权示范园区，绵阳高新区、自贡高新区成为国家试点园区。2014年又面向四川省新确定的“51025”重点产业园区，组织开展首批省级示范园区和第四批省级试点园区工作，推动四川省产业园区知识产权管理服务能力和水平不断提升。第二，第一届四川专利奖表彰奖项共42项，其中：特等奖2项，每项奖励30万元；一等奖5项，每项奖励15万元；二等奖10项，每项奖励10万元；三等奖25项，每项奖励5万元。

1.2.4.2 实施要求

（1）地方战略应注意与本地区既有发展战略相衔接。知识产权战略强调知识、创新、人才在区域经济发展中的优势地位和潜在能力，是实现科学发展的重大战略，地方知识产权战略的制定和实施，应围绕拓展和提升本地区已有发展战略的内涵和品质，对本地区发展战略体系进行丰富和完善，促进区域的包容性增长。

（2）与社会经济发展相融合。知识产权战略的实施，归根结底，是为企业服务，为产业服务，为社会经济发展服务，知识产权战略需要围绕地方中心工作，服务地方经济发展，结合地方产业特色，突出知识产权工作对地方主导产业和特色产业的促进作用，与社会经济发展的要求相融合。

专栏 1-4 贵州省围绕地理标志工作促进农特产业经济发展

贵州省的地理气候条件独特，农业精耕细作，物产富饶，在此基础上孕育了十分丰富的农特产品资源，如贵州仁怀茅台酒、贵阳老干妈辣椒系列产品等。然而，贵州确是一个经济贫困的省份。因而，着力通过保护对农产品贸易有着重要影响的农产品地理标志，促进地方经济发展成为贵州省实施知识产权战略的一项重点内容。

贵州省在全国率先建立了统一的地理标志管理工作体制和机制。贵州省出台了《关于加强农特产品地理标志工作，大力促进我省农特经济发展的意见》《贵州省农特产品地理标志管理工作指导意见》，发布了《贵州省地理标志产品保护建议名录》，开通了地理标志信息平台，将地理标志工作纳入“实施知识产权战略年度推进计划”和对市（州）政府实施知识产权战略的考核指标体系，启动实施了两批地理标志产业化促进工程。对拥有农产品地理标志的地区，贵州省鼓励其通过运用地理标志制度打造农特产品区域品牌，举全县之力发展特色产业，促进地方产业结构调整和特色经济体系建设。

（3）注重资源整合。要充分发挥地方知识产权联席会议等工作体制，加强部门间的协调沟通和联手合作，密切与经济、科技、产业等管理部门的联系沟通，协同推进战略制定和实施。如表 1-7 所示。

表 1-7　地方省份知识产权工作融入相关工作情况

序号	省（市、区）	融入其他工作指标情况
1	吉林	把自主知识产权的创造、运用、保护和管理作为奖励评审、职称评定以及工程（技术）研究中心、高新技术企业认定的重要依据
2	黑龙江	省科技厅对《黑龙江省科技计划管理办法》进行了修改，将知识产权作为立项、验收和成果评价与奖励的重要依据； 省人保厅重新修订了《黑龙江省中高级专业技术职务任职资格评审标准》，将知识产权专利纳入职称评定体系，将授权专利和中国专利奖纳入职称评审标准
3	上海	把拥有知识产权特别是发明专利作为获得政府资助科研项目的必要条件；把专利新产品作为政府支持新技术产业化的条件；把知识产权创造和运用作为对国企考核的指标之一

续 表

序号	省（市、区）	融入其他工作指标情况
4	福建	在国有企业管理绩效考核评价时，对企业在装备工艺和产品关键技术开发方面获得发明专利权的纳入科技创新加分； 将拥有专利技术的质量、数量等情况作为新产品鉴定、省级企业技术中心、行业技术开发基地等认定与评价的重要条件和考核指标，将知识产权的取得和拥有作为省优秀新产品评审条件中的重要指标； 省教育厅和省知识产权局联合下发了《关于进一步加强高等学校知识产权工作的意见》，将发明专利拥有量、成果转化情况列入全省高校建设主要评价指标； 将知识产权作为省创新型企业评价认定和审核的重要内容，涉及自主知识产权指标分值占评价体系总分权重近三分之一； 《福建省科技创新领军人才遴选暂行办法》将“国家发明专利、植物新品种权和软件著作权的主要完成人（排名前3名）”作为领军人才的条件之一； 《福建省科技创业领军人才遴选暂行办法》要求创业领军人才所在的企业需拥有核心技术或拥有自主知识产权
5	四川	省发改委、省经信委、科技厅、财政厅、省知识产权局把企业知识产权创造、运用、保护、管理能力和水平作为企事业单位申请国家相关扶持项目以及省产业技术研究与开发资金、战略性新兴产业发展资金、重大科技成果转化资金等专项资金的重要指标，作为认定和审核高新技术企业、企业技术中心、创新型企业的重要依据。 省教育厅把拥有自主知识产权作为高校科研评价的重要依据，贯穿高校科研项目、科研平台建设和评估科研奖励的重要工作环节。 省人力资源和社会保障厅颁布《四川省专业技术人才队伍建设中长期规划（2011—2020年）》，把知识产权更新工程列为省专业技术人才队伍建设十大工程之一。 省国防科工委制定《四川省“十二五”军民结合产业发展规划》，明确提出国防科技工业系统获得国家和国防专利授权量年均增长20%左右的目标
6	云南	将知识产权产出纳入科技项目和重大技术改造项目评价、考核内容，支持重大创新成果及时获得知识产权保护，将专利创造、拥有和质量等指标纳入社会经济有关评价考核体系
7	陕西	2011年省中小企业局、省知识产权局印发《陕西省中小企业专利新产品认定实施办法》，被认定的专利新产品优先安排省财政扶持的中小企业资金项目

（4）战略实施的持续性与政策的延续性。战略的实施是一个长期过程，战略从宏观角度明确了战略实施的目标、任务、重点工作和主要举措，战略目标

的实现和战略任务的完成，需要通过具体的工作持续不断地实施推进。同时，知识产权战略作为政府战略，在战略推进中，需要保持战略政策、战略导向的连续性，不宜因领导层或者管理理念的变动而大规模调整。

（5）战略实施需要遵循循序渐进的原则，所有战略实施工作都应围绕战略目标的完成，在战略实施推进中，不同地区、不同阶段、不同经济发展水平下，战略工作的侧重点不一样，如战略实施初期，以知识产权创造为主旋律，关注知识产权意识和提高知识产权数量，发展到一定阶段有了数量的积累后，战略的重心应转移到知识产权的运用上来，从关注知识产权数量，到量质并举。

专栏 1-5 上海市开启新一轮知识产权战略实施工作

上海市第二轮知识产权战略《上海知识产权战略纲要（2011—2020 年）》是在第一轮战略实施的基础上制定的，第二轮战略的第一部分描述了《上海知识产权战略纲要（2004—2010 年）》（以下简称《纲要》）实施以来的整体情况，比对了《纲要》主要指标的实现情况，并分析了对于支撑上海整体发展的不足，从而确定新形势和机遇下新的战略目标：到 2020 年，力争把上海建设成为“创新要素集聚、保护制度完备、服务体系健全、高端人才汇聚”的亚洲太平洋地区知识产权中心。根据《纲要》，上海知识产权工作将聚焦四个战略重点。

一是激发创新活力，提出了四个“提升”，即关键产业和核心领域的知识产权拥有量提升；战略性新兴产业、文化创意产业等重点产业的自主创新能力提升；张江国家自主创新示范区的知识产权创造与运用能力提升；企业知识产权竞争力和自主创新能力提升。关注“有效量”而非“总量”，根据《纲要》目标，到 2020 年，全市每百万人口发明专利授权量将达 600 件、每万人口国内发明专利拥有量将达 30 件。

二是促进转化运用，推进构建产学研用相结合的知识产权创造和运营体系，创新和完善股权激励、分红奖励等多种形式的知识产权利益分配机制；积极推动先进专利技术转化形成国际标准、国家标准、行业标准和地方标准；加快新一代信息技术领域知识产权的实施运用，推进“智慧城市”建设和“数字惠民”工程。从“创造”专利到“用好”专利，对于重大项目，不仅关键核心技术要用知识产权加以保护，还要推动企业把专利技术转化为国际标准。同时，对于更多中小企业来说，鼓励它们通过转让、许可等多种方式，使知识产权实现产业化、商业化。

三是完善服务体系，包括完善知识产权投融资扶持政策，支持知识产权质押、出资入股、融资担保，探索知识产权拍卖、保险、证券化等金融产品创新；以文化产权、技术产权交易为重点，建设服务功能和辐射能力强、具有国际影响力的知识产权交易中心；加快发展知识产权法律、咨询、代理、评估、交易、司法鉴定等服务业，培育一批熟悉国际规则、具备实务操作能力的高端国际知识产权服务机构。

四是优化保护环境，加强行政保护与司法保护衔接，建立知识产权保护长效机制。加快探索与创新知识产权行政管理体制和知识产权综合执法模式。充分发挥各类行业协会、仲裁等机构的作用，建立知识产权纠纷多元化解决机制。《纲要》还围绕“提升知识产权创造和管理能力、鼓励和促进知识产权转化运用、优化知识产权保护环境、加强行政管理和服务能力建设、加快知识产权人才培养”五个方面，提出了21项具体的工作措施。

上海新一轮战略纲要注重突出时代特征和地方特点，高标准地提出了知识产权战略实施的新目标——建设亚太知识产权中心城市，并注重与上海的经济发展状况紧密结合，把握知识产权发展与保护的关系，缩小知识产权与产业发展、企业发展需求之间的距离，彰显知识产权促进上海经济、文化、社会发展的支撑和保障作用。

1.2.5 各层级地方知识产权战略的工作重点

省级知识产权战略是国家知识产权战略在各地具体化的第一层次，重点应放在全省战略制定实施工作的统筹协调组织实施。地方战略纲要颁布前，各地知识产权局应首先联合省政府相关部门，以落实国家知识产权战略为目标，由省政府领导牵头成立省级层面的战略工作统筹协调机构，结合各省区域经济发展现实情况，开展战略制定工作，战略制定工作中要强化知识产权对经济发展的重要推动作用，争取达成共识；在地方战略纲要颁布后，地方战略统筹协调机构应在国家知识产权战略纲要指导下，开展地方战略实施、督察、评价等一系列工作，如，进行战略任务分工，制订年度工作计划，督导年度计划的落实，开展区域知识产权资源分析、评估和布局规划制定，对战略实施中存在的问题难点进行调查研究，以及对战略实施情况进行总结评价等。与此同时，省级层面还应为地市级战略的制定和实施提供支持，结合各市（区）特点，进行分类指导等。

需要注意的是，受区位条件、经济发展情况等因素影响，各地知识产权对社会经济的参与度和贡献度有所区别，不同省的战略重点应结合实际有所不同。

专栏 1-6 江苏省、北京市知识产权战略实施工作重点

一、江苏省知识产权战略实施工作重点

江苏省委、省政府将知识产权战略作为创新驱动战略的核心内容加以推进，把知识产权工作纳入科学发展观评价体系，将知识产权主要指标纳入现代化指标体系、创新型省份建设考核指标体系、创新驱动核心战略指标体系、地方法治建设考核评价体系和政府年度工作考核目标。在对市、县工作上，着力推进区域试点示范工作。通过省政府知识产权战略年度推进计划、省政府年度目标考核、创新型省份目标考核以及各部门具体工作的大力推进，全省各区域知识产权综合能力得到不断提升。

二、北京市知识产权战略实施工作重点

建立知识产权工作绩效考核激励机制。市政府把“万人发明专利拥有量”纳入首都功能核心区、功能拓展区和城市发展新区的经济社会实绩考核评价指标体系，将“万人专利授权量”纳入首都生态涵养区的经济社会实绩考核评价指标体系。在对区县的考评上，北京市参照国家知识产权局提供的基础评价指标体系，从专项任务和特色工作两个层面，考虑知识产权创造、运用、保护、管理和服务五个维度，量化首都知识产权战略的评价指标，设立了区县知识产权发展的评价指标体系，每年给区县进行评分，通过对知识产权能力进行全面、客观的评价，激励并引导区县知识产权事业快速发展。

地（州、市）知识产权战略是省级知识产权战略的进一步细化，重点应放在结合省级知识产权战略纲要制定本地战略，并着力抓好贯彻落实工作。主要工作包括：强化大局意识，积极完成上级战略任务；全面落实本级战略，制定或出台配套政策和措施加大对战略实施的财政资金、人力资源的投入；充分发挥知识产权作用，将知识产权工作纳入各相关部门工作的相关环节，如项目立项、人才引进、对外贸易交流、政府投资等环节中要进行知识产权审议和分析评议，明确知识产权情况及风险；强化重点产业知识产权工作，指导区县、园区知识产权试点示范工作；抓好基础管理，突出企业主体地位，着力促进企业加强知识产权规范化管理；夯实公共服务（如：知识产权信息利用与开发、知识产权分析预警、知识产权价值评估）基础；培育知识产权管理人才和专业人才等方面。有条件的地（州、市），还应开展一些探索性工作，争取成为省战略实施的示范区域，从而带动全省各地知识产权战略的制定和实施。同时，地（州、市）层面还应注重加强对区（县）知识产权工作进行指导和支持。

区（县）知识产权战略实施的重点应放在贯彻落实省级、市级的知识产权工作重点任务。一般来讲，区县知识产权战略实施要注重以下工作：推动知识产权相关政策的具体落实，将知识产权工作具体融入地方经济；知识产权宣传和培训，营造知识产权文化环境；注重借力进而形成合力，为产业、企业发展提供支持。

1.2.6 地方知识产权战略实施特色工作示例

【示例1-1】福建知识产权特色工作

福建省离台湾地区近，台资企业多。在知识产权战略实施过程中，福建省非常注重对台的区位优势，积极加强与台湾地区的合作。

一、工作内容

首先，福建省积极推进闽台知识产权人才、学术的交流与合作。省知识产权局通过互派人员考察、举办知识产权论坛等途径促进闽台知识产权交流与合作。

其次，福建省积极探索闽台知识产权领域的先行先试措施，不断丰富闽台知识产权交流与合作内涵。积极推动开放台湾地区居民参加大陆专利代理人资格考试及允许有资质的台湾地区居民、组织在大陆设立专利代理机构工作。

最后，福建省不断强化对台资企业的知识产权服务。省知识产权局不断密切闽台知识产权业务主管部门间的联络，深化民间业界知识产权交流，建立漳浦台湾农民创业园知识产权工作小组、闽台知识产权服务中心、两岸（厦门、台北）知识产权联盟，探索闽台知识产权保护协作，为企业提供知识产权诊断、咨询与服务，为两岸企业对接、实施和转化专利技术牵线搭桥，开展闽台知识产权交流合作、研讨培训等相关业务。

二、工作成效

首先，福建省每年举办“海峡两岸知识产权论坛”，承办第四届“两岸专利论坛”，围绕两岸专利等知识产权最新发展议题进行广泛而深入的交流，取得积极反响。每年组织全省高新技术企业 CEO 代表团赴台开展知识产权培训和交流，开阔视野，提升企业知识产权创造和运用能力。邀请、接待台湾学者和业界人士等 6 批 59 人次来闽开展知识产权讲学和考察交流，征集台湾先进适用技术参加“6·18”千项优秀专利展。组织相关管理人员及专利代理人赴台，与台湾专利师公会及相关专利代理机构探讨促进闽台专利代理行业交流合作的渠道和空间。

其次，2012 年，福建省知识产权局组团赴台参加两岸专利代理实务交流合作论坛，省知识产权协会与台湾工业总会签署了《闽台知识产权保护交流合作备忘录》。从 2011 年起，国家知识产权局在福州设立全国专利代理人资格考试的台湾地区居民的报名点和考点。2011 年和 2012 年，共有 51 名成绩合格者获得国家知识产权局颁发的“专利代理人资格证书”，成为福建省对台交流合作先行先试政策的重要成果。

最后，2013 年 8 月，省编办批复同意在省知识产权局规划发展处加挂“国家知识产权局（专利局）海西专利受理服务中心”牌子，受理台湾地区专利申请及专利费用缴纳等事宜。省版权局利用精品博览交易会、文博会、“9·8”投洽会等平台强化对台资企业的知识产权服务。省信息化局组织省光电行业协会与台湾 LED 路灯产业联盟开展闽台 LED 标准互认工作，签订了《闽台 LED 标准互认协议书》，共同发布《道路照明用发光二极管》和《大功率 LED 路灯》两个闽台互认标准，开创大陆与台湾 LED 标准互认先河。

福建省重视利用福建的对台区位优势，通过推动开放台湾地区居民参加大陆专利代理人资格考试及允许有资质的台湾地区居民、组织在大陆设立专利代理机构工作、加强对台资企业知识产权服务，促进闽台知识产权人才、学术交流合作，有力推动了区域的知识产权发展。

【示例1-2】广西推进非物质文化遗产保护

广西由于民族因素影响，形成了丰富多彩、特色鲜明的非物质文化遗产。因此在知识产权战略实施过程中，非常注重推进非物质文化遗产保护。

一、工作内容

广西以实施《广西壮族自治区民族民间传统文化保护条例》为抓手，深入学习、贯彻《国务院办公厅关于加强我国非物质文化遗产保护工作的意见》（国办发〔2005〕 18号），全面推动非物质文化遗产保护工作的深入开展，于2005年9月出台了《广西壮族自治区人民政府关于加强我区非物质文化遗产保护工作的意见》。按照“保护为主、抢救第一、合理利用、传承发展”的方针，广西壮族自治区积极开展非物质文化遗产保护工作，主要工作内容包括：①建立非物质文化遗产代表性名录体系；②建立非物质文化遗产研究机构；③建立非物质文化遗产研究与传承基地；④启动“薪火相传工程”，培养非物质文化遗产传承人⑤构建中越边境“非遗”保护惠民富民示范带；⑥编纂非物质文化遗产名录典籍。

二、工作成效

第一，截至2012年，广西壮族自治区政府先后公布了四批自治区级非物质文化遗产名录。目前四批自治区级非物质文化遗产名录总共涵盖291个项目，包括民间文学、民间音乐、民间舞蹈、传统戏剧、曲艺、杂技与竞技、传统手工技艺、传统医药、民俗、民间美术等类别。

第二，2009年1月4日，由广西壮族自治区文化厅与广西民族大学合作共建的广西非物质文化遗产研究中心（以下简称“中心”），正式成立。“中心”的工作主要包括组织开展有关非物质文化遗产的认定、保存、传播、保护和利用等领域的研究。同时，“中心”在百色、柳州等市建立若干个市级分中心，在宜州、平果等地建立十个特色民族文化研究基地，形成上下互动、互为网络的考察、研究、保护非物质文化遗产的良性机制。

第三，广西按照“五个有标准建设”，即有活动场地、有实物陈列、有传承人、有传承队伍和传承发展规划，加大力度、加快建设非物质文化遗产传承基地。靖西县壮锦厂以传统工艺“壮族织锦技艺”被命名为第一批国家级非物质文化遗产生产性保护示范基地；2013 年 3 月 28 日，国家级非物质文化遗产名录（彩调）传承基地揭牌。桂林市探索出文场、戏曲传承保护基地与专业剧团相结合、传统表演艺术传承保护基地与村级公共服务中心相结合、黄昌典毛笔传统技艺保护与生产性保护示范基地建设相结合、民族服饰传统技艺保护与文化旅游相结合的“四个结合”的非遗传承基地建设模式，取得了良好的效果。另外，其他各县也探索出了专业团体传承展示模式、专业团体传承展示模式、村级公共文化服务中心模式、店厂结合模式、传承人示范户模式、非遗与旅游结合模式、村屯传承模式、民族生态文化展示模式、学校传习模式、生产性保护展示等模式。

第四，广西已有 26 人被命名为国家级非物质文化遗产代表性项目的代表性传承人。2013 年 6 月 8 日，广西第四批国家级非物质文化遗产代表性传承人授牌仪式在广西壮族自治区民族博物馆举行，刘三姐歌谣、田林瑶族铜鼓舞、瑶族长鼓舞、桂剧、彩调、广西文场、瑶族盘王节、毛南族肥套、苗族系列坡会群等非遗项目的 10 位代表性传承人获得授牌。

第五，2013 年 3 月广西中越边境非物质文化遗产（以下称“非遗”）保护惠民富民示范带建设正式启动。根据《中越边境非物质文化遗产保护惠民富民示范带规划纲要》，这条示范带将建设中越边境非遗保护、传承、展示长廊和中越边境非遗文化交流平台，在保护非遗的同时，通过 3～5 年的建设，满足边民求知、求技、求富、求乐和求和的需要，探索创建中国—东盟文化交流合作实践区和千里边境文化带。示范带建设将与“兴边富民”行动相结合，推进非物质文化遗产“生产性”保护示范基地建设；与边境特色民族文化旅游相结合，推进非物质文化遗产传承、传播工作等；与边民求知、求乐、求富相结合，让边民充分享受到非物质文化遗产普查成果。示范带以国家级名录为核心，以自治区名录为重点，以市、县名录为基础，以传习示范基地为抓手，以村级公共文化服务中心为载体展开建设工作。

第六，2012 年，《南宁市非物质文化遗产名录图典（2006—2010）》正式出版。该书系统地介绍了 2006 年至 2010 年间进入南宁市级以上非物质文化遗产代表性名录的 53 个项目，涉及民间文学、民间音乐、民间舞蹈、传统戏剧、民俗、曲艺、杂技与竞技、传统手工艺 8 大类，其内容包括各项目的地理分布、历史渊源、基本内容、表现形态、文化价值、传承发展以及濒危状况。

【示例1-3】贵州省地理标志促进农特经济发展

贵州拥有特色的农产品资源，如贵州仁怀茅台酒、贵阳老干妈辣椒系列产品等。近年来，贵州省扎实开展地理标志工作，运用地理标志制度着力培育农特产品区域品牌，促进特色产业发展。

一、工作内容

（1）建立工作体制和机制。2009 年 1 月，贵州省出台了《关于加强农特产品地理标志工作，大力促进我省农特经济发展的意见》。在对全省农特产品地理标志普查和调研的基础上，贵州省知识产权局于 2009 年发布了《贵州省地理标志产品保护建议名录》。2008—2012 年，地理标志工作被纳入“实施知识产权战略年度推进计划”和对市（州）政府实施知识产权战略的考核指标体系，推进了全省地理标志的开发和保护。2009 年 9 月，省知识产权局联合省农委、省工商局、省质量技术监督局、贵州出入境检验检疫局等四部门，制定出台了《贵州省农特产品地理标志管理工作指导意见》，就进一步规范各地农特产品地理标志的申请、管理、运用、保护工作，从建立地理标志管理工作统筹协调机制等八个方面分别作了详细规定和要求。

（2）促进地理标志产业化。对拥有农产品地理标志的地区，贵州省鼓励其通过运用地理标志制度打造农特产品区域品牌，举全县之力发展特色产业，促进地方产业结构调整和特色经济体系建设。贵州省开通了地理标志信息平台，重点围绕黔酒、黔茶、黔药、旅游商品和其他农特产品，发挥“3 条渠道、4 个部门”的职能作用，推进地理标志的申请、保护和运用；启动实施了地理标志产业化促进工程；督促项目实施单位制定完善技术规范和管理制度、规范使用专用标识，严格执行地理标志产品专用标志准入机制并加强市场监管，发挥地理标志制度的品牌效应，提高产品知名度和附加值。

（3）加强地理标志保护，为产业发展营造良好的知识产权市场环境。贵州省工商部门组织开展保护“都匀毛尖”地理标志、“贵阳老干妈”注册商标等专项整治行动；在2008年北京奥运会、2010年广州亚运会、上海世博会期间组织开展了会徽、会标、吉祥物注册商标及特殊标志的保护工作；积极构建商标保护协作机制。

二、工作成效

贵州省率先在全国建立了统一的地理标志管理工作体制和机制。2010年9月起，针对茶叶、中药等农特产品，贵州省启动实施了两批地理标志产业化促进工程，“威宁洋芋”“湄潭翠芽”等12个地理标志产品得到产业化扶持。通过促进地理标志产品产业化，贵州省有效地推进了地方农特产品区域品牌的建设步伐。地理标志支持下的农特产业发展不但带动了农民增收、农业增效，而且取得了良好的社会效益和生态效益。目前，已涌现出湄潭、凤岗、石阡等一批优质茶叶主产区，2008年“石阡苔茶”产量1000余吨，产值5917万元。2009年获得地理标志保护后，产业规模迅速扩大，到2012年产量已达1.4万吨，产值5.6亿元；丹寨硒锌米获得地理标志后，专供香港市场，每斤售价达到60~80港币。2012年“贵定云雾贡茶”“顶坛花椒”等6个地理标志实现产值6.7亿元，“顶坛花椒”的产业化还创造了石漠化治理“顶坛模式”。贵州省与重庆、四川省共同倡议成立了西部地区商标行政保护协作会议制度，与十四省、市、区签署了《西部地区商标行政保护协作协议》；加入《泛珠三角区域工商行政管理合作协议》，共同协商制订了《关于商标行政保护合作的工作方案》，加强地区之间商标案件协查和信息沟通，提高了办案效率。

2 省（区、市）知识产权战略实施推进

2.1 省级知识产权战略实施的工作定位

省级战略向上衔接国家战略，向下统领本区域内的知识产权事业，助力地方社会经济发展。各省（区、市）应结合地方经济和社会发展需求，制定本区域的知识产权战略。

省级战略制定和实施主体是各省（区、市）政府，具体工作由相关管理部门落实。省级战略由省（区、市）政府发布，成立省级知识产权战略制定领导小组或者联席会议实施推进，并由各知识产权相关部门出台配套政策，形成战略实施的政策体系。省级知识产权行政部门或管理部门牵头省级战略的制定、知识产权政策的引导、企业知识产权能力的培育、知识产权保护环境的优化等。知识产权局的协调推进能力是战略管理的关键点，需要准确定位，正确处理与国家、省级政府、省级政府各部门以及地市级政府的关系。

省级战略不能像国家战略那样全面，而应强调“有所为，有所不为”的理念，即在地方权限范围内，立足于省情，把国家战略与全省实际有机结合起来，实现国家战略在本地的落实。国家战略中的部分内容只能在国家层面来落实，如知识产权法律制度建设、国家知识产权行政管理体制改革等问题，因此在制定和实施省级战略时，需清楚认识，哪些事情省级战略可以做，哪些事情做不了。明晰其与国家战略的关系，省级战略应被准确定位为：一是在国家战略的指导下，做地方的事情；二是把国家战略的抽象性规定与本地实际结合起来，使其具体化；三是把国家战略的原则性规定转化为在本省切实可行的政策

措施，增强其可操作性；四是在国家战略所确定的框架内，在地方权限允许的条件下，大力实践和创新。

在落实国家战略的同时，省级战略还应为地市级战略的制定和实施提供指导与支持。在指导形式上可以结合地市特点，进行分类指导，指导地市开展年度推进计划、年度工作要点的制定工作，加强地市战略制定实施工作人员的培训，增强交流，将地市战略实施工作抓好抓实，全力推进战略实施工作由省向基层深入细化。在强化组织领导的同时，为地市落实政策措施、完善保障机制营造良好的工作环境。

此外，省级战略是本地区参与国际、国内市场竞争实现本地经济又好又快发展的迫切需要。在经济全球化、全球范围内产业梯度转移的背景下，谁拥有更多的知识产权，谁就能在新一轮竞争中抢占有利地位。知识产权对于企业经营，对于转变经济增长方式起着重要作用。一个地区生产率较高时，该地区的专利、商标等知识产权数量就会相对增加。实施省级战略是转变经济增长方式的主要途径和重要体现。2013 年各地区知识产权发展情况如图 2-1 所示。

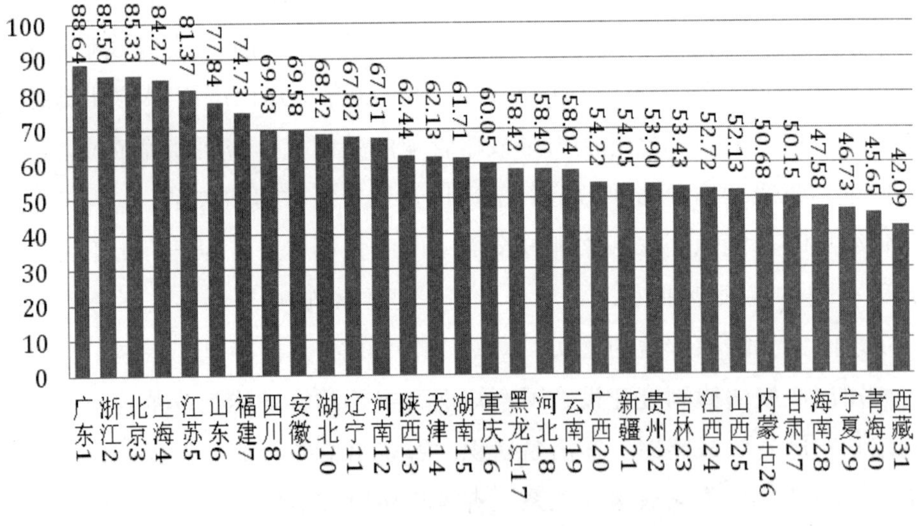

图2-1　2013年各地区知识产权综合发展指数

（资料来源：2013年全国知识产权发展状况报告。）

省级战略是推进本地区科学和教育事业发展的关键举措。制定和实施好省级知识产权战略，充分发挥知识产权制度作用，形成激励自主创新、鼓励科技投入、优化资源配置、保护创新成果、维护竞争秩序、促进科技成果转化和产业化的良好局面，才能集聚创新因素，激发创新活力。

2.2 省级知识产权战略的组织实施体系

省级战略的实施，需要形成省政府统一领导、联席会议统筹协调、各部门分工负责、各地州市深入推进的知识产权战略实施体系。

2.2.1 省级知识产权战略实施推进工作的机构设置

省级战略的实施需要政府充分重视，加强领导，建立并完善地方知识产权战略实施领导机构和机制。战略实施机构可以是专门或者兼职职能部门。其职责是全面负责领导制定和实施知识产权战略，审定战略制定和实施中的重大政策，协调重大事项，指导推进并检查战略实施工作，必要时对战略进行适应性调整。战略实施机构一般下设办公室，挂靠知识产权局，负责日常工作。我国各地的战略管理情况各异，有的成立领导小组，如知识产权战略制定工作领导小组、知识产权办公会议、知识产权保护领导小组等领导实施战略；也有的地方没有成立领导小组，领导小组的职能由已有的联席会议等知识产权统筹协调机制承担。如表 2-1 所示。

表 2-1　各省（区、市）成立领导小组情况

序号	省（区、市）	领导机构
1	北京	市知识产权办公会议
2	天津	市知识产权战略领导小组
3	河北	省保护知识产权工作组
4	山西	省知识产权战略制定工作领导小组
5	内蒙古	自治区政府知识产权协调指导办公会议
6	辽宁	省政府知识产权办公会议
7	吉林	省知识产权战略制定工作领导小组

续　表

序号	省（区、市）	领导机构
8	黑龙江	省知识产权战略制定和实施工作领导小组
9	上海	市知识产权联席会议
10	江苏	省政府知识产权联席会议
11	浙江	省知识产权领导小组
12	福建	省知识产权工作领导小组
13	江西	省知识产权工作领导小组
14	山东	省知识产权联席会议
15	河南	省知识产权战略工作领导小组
16	湖北	省知识产权工作领导小组
17	湖南	省知识产权协调领导小组
18	广东	省政府知识产权办公会议
19	广西	自治区知识产权办公会议
20	海南	省知识产权战略实施工作联席会议制度
21	重庆	市知识产权工作领导小组
22	四川	省知识产权工作领导小组
23	云南	省知识产权战略实施工作联席会议
24	贵州	省战略实施工作联席会议制度
25	陕西	省知识产权工作协调领导小组
26	甘肃	省知识产权战略实施工作联席会议
27	新疆	自治区战略实施领导小组
28	兵团	知识产权战略实施领导小组

地方知识产权战略实施统筹协调机构，应由省（区、市）政府领导的知识产权相关职能部门组成，一般包括省知识产权、工商、新闻出版、发展改革委、经信委、商务委、教委、信息产业、质监、公安、财政、法制办、法院、宣传部、海关等部门。下设办公室，负责处理各项日常工作，其工作机制和成员单位工作职责都需相关文件明确。

2.2.1.1 战略实施统筹协调机制的作用

（1）推进战略的实施。战略实施统筹协调机制在知识产权战略组织体系中承担着战略实施领导小组的责任，统一协调各部门与知识产权相关的工作。主要职责是推进实施知识产权战略，进行知识产权的各项战略决策。通过联席会议制度协调沟通、相互协作、凝聚合力，共同实施知识产权战略。

（2）协调与决策。战略实施统筹协调与决策机制表现在以下几个方面：一是统筹协调相关管理部门和执法部门等各方力量；二是促进执行国家的知识产权政策，组织研究制定知识产权重大政策，并督促落实，地方知识产权战略的制定和执行；三是组织各部门开展知识产权工作的经验和举措交流；四是宣传教育，提高全社会知识产权意识；五是支持与鼓励对国内外知识产权研究和交流；六是拓展知识产权纠纷多元化解决机制。

此外，省级战略实施统筹协调机制还承担与国家知识产权战略制定工作领导小组沟通的职能，地方知识产权战略管理者要主动向国家战略小组反映在知识产权战略执行过程中遇到阻力、知识产权执法、知识产权司法等问题，以及在知识产权战略执行过程中积累的经验，争取作为中层管理者参与国家的决策过程。

专栏 2-1 天津市知识产权战略协调机制

为了推进《天津市知识产权战略纲要》（以下简称《纲要》）的制定和实施工作，2009 年 1 月，在全市临时机构大量撤销的情况下，天津市政府批准成立了由主管副市长任组长、主管副秘书长任副组长、31 个部门负责人为成员的市知识产权战略领导小组，负责知识产权战略制定和实施工作。2010 年 5 月，根据战略实施工作的需要，天津市对市知识产权战略领导小组及其办公室重新进行调整：成员调整为 30 个部门负责人，同时增加市知识产权局局长为领导小组副组长。

领导小组主要职责是领导协调实施天津市知识产权战略，统筹、协调、决定天津市知识产权战略实施过程的中重大问题，推进经济、贸易、科技、文化、教育等领域及各环节的知识产权战略制定与实施工作。领导小组办公室的主要工作职责是负责组织、协调、落实天津市知识产权战略领导小组的各项决议，组织、协调和推进《纲要》的实施工作，向领导小组汇报与天津市知识产权战略实施工作有关的国内外重大活动。

随后，各区县也相继成立了区县知识产权战略协调机制，协调联动的推动知识产权战略实施工作机制基本建立。

几年来，通过知识产权战略协调机制，天津市开展的主要工作及取得的成效如下：

第一，分层次推进知识产权战略实施。自《纲要》颁布实施以来，市知识产权战略领导小组及其办公室紧紧围绕全市中心工作，坚持“激励创造、有效运用、依法保护、科学管理”的知识产权工作方针，以加快建设知识产权强市的奋斗目标，采取多种措施，分层次推进《纲要》的实施。

首先，针对市有关职能部门，天津市知识产权战略领导小组办公室于2010年3月印发《关于制定<天津市知识产权战略纲要>实施方案的通知》，推动各成员单位实施知识产权战略。市经信委、市发改委、市科委、市教委、市农委、市质监局、市金融办、天津海关、天津银监局、市知识产权局、市工商局、市版权局等多部门制定了《知识产权战略实施方案》或工作规划。

其次，针对各区县人民政府，天津市知识产权战略领导小组办公室于2010年4月印发《关于制定区县和功能区知识产权战略实施方案的指导意见》，要求各区县和功能区按照“与区域特点相匹配”“创新发展”“注重统筹协调”“突出重点难点”的原则，制定战略实施方案，并提出近期和远期的工作目标。截至2011年8月，全市16个区县全部出台《区县知识产权战略实施方案》。滨海新区、和平区、河东区等13个区县均以区（县）政府发文，静海县以党委名义印发了实施方案。其他区县也以政府办公室文件印发了实施方案。

最后，为加快推动企业集团公司实施知识产权战略，2011年1月，天津市知识产权战略领导小组办公室印发《企业集团公司实施知识产权战略指导意见》，具体指导企业集团根据本行业企业特点和实际情况制定并实施知识产权战略，促进企业转型升级，提升企业核心竞争力。在该意见的指导下，19家企业集团制订了战略实施方案，建立健全知识产权管理体制和运行机制，实行了一把手负责制，强化集团知识产权工作的统筹协调和宏观管理；150多家企业制定实施了知识产权战略，百余家单位成为全国企业知识产权工作的典型代表。

第二，加强知识产权战略实施的分工合作。领导小组各成员按照“融入大局、促进创新，全力推进知识产权战略的实施”的工作主线，结合《纲要》及其《任务分工》中的重点任务，深抓落实，加强分工合作和协调统一。

天津市知识产权战略领导小组办公室组织各成员单位共同编制了《天津市知识产权战略实施推进计划（2011—2012 年）》，推进九个方面 89 项工作任务，明确工作重点和工作目标，实行项目化目标责任管理，推动各部门将知识产权战略纲要落到实处，形成了全市知识产权工作一盘棋的良好局面。2011 年，天津市通过与各部门协同配合，首次以市政府重点专项规划发布了《天津市知识产权“十二五”规划》，进一步细化目标、任务，有步骤、有措施地推动《纲要》的落实，极大地保障了《纲要》目标任务的实现。针对天津市发展重点产业发展特点，2013 年 3 月，市政府办公厅转发了《天津市加强知识产权工作促进战略性新兴产业发展的实施意见》，强化知识产权工作在战略性新兴产业中的促进作用。为规范重大经济科技活动知识产权评议工作，市知识产权战略领导相关成员单位共同研究制定《天津市重大项目专利评议工作实施意见》，进一步推进知识产权与天津市发展大局的融合。

第三，建立知识产权战略实施的长效机制。市知识产权局、市工商局、版权局、发改委、经信委、商务委、科委、教委、公安局、高级法院、天津海关等部门在战略实施工作中建立了长效工作机制，确保知识产权战略实施工作畅通。

主要包括：①会议制度。领导层面每年组织召开一至两次全体会议，主要任务是总结上年度工作情况，部署下年度工作任务，研究涉及知识产权的重大政策，协调解决突出问题；联络员层面定期召开会议，讨论沟通具体工作，协调解决具体问题，部门间形成了通力合作、协调有力工作局面。②信息报送制度。各成员单位及时向知识产权领导小组办公室报送相关信息，办公室根据信息内容分类后以网上公开、简报、专报等形式予以宣传和上报。组织召开会议、制定年度推进计划、总结评估、信息沟通等方式，在推进《纲要》实施过程中发挥了重要作用。③评价制度。领导小组连续三年对全市知识产权发展水平和区县知识产权发展水平进行了监测评价，通过从知识产权综合实力和知识产权管理能力两大方面，对全市知识产权发展水平进行监测。客观准确地判定区域的知识产权发展水平，发现存在的问题和不足，提出有针对性的改进措施，为知识产权战略实施起到了监督和引导作用。

2.2.1.2 战略实施统筹协调机制的工作模式

战略实施统筹协调机制的工作模式主要有三种会议形式。

（1）全体会议。由所有统筹协调机制成员单位领导参加，进行重大决策，一般每年召开一次，集中处理战略方向和对执行效果的控制，组织调研知识产权发展的前瞻性问题，实际上授权知识产权部门进行决策、监督、协调事务。

（2）办公室工作例会，统筹协调办公室一般设在知识产权局，办公室工作例会即成员单位联络员会议，由办公室召集联席会议成员单位联络员召开，一般半年召开一次，交流各单位知识产权工作情况，汇总各成员单位知识产权工作任务完成情况。

（3）专题会议。根据工作需要，在非全体会议期间，出现了需要集体决策的重大事项时，可安排专题会议。

专栏 2-2 江苏省强省战略专题座谈会

围绕如何实施知识产权强省战略，江苏省政府于 2014 年 3 月组织省发展改革委、省经信委、省知识产权、省科技厅、省教育厅等 11 个知识产权联席会议成员单位召开知识产权强省座谈会。省知识产权局作为联席会议办公室，提出江苏建设知识产权强省的必要性、知识产权强国的特征和经验、江苏建设强省面临的机遇和挑战，并提出江苏建设强省的思路、奋斗目标、重点任务和保障措施，强调知识产权强省建设应以知识产权强国为追赶目标，要率先实现思想理念的转变、加强政策研究、注重自身政策和关联政策的制定和研究。省政府领导强调强省建设的重要性，指导全省从创新驱动战略、提升经济发展质量与效益的高度来实施，并进行工作部署，由联席会议办公室省知识产权局牵头完善规划，省个相关部门紧密配合，省办公厅加强统筹协调。

通过此次联席会议专题会议的召开，能群策群力，形成强省建设规划的合力。

2.2.2 省级知识产权战略实施的配套政策体系

加强战略制定实施相关政策工作的研究，推进知识产权政策与区域政策、产业政策、科技政策、贸易政策的衔接，引导重点行业知识产权战略的实施推进。省级政府层面可出台加强知识产权工作的意见、知识产权的发展规划、知识产权保护与管理专项实施意见等；省科技、外经贸、经贸委等部门可出台鼓励和支持专利产出和转化的政策措施，制定鼓励和促进科技创新创业的政策，如在科技创新工作中加强知识产权工作的意见、企业境外知识产权维权指引、对举办的大型会展实施知识产权监督管理的意见、加强商标工作的意见、打击非法音像制品违法犯罪活动的意见、专利行政执法办法、审理商业秘密案件有关问题的意见、关于知识产权侵权损害适用法定赔偿办法的指导意见、专利代理机构和专利代理人管理办法等政策。江苏省制定的相关配套政等如表2-2所示。

表 2-2 江苏知识产权战略实施地方性法规、政策性文件统计表

序号	文件名称	颁布时间	发文主体
1	江苏省知识产权战略纲要	2009.1	江苏省省政府办公厅
2	江苏省专利促进条例	2009.5	江苏省人大
3	苏州市专利促进条例（修订）	2010.1	苏州市人大
4	江苏省著名商标认定标准（试行）	2010.4	江苏省工商局
5	江苏省知识产权“十二五”发展规划	2011.11	江苏省知识产权联席会议办公室
6	江苏省专利“十二五”发展规划	2011.11	江苏省知识产权局
7	江苏省“十二五”时期版权发展规划	2011.11	江苏省新闻出版局（江苏省版权局）
8	江苏省新闻出版业“十二五”时期发展规划	2011.7	江苏省新闻出版局（江苏省版权局）
9	南京市知识产权促进与保护条例	2011.9	南京市人大

注：统计时间为2008年至2013年6月。

专栏 2-3 广东省知识产权政策法规出台情况

2012 年 1 月 20 日，广东省委、省政府出台《关于加快建设知识产权强省的决定》，明确了建设知识产权强省的具体发展目标，对未来 5 年知识产权事业发展进行了全面部署，并确定了一系列的扶持政策和推进措施。这是全国首个以省委、省政府名义颁布实施的推动知识产权强省发展的政策性文件。目前，广东省规制

定出台的知识产权政策法具体如下：

一、条例与决定

1. 广东省专利条例

2. 中共广东省委、广东省人民政府关于加快建设知识产权强省的决定

二、规划与纲要

1. 广东省知识产权战略纲要（2007—2020年）

2. 广东省知识产权事业发展“十二五”规划

3. 广东区域知识产权发展计划

4. 广东创建知识产权服务业发展示范省规划（2013—2020年）

三、意见与方案

1. 广东省加快建设知识产权强省重点任务分工方案

2. 关于加强县级知识产权工作意见

3. 关于加强全省专利申请工作的意见

4.关于实施商标品牌战略的指导意见

四、资助与奖励

1. 广东省知识产权专项资金管理暂行办法

2. 广东省专利申请资助专项资金管理办法

3. 广东省重奖中国专利奖获奖企事业单位实施办法

五、运用与转化

1. 关于加快推进广东省知识产权质押融资工作的若干意见

2. 贯彻落实《关于加快推进广东省知识产权质押融资工作的若干意见》实施细则

六、保护与维权

1. 广东省展会专利保护办法

2. 广东省知识产权举报投诉工作规定（试行）

3. 广东省知识产权局关于行政处罚自由裁量权适用规则

4. 广东省专利行政执法档案管理办法

5. 广东省专利纠纷案件处理费收费办法（试行）

七、管理与服务

1. 广东省知识产权优势示范企业认定办法

2. 广东省知识产权局软科学研究计划项目管理办法

3. “广东省专利技术实施计划”实施方案

4. 创新知识企业知识产权管理通用规范（DB44/T 797—2010）

5.广东省著名商标认定和管理规定

6.广东省著名商标认定和管理的实施细则

八、普法与宣传

广东省中小学知识产权教育试点示范工作方案（试行）

专栏 2-4 四川省知识产权地方性法规政策的完善

一、省委、省政府完善、出台相关政策法规

2012 年 5 月 1 日起四川省施行新修订的《四川省专利保护条例》。凉山州、阿坝州、甘孜州分别出台了本地区非物质文化遗产保护单行条例。《四川省非物质文化遗产条例》列入四川省人民政府 2013 年立法计划。专利申请量、发明专利申请量、专利实施产值和专利执法保护被纳入省委推动科技创新和成果转化督办目标。省政府相继出台《四川省专利战略（2011—2020 年）》《四川省商标战略（2011—2020 年）》《四川省版权战略（2011—2020 年）》《四川省植物品种权战略（2011—2020 年）》《四川省地理标志产品保护战略（2011—2020 年）》《关于加强自主创新促进科技成果转化的意见》《关于加强战略性新兴产业知识产权工作的意见》《四川省专利实施与产业化激励办法》《关于进一步做好打击侵犯知识产权和制售假冒伪劣商品工作的实施意见》《关于加强行政执法与刑事司法衔接工作的实施意见》《中国白酒金三角（川酒）地理标志产品保护办法》等若干政策性文件。知识产权被纳入省委、省政府《深化科技体制改革加快创新驱动高地建设的意见》《加快发展高技术服务业的实施意见》《加快开放型经济发展的意见》《四川省“十二五”战略性新兴产业发展规划》《四川省“十二五”科学和技术发展规划》《推进大企业大集团加快发展的意见》《四川省推进工业品牌战略实施意见》等的重要措施。

二、各知识产权相关部门提出配套政策措施

省法院制定了《关于实施国家知识产权战略纲要的意见》《关于开展知识产权

巡回审判服务经济发展大局的指导意见》《关于发挥知识产权审判职能作用为四川文化大发展大繁荣提供司法保障的指导意见》《关于加强四川省展会知识产权保护工作的意见》，在全国率先出台《关于知识产权案件专家证人出庭作证的规定（试行）》。省发改委、省经信委、教育厅、科技厅、财政厅、商务厅、省工商局、省版权局、省知识产权局、成都海关、中科院成都分院联合制定了《四川省2013年战略性新兴产业知识产权工作措施》。省法院、省知识产权局、省工商局、省版权局联合制定了《关于构建知识产权纠纷“大调解”工作体系的实施意见》。省知识产权局、省经信委面向省百亿企业、百亿园区，围绕战略性新兴产业重大产品，联合制定出台了《战略性新兴产业重大产品知识产权保护工程实施方案》《百亿企业知识产权优势培育工程实施方案》《百亿园区知识产权示范工程实施方案》。省经信委出台了《关于实施四川省工业企业知识产权运用能力培育工程的工作方案》。省工商局、农业厅联合下发《推动优势特色效益农业商标品牌建设的实施意见》。

四川省知识产权相关政策法规的不断完善，为全省知识产权工作快速发展提供政策支撑和制度保证。

专栏 2-5 云南省积极推进地方性政策法规体系建设工作

一、工作内容

一是结合《中华人民共和国专利法》的修改和促进知识产权工作的需要，于2009年启动了《云南省专利促进与保护条例》(以下简称《条例》)的立法工作，2012年11月29日云南省十一届人大常委会第三十五次会议审议通过该《条例》，于2013年3月1日正式实施。二是省知识产权局印发了云南省“十二五”知识产权（专利）事业发展规划，省知识产权局与省发改委、省工业和信息化委、省科技厅、省科技厅、省商务厅、省工商局、省质监局等部门联合发布了《关于云南省企业技术创新知识产权管理的指导意见》《关于加快云南省自主知识产权品牌建设的指导意见》和《关于加强云南省战略性新兴产业知识产权工作的实施意见》，省科技厅发布了《云南省科技计划项目知识产权管理办法》，全面推动全省知识产权工作。三是全省大部分州、市、县（区）制定出台了《专利申请资助办法》，鼓励和促进企业技术创新和专利保护；昆明市还制定出台了《昆明市计算机软件著作权登记资助暂行办法》，鼓励计算机软件的开发、登记与应用，增强软件产业创新能力和竞争能力。

此外，全省各级政府积极制定推动商标工作的政策文件，推动商标保护的规范化、制度化和长效化。省委、省政府联合下发了《关于加快实施创新驱动发展战略的意见》，鼓励专利、专有技术的转化与入股；省工商局先后出台了《云南省人民政府关于推进商标战略工作的实施意见》《云南省商标发展“十二五”规划》和《云南省工商行政管理局关于构建商标保护长效机制的实施意见》，明确商标发展目标、提出政策措施，从落实泛珠三角区域商标行政保护合作机制、建立行政执法与刑事司法衔接工作机制、推进商标品牌指导站建设等方面全面构建商标保护长效机制。

二、工作成效

云南省知识产权局积极推进地方性政策法规体系建设工作，制定出台了一大批知识产权政策法规，有力地促进了全省知识产权事业的发展。全省各级州、市结合本地实际，共制定商标发展规划、商标战略实施意见、知名商标认定和保护办法等商标工作政策文件 108 份，制定关于商标监管工作机制和各类专项行动等方面的规范性文件共 115 份。

2.2.3 省级知识产权战略实施的推进方式

地方战略实施的本级主体以外，在具体工作开展中需要借力，可以争取其他部门和机构的人力、物力、财力、信息和技术等资源。资源可以来自知识产权系统本身，如国家知识产权局可以在项目、政策、审查、信息、人力、技术六大方面为地方提供资源支持。也可以是横向，与科技，商贸等部门的协作，如在加快推进工业结构调整和优化升级政策中，明确设定研发投入、企业专利申请量、授权量、省以上品牌产品销售收入等一批围绕科技创新和自主知识产权的指标，并与党政干部年度工作考核挂钩；对各类科技创新计划强化知识产权指标的目标管理。

2.2.3.1知识产权部省合作

部省合作会议机制是将地方发展需求与国家重大知识产权部署相结合的

新型机制。合作省市政府通过与国家知识产权局签署合作协议，进行定期会商，结合合作省份实际，就经济发展中对知识产权的具体需求，寻求国家知识产权局以政策、资源等支持进行合作共建。国家知识产权局目前已和江苏、安徽、福建等 14 个省建立合作会商机制，其中上海和广东启动了第二轮的会商工作。

1）部省合作的主要目标

部省合作会议机制的主要目标是从地方经济社会发展的重大知识产权需求出发，有效集成中央和地方知识产权资源，整体推进地方知识产权工作发展，以共同推动促进地方经济社会发展，促进区域经济与和谐社会建设。部省合作工作会议，能够为地方知识产权战略实施指明方向，在各省市具体项目建设中，获得国家局的政策、资源的支持，能有效推动地方知识产权战略的实施。

2）部省合作的要求

部省合作的要求包括以下 3 个方面。

（1）知识产权工作需具备一定基础。

国家知识产权局要求建立合作会商制度的省必须具备一定的工作基础，包括省委省政府高度重视知识产权工作，省政府每年至少召开一次由主要领导参加的专门会议，专题研究知识产权工作并引发会议纪要；省知识产权管理机构健全，人员齐备，有较强的综合协调能力和组织实施重大知识产权项目的能力；对省级财政对知识产权经费投入、万人有效发明专利拥有量等也有一定要求。

（2）省政府重视。

① 部省合作会议的会商工作和项目组织实施以地方为主。部省会商合作制度的确立，部省合作会议的召开，合作的方式与期限都先由地方政府主动提出。

② 合作的主要内容。部省合作的重点在于地方政府的重视，由地方政府找出自身最为关心的知识产权发展中的重点、难点问题，结合国家知识产权战

略部署，与国家知识产权局探讨需要哪些支持。

③ 进一步拓展合作领域，不断完善合作机制。部省合作会议的合作领域和合作机制没有固定模式，需要省市政府结合地方工作特点，进行探索。

（3）国家支持。国家知识产权局在部省合作会议会商的框架下，可发挥资源优势和组织协调作用，可以在项目、政策、审查、信息、人力、技术六大方面资源予以支持。

专栏 2-6 上海市部市合作工作简介

一、工作内容

上海市是国家知识产权局第一个开展“部市合作”的地方。2006年5月国家知识产权局与上海市人民政府签署了部市合作会商制度议定书，建立了部市合作会商制度。根据部市合作会商协议，国家知识产权局和上海市政府商定2006年工作推进计划，其主要合作共建项目为：一是合作共建上海知识产权公共服务平台，包括知识产权信息工程一期建设以及全力推进上海专利技术市场中心建设，率先在国内创建规范达标的“全国专利技术上海展示交易中心”；二是合作共建“张江国家知识产权试点园区”，使张江高科技园区建设成为在知识产权创造、运用、保护和管理等方面具有国内一流水准的知识产权示范园区，成为上海自主创新和知识产权保护的引领园区；三是合作共建上海“国家知识产权局政府网站镜像点”。

2012年8月国家知识产权局与上海市政府举行第二轮部市合作会商。为落实中央对上海发展要求并结合上海实际需求，新一轮合作会商协议提出以“创新要素集聚、保护制度完备、服务体系健全、高端人才汇聚”为目标，共同推动上海建设亚洲太平洋地区知识产权中心城市。部市合作将在支持知识产权领域国际组织落户上海，实践探索上海知识产权行政管理体制改革，促进上海高新技术产业运用专利加快发展，加强上海企业知识产权管理规范建设，推进上海知识产权服务业发展，开展知识产权人才培养工作等六大重点领域开展合作。

二、工作成效

国家知识产权局和上海市人民政府建立部市合作会商制度六年多来合作成果显著，上海知识产权综合实力明显提升。第一轮的合作会商不仅为探索全国知识产权事业发展模式积累了经验、提供了示范，而且为立足国家战略部署和上海发展需求，开展新一轮合作会商奠定了坚实基础。

专栏 2-7 广东省部省合作工作简介

一、工作内容

2008 年 12 月 29 日，国家知识产权局和广东省政府签署《关于建立知识产权高层次战略合作关系的议定书》(以下简称《议定书》)。《议定书》确定了双方十大合作内容，包括：共同推动构建适应广东经济社会发展的知识产权管理体制、共建知识产权信息服务平台、共同构建广东知识产权培训体系、共同开展知识产权发展研究工作、共建知识产权转移及运用体系、支持广东建立完善知识产权国际交流合作机制、共同开展知识产权维权援助工作、共建国家知识产权局专利业务绿色通道、共建粤港澳台知识产权合作机制和支持广州高新技术产业开发区开展创建国家知识产权示范园区工作等。通过第一轮合作，双方共同实施完成了 37 个合作项目；在知识产权战略实施和规划编制、知识产权管理体制和法制环境优化、知识产权转移运用、知识产权为战略性新兴产业发展提供有力支撑、中小企业知识产权工作推进、知识产权涉外应对和维权援助、知识产权信息传播与利用、知识产权国际交流和区域合作、知识产权人才培养和知识产权服务能力提升等方面取得突出成绩。

2013 年 4 月 11 日，国家知识产权局与广东省人民政府签署第二轮知识产权高层次战略合作协议，同时召开 2013 年省部会商工作会议。双方共同签署的《关于建立第二轮知识产权高层次战略合作关系的议定书》，确定了建立第二轮知识产权高层次战略合作关系。双方决定深入开展三大方面的合作：其一，共同探索推动产业转型升级新路径，具体包括：开展专利导航工程；实施企业贯标计划；探索知识产权高端运用试点；研究制定知识产权服务广东产业转型升级实施意见。其二，共同构建增强创新驱动发展能力新机制，具体包括以创建知识产权服务业发展示范省为主线，着力构建创新资源高效配置的有效模式；以营造良好的创新发展环境为要求，着力构建省际知识产权执法协作新机制；以建立适应企业创新发展的金融体系为目的，着力构建以知识产权为纽带，有机融合科技、金融和产业的运行机制；以国家重点知识产权项目为依托，着力构建吸引知识产权高端人才集聚的工作机制。其三，共同培育促进开放型经济发展新优势，具体包括：建设知识产权多元国际合作试验区；加强知识产权涉外应对和海外维权援助；开展华侨知识产权交流合作；加强粤港澳、粤台知识产权交流合作。

二、工作成效

多年来，国家知识产权局与广东省政府的合作取得了显著成效。部省合作有力地促进了广东省知识产权事业发展，充分发挥了知识产权制度对广东经济、社会发展的助推作用。

专栏 2-8 江苏省部省合作工作简介

一、工作内容

江苏省自 2009 年起与国家知识产权局开展创建实施知识产权战略示范省的部省合作。之后，每年召开年度会议，确定年度合作计划。

2009 年 2 月 16 日，国家知识产权局与江苏省人民政府签署《国家知识产权局、江苏省人民政府创建实施知识产权战略示范省合作协议》。这标志着江苏开始启动创建全国首个实施知识产权战略示范省。创建实施知识产权战略示范省的主要内容包括 12 个方面，即探索实施区域知识产权战略的体制机制、加强实施知识产权战略的政策研究、促进重点产业核心知识产权创造和运用、大力培育知识产权优势企业、积极发展知识产权服务业、加快知识产权人才培养、构建知识产权维权援助机制、建立专利业务信息绿色通道、推进专利无效案件快速审理、实施政府重大投资项目知识产权审查和开展知识产权综合改革试点。

2010 年 3 月 26 日，国家知识产权局和江苏省人民政府召开创建实施知识产权战略示范省部省合作工作会议，总结了 2009 年创建实施知识产权战略示范省工作，部署了 2010 年合作工作任务。会议明确了国家知识产权局、江苏省人民政府 2010 年进一步加强合作的领域，包括：促进知识产权创造、专利成果转化、专利技术交易市场建设、专利权质押贷款、知识产权产业统计指标研究、专利行政执法能力建设、知识产权维权援助中心建设、行业知识产权预警、知识产权优势企业培育、重大项目知识产权审查机制建设、企业知识产权管理推进、知识产权服务能力建设、培训基地建设和知识产权工程师、专利代理人培训等。

2011 年 6 月 28 日，国家知识产权局、江苏省人民政府举行创建实施知识产权战略示范省部省合作工作会议，并签署了创建实施知识产权战略示范省“十二五”合作框架协议和2011年度合作计划。按照此次签署的部省合作框架协议，“十二五”期间江苏将在知识产权的自主创造、转化运用、执法保护、高效管理等方面加大力度，实现向知识产权强省的跨越。

2012年3月8日，国家知识产权局、江苏省人民政府签署了江苏创建实施知识产权战略示范省2012年度合作计划。2012年工作的重点是加强知识产权强省的布局，完善知识产权的工作布局，开展区域实施知识产权战略绩效评价制度，突出知识产权工作的重点；从江苏省知识产权的情况出发，建立健全有关制度，促进知识产权加快转化应用；推动重点企业知识产权运作，实现企业专利授权和发明专利申请全覆盖；主要培育一批示范县和园区，夯实基层知识产权工作的基础，提升知识产权工作水平。

2013年9月6日，国家知识产权局、江苏省人民政府举行创建实施知识产权战略示范省2013年工作会商。双方共议定了4个方面15项合作内容，将从建设知识产权强省、发展知识产权密集型产业、加大知识产权保护力度、提升知识产权服务和人才保障能力等方面展开合作。

二、工作成效

五年来，经过双方的共同努力，江苏省知识产权战略实施工作卓有成效。江苏省知识产权创造能力显著提升，企业知识产权主体地位得到强化，知识产权法制环境不断优化，知识产权管理服务水平稳步提高，自主知识产权成果加快转化运用。国家知识产权局给予江苏省的大力支持，对推动江苏实施知识产权战略、增强自主创新能力、促进经济持续健康发展和社会进步，起到了十分重要的作用。

2.2.3.2 省市共建

省市共建的合作目标是通过建立合作机制，充分发挥合作城市产业优势，推进深入实施知识产权战略，建立适应创新型经济发展的知识产权工作机制，大幅度提升知识产权创造、运用、保护和管理水平，增强自主创新能力，为建设国家创新型城市和国家知识产权示范城市提供支撑。

省市共建是省市联合，形成推进知识产权战略合力的重要手段。开展省市共建的关键是找准合作共建主题，在此基础上协商具体合作事项。合作主题需要合作城市对自身知识产权工作基础、发展目标有着准确定位，并结合城市本身经济社会发展规划确定。具体合作事项一般由城市根据当地产业、资源优势等特点，与省知识产权行政管理部门协商确定。根据各城市的不同特点，确定有针对性的发展目标和举措，对于各地市找出知识产权战略实施中的问题，摸清自身特色，在省局的支持下重点开展特色工作是一个有益探索。

在组织形式上，一般是由省辖市人民政府提出，与省知识产权行政部门或管理部门共同商定合作共建有关事宜，形成并签订合作共建协议，由省级层面进行项目、资金、政策、技术等资源的倾斜，促进地市知识产权战略的推进。在开展省市共建专项工作的省份，一般共建日常工作由省辖市知识产权局负责，每年召开省市合作例会，总结合作工作进展情况，部署年度工作计划。

专栏 2-9 江苏省开展知识产权省市共建工作

江苏省创新性地开展省市共建工作，结合国家知识产权示范城市创建与省知识产权战略区域试点示范工作，在“实施知识产权战略，建设创新型城市”的原则下，与南京、苏州、徐州、盐城、南通、泰州等城市开展合作共建，分别确定了“实施知识产权战略、创建以自主知识产权支撑的创新型经济领军城市”“实施知识产权战略强市，把苏州作为重点开展知识产权综合改革试点的城市，共同将苏州打造成国家知识产权强市”“合作共建创新型城市”“实施知识产权战略示范市”等合作主题。

2.2.3.3 知识产权战略实施工作专项督察

战略实施督察是由省级战略实施机构组织的对实施战略的地市知识产权战略实施情况的督促和检查，为增强督察效果，以征得省级政府同意、涵盖省级单位内全部市区为佳。督察的目标是，通过督察，引导地市从战略角度提高对知识产权工作的认识，将知识产权工作融入科技、融入经济、融入社会发展，同时督促地市认真组织本区域内知识产权实施工作。

（1）督察的内容。督察的内容是各地市知识产权战略实施以来知识产权事业发展的全面检查，涉及知识产权创造、知识产权战略实施投入、专利商标战略实施进展、软件正版化、知识产权保护、企业知识产权战略实施等方面。

（2）督察方式。组建督察工作组，从各市自查、分组现场督察、向省政府汇报督察情况三个阶段开展专项工作。督察工作组由省知识产权局、省国资委、省工商局、省版权局、省中小企业局等知识产权战略实施机构成员单位人员组成。

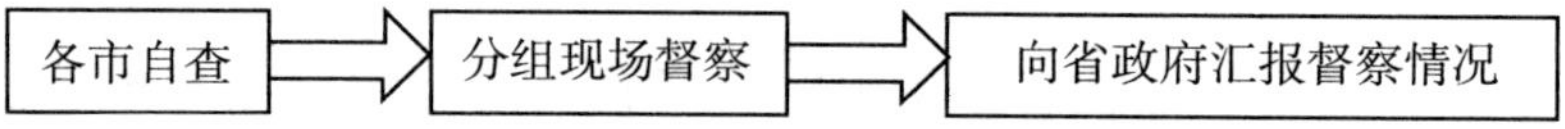

图2-2 督察流程图

①各市自查。由各市结合地市级战略目标，就战略实施以来知识产权的基本情况、主要措施和做法、存在的问题以及下阶段工作的思考进行总结评估，形成书面报告。

②现场督察。是指由督察工作组到各地市进行现场督察，地市就实施知识产权战略情况作总体汇报，督察组可以会议答辩和现场抽查的方式检查工作。

③完成督察报告。在汇总全省各市战略实施情况的基础上，形成全省知识产权战略实施工作专项督察情况报告，汇报给省政府。充分发挥督察报告的作用，引起省政府对知识产权工作的重视，同时，督察报告情况可以作为制订下一阶段工作计划的参考依据，加强对市区战略实施工作的督导。

（3）通报督察情况。将知识产权战略实施专项督察报告印发全省辖区市政府、省知识产权工作协调领导小组成员单位。

（4）专项整改。在全省知识产权战略实施推进会议或全省知识产权工作会议上，要求辖区市政府对照专项督察报告，提出下一步战略推进工作措施和保障条件。

专栏 2-10 陕西省、贵州省战略实施工作督察、考核

一、陕西省组织对设区市战略实施工作专项督察

2013 年 7 月，陕西省人民政府发文全省开展知识产权战略实施专项督察，并授权陕西省知识产权工作协调领导小组办公室具体组织实施。现场督察于 7 月

21—26 日在全省同时展开，组织召开设区市政府专项督察会议 11 场，11 个市政府分管市长出席并汇报。三个督察小组查阅各地知识产权战略实施资料 45 份，抽查了 40 个市级政府部门计算机软件的使用情况，并深入 1 个知识产权强县、8 户企业、2 个基层工商所和 2 家大型流通市场进行现场督察。专项督察报告经省政府审定后，印发全省设区市政府、省知识产权工作协调领导小组成员单位，并在全省知识产权战略实施推进会议上提出改进工作的要求。

通过督察，加强了对地市战略实施工作的督导，督察报告上报给省政府后，受到了省政府的肯定，形成了制定下一阶段知识产权战略实施总体计划的参考依据，取得了较好效果。

二、贵州省落实市（州、地）政府战略实施工作年度目标考核

贵州省从 2008 年起落实 9 个市（州、地）政府（行署）实施知识产权战略的年度目标责任制，每年由省政府分管领导与各市（州、地）政府（行署）签订年度实施知识产权战略责任书，进一步强化全面实施知识产权战略的工作力度。省政府知识产权办公会议办公室每年制定《年度实施知识产权战略考核细则》，年底组织省知识产权、农业、工商、版权、质监等部门，对各市（州、地）政府（行署）实施知识产权战略目标任务完成情况进行了考核评价，考核结果经省政府同意后向全省进行通报，并根据考核成绩定等次兑现奖励。考核评价体系已由最初的定性转变为定量和定性相结合。2012 年考评体系进一步创新，经征求和整合各市州政府及相关部门的意见，首次将年度实施知识产权战略重点工作的核心指标直接纳入省政府与市州政府签订的责任书，形成了自上而下级级负责的战略推进实施工作机制。

2.3 省级知识产权战略实施的主要工作内容

2.3.1 省级知识产权战略实施的年度工作计划

如表 2-3 所示，省级战略的年度工作计划与省级战略是目与纲的关系，是省级知识产权战略的实施的载体，表现为对战略所确定的目标按年度进行分工，并通过一系列具体举措加以落实。年度工作计划一般由知识产权战略制定

表 2-3 2009—2013 年
江苏省知识产权战略专利和商标目标分解

2009-2013年目标	自主知识产权数量大幅度增长，质量明显提高。专利申请量、授权量年均增长15%以上，发明专利申请量年均增长20%；企业专利申请量占全省总量的比重达到55%；境外专利申请量年均增长30%以上。商标注册量年均增长1.8万件，驰名商标达200件，省著名商标达2500件；培育商务部重点支持和发展的出口品牌60个，省重点培育和发展的出口名牌180个，建成品牌培育基地50个				
年度	2009年	2010年	2011年	2012年	2013年
年度目标	促进专利申请量和授权量稳步增长	专利申请量和授权量保持全国领先地位	促进专利申请量和授权量稳步增长	促进专利申请量和授权量稳步增长	促进专利产出量质提升
专利目标	全省专利申请量达到12.3万件。其中，发明专利申请量达到2.3万件，专利授权量确保增长20%以上	发明专利申请量、授权量比2009年分别增长20%和25%，企业专利申请量、授权量分别增长20%和25%	全省专利申请量达18万件，其中，发明专利5.6万件;专利授权量达12.6万件	发明专利申请量、授权量比2011年分别增长25%和30%。企业专利申请量、授权量分别增长25%和30%	全省专利授权量达到27万件，发明专利申请量达到12万件，发明专利授权量达到2万件，国（境)外专利申请量达到1100件，万人发明专利拥有量达7件

商标目标	促进商标注册量稳步增长。全年新增注册商标1.8万件以上，定牌加工企业商标注册率达30%，商标国际注册数较去年增长20%，“证明商标”、集体商标增加5~8件，地理标志申请数达15件，培育具有较高国际知名度的自主商标200个	新增注册商标1.8万件以上；国际商标注册数比2009年增长30%；新增“证明商标”“集体商标”及地理标志5~8件；新增驰名商标25件、省著名商标200件，驰名商标总数继续位居全国前列；新确认省、市级产业集群品牌培育基地40个，其中省级10个	新增注册商标3万件以上、国际注册商标220件以上、集体商标和证明商标8件以上；新增驰名商标25件、省著名商标200件；定牌加工企业自主商标拥有率达50%；新增省级产业集群品牌培育基地10个、品牌示范基地5个	新增注册商标3万件以上、国际注册商标260件以上、集体商标和证明商标8件以上；新增驰名商标25件、省著名商标200件；新增省级产业集群品牌培育基地20个、品牌示范基地10个	新增注册商标3万件以上、国际注册商标300件以上、集体商标和证明商标8件以上；新增驰名商标25件、省著名商标200件
任务分解说明	专利以稳步增长为基本目标，根据授权量年均增长15%的目标，本年度专利授权量增长目标为20%，任务安排体现先紧后松	2009年全省专利申请量和专利授权量居全国第一，因此，2010年度的目标定位为保持全国领先地位。2010年9月出台《深入实施商标战略的意见》	对照深入实施商标战略的需要，新增注册商标3万件以上，较上年增长幅度增大，参与国际竞争的需要，国际注册商标重要性开始突出，明确数量	观念改变，逐步全面关注注册商标使用率、地理标志申报率、产业品牌集聚度以及驰（著）名商标企业行业贡献率	在专利数量大幅增长的前提下，明确促进质量提升目标。围绕整体目标的实现，境外专利目标首次明确。万人发明专利拥有量是结合十二五的目标所提出的

和实施领导小组成员单位制定，在设立联席会议的省份，由联席会议牵头，组织各成员单位结合战略任务，进行年度分解，制订本部门计划，全省协调汇总，经省（区、市）政府同意后以省级政府办公厅的名义发布。

作为对当年知识产权战略实施工作的具体部署和行动指南，战略推进计划既要兼顾战略的整体性、长期性，又必须突出实施过程的阶段性特点。一方面起着承上启下、递次推进的作用，同时又应当重点解决当下最突出的问题，完成最紧迫的任务。年度推进计划的工作要点是由各联席会议成员单位结合部门工作提出，考虑的因素有：国家战略推进计划的要求和重点工作，全省社会经济发展的重点，以及地市知识产权工作中的实际需求。

年度推进计划发布后，各成员单位须在工作中具体落实，在年度总结时，须对照计划要求，总结考核完成情况。在计划执行的过程之中，随着内、外部环境的变化，计划可以根据环境的变化进行适当调整。

专栏 2-11 黑龙江省通过战略实施推进知识产权管理体系建设

2011 年，《黑龙江省知识产权战略纲要》出台时，黑龙江省各地市中仅有哈尔滨和伊春两个市存在知识产权局机构设置，县级知识产权管理机构处于空白状态。《黑龙江省知识产权战略纲要》的颁布实施对黑龙江省知识产权行政管理体系的完善起到了巨大的推动作用。具体举措包括以下 3 条。

一是《黑龙江省知识产权战略纲要》中明确要求，健全知识产权行政管理体系。加强知识产权工作机构建设，完善省、市、县三级知识产权行政管理体系，进一步充实知识产权管理队伍，推进知识产权工作机构纵向延伸。二是黑龙江省在每年制定知识产权战略实施工作年度推进计划和工作要点中，将加强知识产权行政管理体系建设都列为重要工作任务。三是省级层面连续三年对成立知识产权机构的市地、县（市、区、园区）给予经费支持。

截至目前，黑龙江全省 13 个地市中已有 8 个成立知识产权局，另有 12 个县、4 个区成立知识产权局。同时，知识产权战略实施的统筹协调机制建设得到强化，已有 9 个市建立了知识产权工作统筹协调机制。而且，全省 13 个市在 2012 年已经全部制定和实施了本地的知识产权战略纲要或贯彻落实《黑龙江省知识产权战略纲要》的实施意见，实现了知识产权战略实施工作在全省区域层面的全覆盖。

2.3.2 省级知识产权战略实施的调查研究

调查研究是做好战略实施工作的关键，对于省级知识产权管理部门而言，开展调查研究工作主要包括开展软课题研究、组织专题研究、日常调研三种途径。

2.3.2.1 开展软课题研究

由局内政策法规处或者专门负责软课题研究的管理部门年初在征求局内负责战略实施部门意见的基础上，提出对年度知识产权战略实施中存在的重点、难点问题开展调查研究的需求，向全国或者全省发布课题需求，组织相关专家学者开展研究。这类研究内容多为某一个点的问题，针对某个特定问题开展研究，具有一定的前沿性、理论性。

2.3.2.2 组织专题研究

为解决知识产权战略实施中的关键问题，或者涉及战略性、系统性特别是关系顶层设计的问题，由省知识产权局直接组织力量开展专题研究。这类研究内容多是直接为政策性、纲领性文件制定而开展的，具有一定的实务性、可操作性。对于需要协调多方面资源、涉及多个部门相关工作的，以领导小组办公室名义，组织有关成员单位开展省内外专题调研，并印发调研报告，必要时将调研情况上报省政府作为决策依据。

2.3.2.3 日常调研

为了解某个区域或者某个领域知识产权战略实施情况或者成效，发现知识产权战略实施中的问题，由省知识产权局牵头开展调研，这类研究主要是为了摸清情况、发现问题，最终形成调研报告，提出相应的解决方案，具有较强针对性。

专栏 2-12 江苏省知识产权强省调研工作概述

2014 年，江苏省委、省政府做出了“启动知识产权强省规划建设”的工作部署，省知识产权局等相关部门对知识产权强省建设开展了调研。

一、工作内容

一是开展前期研究，理清工作思路。江苏省知识产权局会同国家知识产权局、南京理工大学成立课题组，开展了知识产权强省建设前期研究，分析了世界知识产权强国的经验做法，江苏建设知识产权强省的必要性、可行性以及面临的机遇与挑战，提出了建设思路、重点目标任务和政策措施，并于2月中旬，在北京听取了国家知识产权局、工信部、商务部、财政部、中科院等部门和专家的意见。

二是草拟建设规划，广泛征求意见。根据规划前期研究成果，形成了《江苏知识产权强省建设规划 2014—2020（初稿）》，并分别对 2017 年、2020 年重点目标进行了分析测算。3 月中旬，省政府召开了座谈会听取了省发改委、经信委、教育厅、工商局、版权局、农委、省高院等 11 个部门的意见建议。

二、工作成果

第一步以软科学研究的方式，委托相关单位开展研究，用大量数据、资料详细梳理了世界知识产权强国的特征，形成了研究报告，报告具有研究性、前瞻性，为知识产权强省建设提供理论支撑；第二步是专题研究，主要形成了规划文本，比如针对当前困扰江苏省知识产权发展急需解决的知识产权服务能力提升、知识产权区域评价指标体系等 9 个重点难点问题，组织省内外有关专家，采取网上调查、异地考察、面向社会征求意见建议等多种形式开展研究，为省委、省政府出台具体的政策、规划提供参考。

2.3.3 省级知识产权战略实施的知识产权资源分析

省级战略的有效推进，一个重要的前提是了解全省知识产权资源整体情况、知识产权资源的特点。各省（区、市）通过加强知识产权资源区域分布研究，摸清自身知识产权现状，明确产业优势，确定知识产权工作重点，对于发挥知识产权支撑经济发展具有重要作用。所调查的知识产权资源包括专利、商标、版权与有关权利、集成电路布图设计、地理标记、生物新品种、商业秘密、传统知识、遗传资源、民间文艺等。资源分析包括统计与调查分析两种方式。

2.3.3.1 知识产权统计

定期统计并发布相关知识产权数据，专利、商标、版权等相关数据的统计，有助于认识、分析知识产权形势，了解目标完成情况，指导规划下一步工作重点等。所统计数据作为知识产权工作的重要基础数据，在反映社会经济、科技创新形势，服务党政机关科学决策，满足社会公众需求方面的地位日益突出。知识产权统计工作可以由省级政府或其知识产权相关服务部门完成，根据时间长度，可以分为按月报表、半年统计报表和年度统计分析报告。以专利数据统计为例，各类报表需统计的内容包括以下 3 类。

（1）月报表。该类报表基本就是数据的统计，其内容一般包括：各辖市区域专利申请数量、发明专利数量；专利授权数量；与全国先进地方的比较；高校、企业、个人专利申请情况等。通过统计，了解当月完成数量及截至当前全年任务完成的情况，了解跟相当省市的差异情况，特别是企业主体的完成情况，以期更好地完成全年指标。

（2）半年统计报表。该类报表是半年数据的统计，其内容包括：当年专利申请总量，与上年同期对比情况；当年专利授权总量，与上年同期对比情况；年度目标完成情况；与经济发达省市、周边省份的比较情况。通过对比，找出差距，树立目标。

（3）年度统计分析报告。该类报告与月报表和半年统计报表不同之处在于，其在数据统计的基础上，更注重对数据进行分析。一般分为以下几个部分：首先是知识产权基本情况，专利申请及授权情况，申报运用及注册情况，软件版权登记及发展情况；其次是在基本情况的基础上，进行发展态势分析；再次是从相关配套政策、支撑条件、软硬件环境等角度分析存在的问题；最后是在整个分析的基础上，明确下一步工作重点，为下一年度工作指明方向。

在制作统计分析报告时，各项指标是关键，理解、分析各项指标说明的问题，有选择地参考数据指导各领域的工作，是统计分析报告的价值所在。

2.3.3.2 知识产权调查分析

知识产权调查分析是在统计的基础上，强化分析。一般由专业的信息服务机构完成，调查分析的基本步骤为：首先，通过统计知识产权相关数据，运用专业的知识产权资源评价体系，多角度、多指标地对各省、地市知识产权资源状况进行全面评估，描绘各地市知识产权趋势与特点；其次，结合各省、地市产业集群规划，梳理重点产业、技术/产品的知识产权信息，挖掘重点产业发展脉络与方向；从知识产权权属情况，剖析知识产权转化的现状与未来发展趋势；最后，在充分了解地区行业发展态势、技术开发动态的基础上，围绕全省实际情况，从知识产权角度对全省产业布局、技术创新、区域发展以及知识产权服务等方面提出对策与建议。

专栏 2-13 安徽省区域知识产权资源分析工作简介

近年来，安徽省不断加快推进创新型工业化进程，努力实现从“农业为主”向“工业引领”新阶段的全面转型。转型的关键是要促进全省区域协调发展，努力打造发展创新驱动型经济。因此，安徽省以区域为探究对象，结合产业发展现状，开展了区域知识产权资源分析。

一、工作内容

安徽省的区域知识产权资源分析全面系统地研究分析 2000 年以来安徽省的专利资源状况，包含以下五个方面：一是通过历年宏观分析，了解安徽省区域专利资源的发展趋势；二是通过创新主体分析，了解安徽省各类申请人和主要研发团队情况；三是通过区域分析，了解安徽省十六地级市、“合芜蚌自主创新综合试验区”和“皖江城市带承接产业转移示范区”的区域专利资源分布状况；四是通过技术和产业分析，了解安徽省专利技术的产业分布情况及产业创新程度；五是分析安徽新能源汽车产业的政策环境、产业聚群、创新优势与竞争优势等信息，形成独立的《安徽新能源汽车产业技术发展建议书》。

二、工作成果

通过知识产权资源的调查与分析，安徽省探索了知识产权、产业创新与区域产业竞争力之间的内在联系，进而分析安徽省区域创新与知识产权发展面临的机遇和挑战。区域知识产权资源调查明确了不同产业发展特点和发展阶段区域产业专利发展目标，并为结合全省产业创新和区域发展实际给出促进区域产业知识产权发展建议提供了科学的依据。

基于全省专利发展的状况，安徽省提出了七点发展建议：① 协调资源配置，加大科研投入力量，在提高申请数量的同时重视申请质量；② 调整申请结构，鼓励企业提高发明占比水平，提高创新的质量意识；③ 促进产学研结合，为企业与高校、科研院所之间搭建合作平台，互补共进；④ 加大专利成果的利用效率，搭建高效的专利商业化运营平台，使专利成果得到真正产业化应用，提高专利的商业收益；⑤ 鼓励专利申请量较大的城市调整申请结构，加大对薄弱城市专利发展的扶持力度和培训引导；⑥ 提升优势产业——新能源汽车等产业的创新水平，获取更多有效的发明专利，掌握一批核心技术；⑦ 提升运用专利参与市场竞争的能力。

2.3.4 省级知识产权战略实施的分类指导

由于各省区域内地市级的经济发展水平、区位条件、产业结构、知识产权意识和投入产出存在差异性，地区之间知识产权管理体系不均衡、创造、运用、管理、保护知识产权的能力差距较大，呈现出不同的梯度。因此，为在全省范围内有效推进实施知识产权战略，全面提升全省知识产权竞争力，各省应注重对知识产权发展处于不同梯度的区域进行分类指导，促进地市特色化发展，找准不同区域发展中的症结，解决区域政策一刀切的问题。

省级知识产权战略实施分类指导工作的基本工作思路如下。

2.3.4.1 制定分类指标，界定地市类别

各省应根据区域知识产权战略，科学地制定地市分类指标。在调查分析和知识产权资源分析的基础上，根据地市的统计数据，依据分类指标，准确界定地市的梯度序列。比如，可以依据各地市知识产权发展条件，分为较好、一般、较弱三类。

2.3.4.2 分类规划工作重点，设置分类发展目标

各省应关注地市统计数据的差异、差距和特色，为不同区域的分类发展找

准着力点，对不同类别地区的发展模式和工作重点进行分类规划。同时，根据不同类别地区的不同发展现状，结合各地经济发展特色，合理设置分类发展目标。对于知识产权发展条件较好的区域，应考虑进一步提升该区域运用知识产权制度的能力，在全省知识产权创造、运用、保护、管理能力建设中发挥引领作用；对于知识产权发展条件一般的区域，应考虑鼓励其努力赶超全省先进水平，加快提高利用知识产权促进产业结构调整和优化升级，在优势领域的自主知识产权创造和运用上取得突破；对于知识产权发展条件较弱的区域，应重点提升其引进消化吸收再创新能力，尽快承接知识产权转移，促进经济跨越发展。

要注意的是，战略目标不同，在评价考核时，方式和标准也应有所区别。

2.3.4.3 分类采取推进措施

各省要根据地市的不同情况及目标分类采取推进措施，帮助地市实现分类战略目标。对于知识产权发展条件好的区域，应做好以下方面工作：一是保持知识产权拥有量的领先优势，大力推动大型企业集团创造知识产权优势，形成以专利技术、著作权、技术标准、技术秘密等为核心的知识产权竞争优势；二是着力培育知识产权核心企业，在专利大户企业、著作权拥有企业中培育一批拥有核心技术、自有版权、自主标准、自有品牌、著名商标的知识产权密集型高技术企业，形成一批创新能力强、知识产权拥有量和市场占有份额大的企业集群；三是进一步加强知识产权保护，打击侵犯知识产权行为，净化知识产权市场环境；四是进一步完善知识产权服务体系，大力吸引国内外优质知识产权服务机构来区域设立办事处，加快建设信息网络专业服务平台，建立数据翔实、更新及时、运行规范、服务周全的知识产权公共服务网络体系；五是加强知识产权人才队伍建设，实施知识产权高层次人才培训计划，着力培养拥有较高知名度的知识产权服务团队和领军人才。

对于知识产权发展条件一般的区域，应做好以下工作：一是提高知识产权创造水平，积极引导关键技术领域的发明创造，形成特色产业的专利链和专利网，促进产业的发展和提升。积极提升企业的知识产权能力，逐步减少“零专利”企业，培育专利大户；二是增强知识产权运用能力，在各区域选拔一批市场前景好、经济效益显著的优秀专利技术，组织实施和产业化，促进产业结构调整和优化升级；三是进一步加强为企业知识产权服务的手段和能力，在各区域建立专利数据库，培育专利信息和交易公共服务平台，开展专利查询、产品分析、企业咨询等，为企业发展提供专利信息服务；四是继续抓好知识产权知识宣传培训，在各区域继续办好知识产权战略专题讲座，做好专利代理人的培养工作，在高校开展知识产权普及培训，支持高校开展知识产权学科建设和人才培养。

对于知识产权发展条件较弱的区域，应做好以下工作：一是支持企业获得知识产权通过制定优惠政策和资金扶持，提高企业知识产权创造和运用的积极性。二是抓好企业知识产权工作，抓好已被列入省重点领域企业和行业知识产权战略推进计划项目实施单位的管理，按照省知识产权局要求实施好项目，确保按时通过省局的验收。三是加强知识产权服务体系建设，重点支持现有专利代理机构做强做大，在专利代理的基础上拓宽业务范围。支持有条件的地区，特别是专利申请量比较高的县区建设或引进专利代理机构，建设企业专利孵化器。四是加强知识产权宣传培训，加强知识产权的宣传普及工作，培育知识产权保护氛围，实施分类培训，强化领导干部、知识产权行政管理人员、企事业单位领导、项目负责人、知识产权工程师和知识产权学历教育等培训，切实提高知识产权管理能力。要特别注重专利代理人培养，力争在较短时间内解决无专利代理人和代理机构的问题。

专栏 2-14 湖南省推动知识产权区域分类发展

一、工作内容

湖南省根据地方经济和知识产权事业发展现状，将全省 14 个市、州划分为三个类别地区，进行地市级知识产权战略实施的分类指导。

（一）制定分类指标，划分区域类别

湖南省制定的市州分类指标中的核心指标是经济发展水平与知识产权创造、

运用、保护、管理和人才培养情况；参考指标是地方知识产权战略意识与知识产权文化。根据地市的统计数据，湖南省将所辖 14 个市、州划分为三个类别：一类地区（长株潭两型社会试验区），包括长沙、株洲和湘潭；二类地区（湘中、湘南、湘北地区），包括衡阳、常德、岳阳、娄底、益阳、郴州和永州；三类地区（大湘西地区），包括邵阳、怀化、张家界和湘西。

（二）分类规划发展模式及目标

湖南省对三类地区的发展模式和工作重点进行了分类规划。第一，长株潭城市群龙头带动，树立标杆；第二，着重加强对二类地区专利产业化、执法维权工作的支持和指导；第三，充分挖掘三类地区当地特色资源，全面提升知识产权能力。同时，湖南省为三类地区制定了分类发展目标：第一，以示范城市创建为抓手，将长株潭两型社会试验区打造成知识产权密集区；第二，以推进专利技术产业化为目标，将湘中、湘南、湘北地区建成知识产权示范区；第三，以提升知识产权能力为重点，将大湘西地区建设成知识产权特色区。

（三）分类采取推进措施

针对三类地区，湖南省分类采取推进措施，帮助地市实现分类战略目标。主要差别体现在经费资助、知识产权创新、运用、保护和人才培养等方面。

二、具体措施及成效

为推动对三类地区实施知识产权战略的分类指导，湖南省采取的主要工作措施包括：

（一）落实工作经费

通过湖南省知识产权局的积极争取，湖南省财政厅下达“长株潭城市群知识产权示范工程专项工作经费”329 万；2013 年度湖南省知识产权战略实施财政专项经费 2150 万；湖南省知识产权局还从知识产权事务费中专门划拨出一定费用针对性地用于各市州专题项目实施。此外，湖南省知识产权局通过与省经信委联合在全省工业领域实施“百项专利转化推进计划”争取到一定经费。

（二）搭建工作平台

湖南省搭建了厅市合作工作会商的工作平台。初步构建了定期会商、临时磋商的会商工作机制。2013 年湖南省知识产权局分别与株洲市政府就创建国家知识产权示范城市工作、突出企业主体、加强专利信息利用和加强知识产权保护等问题进行了会商；与衡阳市政府就省市共建百家知识产权优势培育企业工程战略签约仪式相关事项等进行了会商；与益阳市政府就针对益阳市实际情况研究制定具体目标和措施，形成省市共建合作协议文本，共同推进专利产业化试点城市建设等问题进行了工作会商；与怀化市政府就工作会商机制进行了前期磋商。

（三）加强人才培养

充分利用中南大学知识产权研究院、湖南大学知识产权培训基地、湘潭大学知识产权学院的智力资源，对全省各市州知识产权战略推进培养人才。2013 年以来，已陆续举办各类培训班十余期。同年 11 月开通了湖南省知识产权远程教育平台。计划从 2013 年起，每年分批次在 1 至 3 个高校设立分站，到 2018 年，在全省范围内建立起比较完备的知识产权远程教育网络机制，全面开展知识产权远程教育工作。

（四）注重项目支撑

项目支撑过程中充分体现区域战略分类指导思想。首先，开展 2013 年度湖南省知识产权战略实施专项申报和立项工作。经过材料审阅和项目答辩，在申报的 233 个项目中挑选了 158 个进行立项。其中，一类地区立项 39 个，二类地区立项 67 个，三类地区立项 24 个。其次，开展 2013 年度湖南省专利奖评选活动，评选出获奖专利 50 个。其中，一类地区获奖项目 28 个，二类地区获奖项目 18 个，三类地区获奖项目 4 个。再次，在全省工业领域实施“百项专利转化推进计划”，围绕工业结构调整和转型升级重点产业，面向中小企业，针对关键领域和薄弱环节，每年发布年度专利技术转化导向计划目录，引导组织实施 100 项左右重点专利技术转化和产业化。最后，实施“湖南省专利信息集成服务平台”项目。该项目将整合省内现有专利信息存量资源与服务资源，完善跨企业、跨行业、跨部门的专利信息全过程服务体系，形成全省共享的专利技术服务信息系统。

（五）设立分类考核

按照三个类别区域划分，分别实施考核。根据《湖南省市州 2013 年度实施〈湖南省专利条例〉绩效考核评价标准》和各市州局自评情况进行评分，将 3 类区域得分最高的以及其余综合成绩排名前 2 位的 6 个市州局授予“湖南省知识产权工作先进单位”称号，予以奖励。

湖南省通过科学制定分类指标，划分类别区域，分类规划不同类别区域的发展模式和工作重点，合理设置各类区域的发展目标，并分类采取推进措施，为各地发展的差别化、特色化找到了着力点，既有效解决了区域政策空间尺度过大和一刀切的问题，又找准了不同区域发展中的症结问题，很好地体现了省级知识产权战略区域分类指导的意义。

专栏 2-15 陕西省设区市知识产权战略推进工作

一、设区市知识产权战略推进工作背景

陕西省全省辖10个设区市、杨凌示范区和韩城市（副厅级），由北向南依次为陕北地区（延安、榆林）、关中地区（西安、宝鸡、咸阳、铜川、渭南、杨凌、韩城）和陕南地区（汉中、安康、商洛）。2008年11月省政府颁布实施《陕西省知识产权战略纲要(2008—2020年)》，截至2012年底，全省10个设区市、杨凌示范区和韩城市全部出台了贯彻该纲要的实施意见。

“一市一策”、设区市发展是陕西省委、省政府结合地方特色制定的社会经济发展思路。“十一五”开局之时，陕西省提出“关中率先发展、陕北跨越发展、陕南突破发展”的发展战略。在“十二五”规划中，为使三大区域协调发展再上台阶，陕西省将区域战略调整为“关中创新发展，陕北持续发展，陕南循环发展”。“一市一策”与之前的三大区域发展战略一脉相承，是进一步的定位细化和格局深化。借力国家区域发展战略，陕西省进一步细化发展思路，通过为10个设区市和杨凌示范区科学制定“一市一策”发展战略，实现各市、区的分头突进、错位发展。

设区市知识产权战略是将《陕西省知识产权战略推进计划(2013—2014年)》与陕西“一市一策”发展思路紧密衔接，着力抓好知识产权创造、运用和保护三大关键环节，优化管理，深化服务，实现对设区市知识产权工作的分类指导，促进知识产权工作与市区经济社会发展深度融合，充分发挥知识产权对创新驱动发展和全面建设西部强省的促进和支撑作用。

二、工作内容

（一）工作目标

按照2013年省政府工作报告要求，深化“一市一策”发展要求，紧紧围绕西安市构建“五区一港两基地”发展格局，咸阳市主动融入大西安，宝鸡市打造关中-天水经济区副中心城市，铜川市培养中药养生、旅游、文化等接续产业，渭南市推进工业化、城镇化和农业现代化，延安市实施产业结构调整，榆林市提升能源化工产业质量，杨凌示范区推广现代农技和经营模式，汉中、安康、商洛三市加快建设生态、秀美、富裕、安全的新陕南的部署。

（二）工作措施及成效

为衔接省战略推进计划和设区市知识产权战略实施意见的相关工作，陕西省主要采取了以下举措：首先是开展全省知识产权战略实施绩效评估，总结经验和教训；其次是确立市级知识产权工作协调领导机制，顺畅省对市区战略实施工作的指导；最后是通过制定符合各设区市产业发展需求的知识产权政策和建议，实现对设区市的分类指导，发挥知识产权对市区经济发展的支撑作用。

为有效推进设区市知识产权战略工作，陕西省主要采取了一些措施：一是对陕西省知识产权战略纲要实施五年工作情况进行评估。委托第三方研究机构，选取合理的评价指标体系，设计科学的评估方法，对知识产权创造、运用、管理、保护和服务等五个方面进行评价，重点是查找不足，找到改进方法，指导设区市战略实施工作。二是开展10个设区市和杨凌示范区专利资源调查和分析。围绕各设区市不同的产业布局和发展特点，逐市进行专利资源调查摸底（韩城市不单列，计入渭南市）；按照陕西关中地区创新发展、陕北地区持续发展、陕南地区循环发展的区别部署，分别进行专利发展态势分析。三是结合“一市一策”发展思路和各设区市贯彻知识产权战略纲要实施意见要求，制定符合各市区产业发展特点的知识产权政策、提出相应的建议，实现分类指导。如与省商务厅、省贸促会等研究制定《促进对外贸易领域中的知识产权工作若干意见》（暂定名），支持西安市对外贸易企业扩大知识产权产品、技术和服务输出。又如扶持陕西钛及稀有金属材料产业专利联盟建设，深化宝鸡市中小企业知识产权战略实施工程。四是，建立了涉外企业知识产权服务联动工作机制。第一，省知识产权局与省商务厅共同研究并制定有关政策，帮助陕西外贸企业解决国内和国际两个方面有关知识产权问题，重点支持西安市对外贸易企业扩大知识产权产品、技术和服务输出。第二，省知识产权局与省贸促会选择多个陕西外贸企业样本，通过实地走访、调查问卷、提供知识产权维权援助等多种方式，从非政府层面、通过企事业专利保护协会的形式，帮助企业应对知识产权纠纷。

陕西省的“一市一策”、设区市发展体现了省级知识产权战略实施分类指导的精神。以设区市为工作单位，符合陕西省省内各区域特色突出的实际情况。五年来，通过知识产权战略扎实推进，陕西知识产权法规与政策体系不断健全和完善，知识产权的创造、运用、保护和管理的能力和水平显著提升，有力地促进了全省经济社会又好又快地发展。

2.3.5 省级知识产权战略实施的总结评价

省级战略实施情况的总结评价，是在全面掌握地方知识产权战略实施的整体情况和实际效果的基础上，总结战略推进的阶段性经验，查找战略实施过程中存在的问题，结合地区经济社会发展实际，适时调整阶段目标和政策方向，确保战略目标的顺利实现。开展总结评价工作有助于及时把握战略实施成效，有助于进一步调动战略实施各部门单位的积极性。

2.3.5.1 总结评价的组织

省级战略总结评价是战略实施的核心内容，通常是由颁布实施战略的省政府来组织实施，是对战略实施取得成效及存在问题进行分析评价的过程。一般是由联席会议办公室的知识产权管理部门代表本级政府组织对整个战略的实施推进进行分析评价，基本工作流程为：制订评价工作方案、开展总结评价调研、数据采集整理、撰写总结评价报告。

2.3.5.2 总结评价的方式

总结评价的方式，可以是委托第三方评估，也可以是组成工作组，吸纳第三方机构参加。无论何种方式的评估，都应以政府评估为主导，在国家知识产权局推荐指标体系基础上，结合各地方发展阶段和特点，选择性地增加某些指标。需要注意的是，无论是政府评估还是第三方评估，都需要有一条主线，围绕本地方实施知识产权战略的根本目的，从不同层次结合目标任务对实施情况进行全面考察。

2.3.5.3 总结评价的重点

（1）省级战略实施总体情况。

包括：省级战略实施进展情况整体判断，评估地方知识产权战略实施的现状及知识产权工作总体情况；地方知识产权战略实施体制机制建设情况，包括地方知识产权战略实施领导机构工作情况、知识产权法律法规建设情况、地市级战略推进情况、知识产权战略实施创新性工作开展情况；地方知识产权战略实施保障支撑情况，社会各界对知识产权工作的关注度、知识产权战略实施配套政策、知识产权战略研究情况、知识产权投入、知识产权管理体系相关建设情况。

（2）省级战略完成情况。

包括：省级战略阶段性目标完成情况，国家纲要设定的阶段性目标，明确指标，采集数据，进行对比分析；地方知识产权战略纲要战略重点、专项任务、战略措施、重点工作等的完成情况。根据地方战略纲要相关内容，明确指标，开展调研，采集数据，进行分析判断。

（3）省级战略实施成效及促进区域经济发展情况。

根据国家重大规划，结合本地经济社会发展实际情况，酌情选择知识产权促进经济发展方式转变、知识产权促进自主创新、知识产权促进产业化升级等知识产权支撑地方经济发展的情况开展专题评价。

（4）省级战略纲要存在的问题及对策建议。

通过分析战略目标、战略重点、专项任务、战略措施等的完成情况，找出战略实施过程中的薄弱环节，查找存在问题，分析原因，并提出解决的对策建议。

2.3.5.4 评估结果的运用

充分利用战略实施评估成果，查找制约战略实施的关键问题，及时向政府汇报，使评估结果服务于政府决策，成为战略实施工作的有力推手。在战略的实施中纠正偏差，重点深挖，以便适时调整工作思路和方向，强化重点任务，为更好地推进全省知识产权战略的实施奠定基础。此外，对于一轮战略实施结束后的评估，能为新的战略的制定提供参考。

2.3.5.5 战略实施的调整

受经济环境、自然因素等多种因素的影响，围绕各地经济社会发展需要，有可能需要作出适应性调整。各省级战略实施的机构，应及时汇总信息，制订调整方案，明确调整的环境、启动和实施，以及可预见的效果。

专栏 2-16 上海市开展知识产权战略终期评估

一、评估内容

评估内容主要针对《战略纲要》提出的知识产权创造能力的提升、运用能力的增强、管理能力的提高、保护能力的增强、人才培养机制的建立等方面的预定目标完成情况，以及《战略纲要》主要分类目标实施状况。

二、评估方式及成效

上海市知识产权联席会议办公室委托同济大学完成了对2004年9月上海市政府率先在全国制定的《上海知识产权战略纲要（2004—2010年）》（以下简称《纲要》）实施情况进行了终期评估并形成了评估报告。

评估结论是：从2004年到2010年，上海市贯彻和落实《纲要》，有效地提升了知识产权的创造能力，增强了知识产权的运用能力，提高了知识产权的管理能力，加大了知识产权的保护能力，建立了知识产权的人才培养机制，基本完成了《纲要》提出的总目标。与此同时，根据评估结果，评估方还提出了《纲要》实施过程中存在的一些问题，并对制定《上海知识产权战略纲要（2011—2020年）》提出了建议。

上海市通过知识产权战略终期评估，完成了对上一轮战略实施总体情况的总结评价，摸清了当前上海市知识产权发展状况，发现了战略实施过程中的主要问题，为新一轮战略的制定和实施提供了科学基础。

专栏 2-17 天津市知识产权战略评估情况

一、工作内容

天津市知识产权战略评估工作重点评估了知识产权战略纲要推进情况、完成情况以及促进经济社会发展三方面内容。针对知识产权战略整体推进专题报告、实施知识产权战略专利工作专题报告、天津市商标战略实施基本现状及未来三年工作的主要思路、市版权局近四年知识产权战略实施工作情况及 2014—2016 年战略实施工作安排、知识产权促进自主创新专题报告、天津市优势支柱产业知识产权发展专题报告、知识产权促进战略性新兴产业发展专题报告、天津市知识产权行政和司法保护专题报告、滨海新区知识产权战略实施开展了九个专题评估。

二、工作方式及成果

天津市的知识产权战略评估委托天津市科学研究所作为第三方机构进行，评估过程分为深入基层调研、组织各部门专项评估、第三方评估、征求专家及社会各方面意见。经过科学调查研究，形成了《天津市开展知识产权战略评估研究报告》，为 2013 年开展实施评估工作做基础。天津市知识产权战略评估的特点在于，形成了一个综合报告和九个专题报告。九个专题报告分别围绕专题，从主要做法、取得成效进行总结梳理，分析存在的问题，并就下一阶段的工作任务和具体举措提出建议。

专栏 2-18 江苏省知识产权战略实施五年阶段性总结评价工作概况

一、工作内容

依据国家知识产权战略纲要和江苏省战略纲要的目标要求，江苏省于 2013 年完成了对战略实施五年来的阶段性总结评价。综合评价主要是总结知识产权战略实施的现状及知识产权工作总体情况，包括战略组织实施情况、地方法规规章建设情况、创新型工作开展情况、战略实施配套保障支撑情况等，分析战略实施存在的主要问题及原因、提出进一步推动战略实施的工作打算及建议等，并梳理推动知识产权战略实施的工作方向。单项评价主要是进行知识产权战略实施绩效评价。对照知识产权战略纲要设定的阶段性目标，按照省相关指标，采集定量或定性数据，判断战略目标完成情况。对照知识产权战略纲要重点工作、专项任务、战略措施等检查各项工作完成情况，判断战略实施的绩效，查找评价战略实施工作中存在的薄弱环节，探索改进举措。

二、工作方式及成效

江苏省的阶段总结评价工作分两个层次进行。一是省级层面：分别进行单项评价和综合评价。单项评价是指专利、商标、版权三个系统分别进行专项评价，综合评价是对全省实施知识产权战略进行全面总结。二是省辖市层面：参照省级评价方式进行。整个评价分为成立阶段总结评价工作组、开展阶段总结评价与发布工作两个阶段。

（一）评价工作方法

江苏省知识产权战略阶段性总结评价工作始终围绕“知识产权促进江苏省经济发展”这一主题，从不同层次对江苏省知识产权战略实施的目标完成情况进行了考察，以达到“以评价促发展”的目的。江苏战略纲要中提出的具体目标时间跨度是2009年至2013年，评价结合江苏省情，紧密围绕江苏战略纲要中提出的各项任务目标对其实施情况进行全面评价。分析时既有数据的纵向比较也有省辖市之间的横向比较，并且从中判断目标完成情况、江苏战略纲要实施效果，以及存在的问题。在具体的评价过程中，注重四个结合：

1.全面性与简明性相结合

一方面,评价报告紧紧围绕知识产权战略实施纲要所设定的各项具体目标,从创造、运用、管理、保护和服务五个方面对知识产权各个领域的目标完成情况进行全面考察。另一方面，在具体的评价过程中详略适当，比如对专利战略实施进行了比较全面详细的评价，而对商标、版权等其他知识产权则选择了其重点方面进行考察。

2.通用性与特色性相结合

评价过程一方面以国家知识产权战略实施纲要为指导，力求与全国其他省市的知识产权战略实施工作具有可比性；另一方面，在评价指标的设计上也体现了本省自身的特色，对于在战略实施过程中江苏省一些较好的做法，如知识产权区域试点示范工作、知识产权优势企业培育工作、知识产权服务体系建设情况等做典型性分析说明。

3.横向比较与纵向比较相结合

在评价过程中，一方面将江苏省省战略实施的每项具体指标放在全国的背景下来考察，以求得到江苏省该项指标在全国的排位情况；同时，还对江苏省各个市县的情况进行横向比较，要求突出特色，并提供典型案例说明。

4.评价定量分析与定性分析相结合

在评价过程中，一方面，对于江苏战略纲要中规定较具体的目标，如发展目标这一部分，都有具体的定量指标，通过统计定量数据，测定目标的完成情况。另一方面，对于江苏战略纲要中规定较模糊的目标，则尽可能采用替代的量化指标来进行定量考察，如果无法用替代量化指标来考察的，则通过案例分析、专家座谈会、调查问卷等其他形式进行综合考察。

（二）评价体系

江苏战略纲要评价的目标是：通过对知识产权战略的制定、实施、效果等完整的政策过程开展效率、效果、效益、公平性等多方面的评价，科学地测定知识产权战略的绩效，为知识产权战略的发展趋向（继续、调整、终结）、资源的合理配置提供依据。为评价知识产权战略实施的效果，评价报告根据江苏战略纲要提出的三部分——发展目标、重点任务、保障措施，建立以下分类指标体系。

1.发展目标指标

江苏战略纲要中发展目标主要涉及四方面内容：①自主知识产权数量大幅度增长，质量明显提高；②知识产权运用效果显著增强，知识产权产业化水平快速提升；③企业知识产权主体地位更加突出，形成一批知识产权优势企业；④全社会知识产权意识普遍提高，知识产权保护环境进一步优化。

2.重点任务目标

对照江苏战略纲要中提出的重点任务，评价按照知识产权创造、运用、保护、管理、服务、区域发展六大块内容进行目标分解，在此过程中尽量使指标能够量化，如果涉及定性指标，则采用问卷调查法、典型案例法以及列举等反映重点任务的实施情况。如对知识产权创造的重点内容分解为企业知识产权创造主体地位建设、高校和科研机构的知识、群众性发明创造、重点产业领域自主知识产权创造；企业知识产权创造主体地位建设从企业创新投入情况、企业知识产权信息平台建设情况、知识产权工程师全程参与创新活动机制建立情况、企业科技项目立项及科技奖励、具有自主知识产权关键技术、核心技术、竞争力强的优势企业数量等方面就具体实施情况进行评价。

3.保障措施落实情况

对江苏战略纲要中提出的保障措施落实情况进行分解，此部分涉及更多的是定性指标。如在加大组织领导方面，评价的内容有：有无制定并实施地区知识产权战略；有无制定并实施行业知识产权战略；知识产权办公会议召开情况；地市知识产权战略实施绩效评估；有无制定知识产权专项行动计划；战略实施过程中出现的新情况、新问题并辅以具体说明。

江苏的阶段性总结评价工作特点在于，其评价基础数据来源，设定了时间节点，统计的是2009年战略实施以来各类指标的完成情况，通过纵向对比，描述了发展情况；同时进行省辖市之间的横向比较，从中判断目标完成情况、江苏战略纲要实施效果，以及存在的问题。江苏的总结评价，注重知识产权战略实施促进区域经济发展情况，强调总结评价知识产权战略实施对促进区域经济发展方式转变、自主创新能力提升以及产业优化升级等方面的作用。通过实施知识产权阶段性总结评价，江苏省明确了进一步推进知识产权战略实施的工作方向。

3 地（市、州）知识产权战略实施推进

3.1 地（市、州）知识产权战略实施的工作定位

地（市、州）知识产权战略实施，主要是落实国家、省级战略，针对市域经济、科技、资源情况，研究制定本区域知识产权战略实施意见和引导政策，通过不断地试行、运行，探索战略实施的推进方式和有效途径。

专栏 3-1 南京市知识产权战略实施工作定位

南京市知识产权战略实施工作定位于落实国家、省级战略。针对本地的科教资源优势等特征，南京市出台了《关于贯彻南京市知识产权战略纲要的实施意见》，提出了19项具体工作意见，以贯彻落实《南京市知识产权战略纲要》（宁政发〔2010〕92号）和市委市政府“三个发展”总体部署，从而提高南京市知识产权创造、运用、保护和管理能力，推进科教资源优势转化为知识产权优势、知识产权优势转化为产业竞争力优势，加快南京市产业结构转型，提升自主创新能力和核心竞争力，为建设区域科技创新中心城市和国家创新型城市提供重要支撑。

3.2 地（市、州）知识产权战略的制定

市域知识产权战略不仅是一个城市顺应国内外形势发展的需要，更是提升自身发展内在动力和核心竞争力的要求。其特点应突出实施国家、省级战略的战略思考，以机制创新、体制创新为特点，完善知识产权管理体系和以知识产权为导向的政策体系，该战略应当类似于知识产权战略实施意见。因此，在地

市级知识产权战略的制定和实施中，各地区需要认真调研，要找准本地区在国家、省级知识产权战略层面中的地位以及优势之所在，并作为其地方知识产权战略实施的重点，充分利用自身优势，寻找出在知识产权方面具有鲜明特点的地方特色，提出具体、可操作的实施意见。

市域知识产权战略纲要制定要按照所在地区的政府规范性文件的制定、发布程序实施，一般包括以下几个方面：搭建工作班子、精心调研起草、广泛征求各界意见、组织专家论证，修订后按规范文件的要求报法制办审核，并以当地人民政府文件形式正式印发。

3.2.1 组建工作班子

工作班子的主要职责是协调与沟通，包括纵向沟通和横向沟通。纵向是与国家、省级知识产权相关工作机构的沟通，了解国家、省知识产权工作的重大动向和举措；横向是市级层面各知识产权相关工作机构之间的沟通与协调。工作班子分两个层面。一个层面是成立工作领导小组，以市长或分管副市长为组长，以政府秘书长或分管秘书长及知识产权局、工商局、版权局分管局长为副组长，知识产权联席会议成员单位分管领导为成员。另一个层面是成立调研起草小组，一般由知识产权局牵头，工商局、版权局相关人员参与；同时，可以根据各地的实际情况，吸收当地高校、知识产权研究机构或中介机构相关人员参与。在实际工作中，有的地方全部委托第三方负责起草，但作为地方知识产权管理部门，还必须全程参与，做好相关的调研工作。

3.2.2 开展调查研究

调查研究内容包括三个层面。

一是宏观层面，即实施知识产权战略的背景、国内外实施知识产权战略的现状，特别是与省级战略的衔接，以及本地区同级别的省内城市的知识产权战略实施概况。

二是中观层面，即本地区政府层面知识产权创造、运用、管理、保护及工作的发展现状，包括各级政府对知识产权工作的重视程度、知识产权工作的组织体系（机构、编制），统筹协调机制（知识产权联席会议制度）制度，司法与行政的衔接、知识产权工作制度以及经费投入等。

三是微观层面，即以本地区工业企业为调查对象，采用问卷调查方式对部分高新技术企业的知识产权战略与管理状况进行调查，问卷调查的主要内容包括企业基本情况、企业知识产权状况、企业知识产权管理状况、知识产权战略实施情况、对政府及相关机构知识产权管理工作的评价等。

3.2.3 起草制定纲要

在起草工作中，要以国家、省级战略纲要为统领，全面贯彻落实国家和省知识产权战略纲要，按照激励创造、有效运用、依法保护、科学管理的方针，结合本地实际，以促进自主创新和提升城市核心竞争力为目标，以机制创新、体制创新为特点，完善知识产权管理体系和以知识产权为导向的政策体系，大力提高全社会知识产权保护意识和企事业单位运用知识产权能力和水平，提高自主知识产权的数量和质量，为地方经济社会发展提供强有力的支撑，并以此作为纲要制定的指导思想。同时，在纲要制定工作中还要遵循以下基本原则。

一是坚持创新发展原则。结合地方实际，在纲要的制定工作思路上要充分体现解放思想、开拓创新的精神；在纲要的形式和内容上要富有本地特色，在营造有利于知识产权管理的体制机制上要实现创新和突破。

二是注重统筹协调原则。制定纲要，要注重与国家、省级战略纲要的衔接，与地方战略，如科教兴市战略、可持续发展战略、人才强市战略等协调互补，特别要注重与地方科技中长期发展规划相配合。

三是突出重点难点原则。纲要涵盖专利权、商标权、版权等知识产权的各个方面。制定纲要，要突出解决影响科技、经济、社会发展等重大关键问题，将解决实际问题与建立长效机制紧密结合，力争在重点产业和优势领域取得突破，提高地区自主知识产权拥有的数量和质量，促进企业运用知识产权制度的能力。

纲要起草小组要根据上述指导思想和原则，在开展充分调查研究的基础上，进行认真的分析和研究，在认真领会国家、省级战略纲要精神的同时，学习借鉴其他地区制定纲要的经验和做法，结合本地的知识产权工作，先拟订纲要框架，并进行研究讨论，再由起草小组起草文本，形成纲要征求意见稿。

纲要一般由序言、指导思想和发展目标、重点任务及保障措施四个部分组成。目标可以分成两个阶段或者二级目标。一个是总体发展目标，时间跨度10年左右，比较宏观，目标值可以以定性为主。另一个是近期目标，时间跨度5年左右，比较具体，目标值一般以定量为主，尤其是在重要任务方面，一定要体现地方特色或在知识产权工作方面突破的重点。

3.2.4 征求意见及专家论证

征求意见可以分多种方式，可以以书面形式，也可以开展访谈或召开座谈会等，主要有以下几个层面：一是知识产权联席会议成员单位，二是本地区知识产权管理系统，三是本地企业、高校、知识产权中介服务机构等。根据征求的意见，对纲要的征求意见稿修改完善后，组织专家进行论证，进一步修改完善。

3.2.5 备案并正式发布

专家论证修改稿就可以作为送审稿，按照规范性文件的要求报法制办备案，同时报送市政府办公室，按照办理公文的规定进入发文程序。一个城市知识产权战略纲要是当地政府比较重要的指导性文件，一般都以市政府的名义发布，纲要文本要经过政府常务会议讨论通过。通过以后，就可以正式签发、发布。政府以文件形式发布以后，标志着一个地方知识产权战略纲要制定工作已经完成。

3.3 地（市、州）级知识产权战略的组织实施体系

3.3.1 机构设置

3.3.1.1 联席会议

地市级知识产权战略工作领导小组或联席会议是一个地区领导全市知识

产权工作的组织协调机构的主要形式。其基本任务是：贯彻执行国家、省有关知识产权保护的方针、政策及法律、法规，研究确定全市知识产权管理的重大政策与应对措施；统筹协调全市知识产权管理和执法工作，建立信息沟通、情况通报和发布制度；负责处理知识产权涉外事宜，建立涉外及重大知识产权案件联合执法制度，并定期发布知识产权保护状况；组织大型宣传活动等。

（1）组建或建立地市级的知识产权战略工作领导小组或联席会议。

建立地市级的知识产权战略工作领导小组或联席会议，一般以省级政府下发的成立省知识产权联席会议的相关文件为依据，由市知识产权局牵头，根据本地的具体情况，起草一个领导小组或联席会议组成的框架方案，在知识产权局内部讨论确定后，再召集领导小组或联席会议办公室成员单位进行讨论（知识产权局、工商局、版权局），讨论通过后，以知识产权局的名义向市长或分管副市长汇报知识产权战略领导小组或联席会议的组建方案，并提供省级政府成立知识产权战略领导小组或联席会议的相关文件依据。市长或分管副市长同意后，由知识产权局通知(书面、电话均可，一般以书面通知为好)相关成员单位，上报各单位战略领导小组或联席会议成员建议名单（一般为分管领导），并报一名联络员（一般为职能处室的负责人）。

由于现阶段知识产权局大多与科技局合署办公（2 块牌子 1 套班子），科技局局长兼任知识产权局局长，在这种情况下，为了有力地开展工作，建议知识产权局的局长和分管局长都作为知识产权战略领导小组或联席会议成员，知识产权局局长一般兼任副组长。

（2）战略领导小组或联席会议的组成。

战略领导小组或联席会议由市政府分管副市长负责召集、主持，成员单位由全市知识产权行政管理、执法、司法和其他与知识产权工作有关的政府部门组成。各成员单位选派一名领导(负责知识产权工作的领导)出席战略领导小组或联席会议，同时选派一名联络员负责本单位与战略领导小组或联席会议的联络工作。

分管副市长任组长，分管副秘书长及知识产权局、工商局、版权局的领导为副组长。战略领导小组或联席会议下设办公室，办公室设在市知识产权局，负责闭会期间的日常工作。版权局、工商局派人参加办公室工作。

办公室的主要职责是：负责市知识产权战略领导小组或联席会议筹备工作及贯彻落实会议决定事项；督促落实市领导交办的工作和负责协调各职能部门工作；负责向市政府汇报全市实施知识产权战略工作中遇到的重大问题，并提出解决问题的建议；统筹协调跨部门、跨地区的知识产权工作，组织知识产权的对外合作与交流。

战略领导小组或联席会议成员单位一般包括地市科技局（知识产权局）、地市工商局、地市文广局、地市委宣传部、地市中级人民法院、地市检察院、地市发改委、地市经信委、地市教育局、地市公安局、地市司法局、地市财政局、地市人保局、地市农委、地市商务局、地市统计局、地市信电局、地市政府法制办公室、海关、质监局、食品药品监管局、地市广播电视集团（台）等。各地还可根据本地知识产权工作的实际情况，只要有利于知识产权战略的推进和实施，知识产权战略领导小组或联席会议成员单位的组成可以适当增加或调整，如有的地方增加了政法委、宣传部、总工会以及开发园区等。

（3）联席会议的工作方式。

定期召开部门联席会议，市政府常务会议每年至少听取一次知识产权工作汇报，及时解决知识产权管理工作中遇到的实际问题，全市形成上下联动、齐抓共管、整体推进的部门协调配合工作机制。

战略领导小组或联席会议办公室负责日常工作，根据具体工作安排和重点任务，可以召集联络员会议，进行工作的协调和落实。

战略领导小组或联席会议的成员单位对本部门组织的涉及其他部门的知识产权工作，应当提请战略领导小组或联席会议办公室召集有关部门进行统筹协调；对本部门发生的有关知识产权工作的重大事项，应及时向战略领导小组或联席会议办公室报告。

各成员单位每年将涉及本部门的知识产权工作情况以书面形式向战略领导小组或联席会议办公室报告，由办公室整理汇总后报市政府并向各成员单位通报。

3.3.1.2 地（市、州）知识产权行政机构设置

对应国家层面的专利权、商标权、著作权、植物新品种、地理标志等分别由不同政府部门主管，地（市、州）知识产权机构设置基本上也是多头管理。通常的情况是工商系统建立了垂直管理的省市县三级商标行政管理体系，著作权由新闻出版局或文化局管理， 管理专利的知识产权局有的是独立设置的，有的是在科技局增挂知识产权局牌子，有的是科技局下属二级局。

在战略的实施中，地市级知识产权行政管理部门应着眼于整个区域知识产权的规划和设计，主要体现在制定市级知识产权战略，并实施推进。在具体工作中，主要承担贯彻全省的战略，承担部分具体业务，如行政执法、行政调处等。同时，市级部门还承担着指导区县落实战略的职能。地市知识产权部门开展信息、预警分析、培训等具体工作一般由地市级科技计划行政管理部门下属生产力促进中心、知识产权服务中心、维权援助中心等机构负责组织、承办。

专栏 3-2 长沙市知识产权行政机构改革

2010 年长沙市正式实施《长沙市人民政府机构改革方案的实施意见》。改革后，原市新闻出版局（市版权局）承担的有关版权管理职责划入市知识产权局。在原有专利工作的基础上，市知识产权局增加了组织实施国家、省版权战略纲要和版权相关法律、法规、规章、政策；指导区、县（市）著作权管理工作；承担市软件正版化推进领导小组办公室的日常工作，组织实施全市软件正版化推进计划；承担数字网络版权的监管工作；负责著作权出版登记管理和著作权许可使用合同、转让合同备案管理工作；拟订全市版权产业发展规划并指导实施；监督、指导全市涉外版权贸易工作；联系著作权相关协会工作；监管全市作品自愿登记工作；负责版权信息统计工作；受理、调处版权纠纷并实施相关处罚的职能。

通过对知识产权管理部门的职能调整，进一步理顺了职责关系，完善了管理

体制，有助于推动长沙市知识产权事业又好又快科学发展。

专栏 3-3 深圳市知识产权行政机构设置

2009 年 9 月 9 日，深圳市市场监督管理局正式挂牌，构建大知识产权行政管理体制迎来了历史性机遇。之后，为了统筹推进商标权、专利权、著作权等知识产权管理职能，在 2011 年的政府职能调整中，深圳市市场监督管理局加挂深圳市知识产权局牌子，实现了名副其实的大知识产权行政管理，标志着深圳市知识产权工作进入了崭新的发展阶段。

3.3.2 地（市、州）知识产权政策体系

知识产权事业的健康发展离不开健全的体制。地市级知识产权战略的实施，在国家、省级战略及政策框架体系下，还需要结合自身特点，从机构设置、职责分工、促进、保护、运用知识产权等相关方面构建各市的法规体系，将知识产权政策融入科技、经济、外经贸等政策中。在地市层面上，不仅有宏观政策法规，还需要更多操作性强的具体业务指引和细则。可以制定如下文件：加强知识产权保护工作若干规定、技术秘密保护条例、互联网软件知识产权保护若干规定、企业知识产权海外维权指引、知识产权许可指引、中小企业发展初期知识产权指引、中小企业成长期知识产权指引、促进知识产权质押融资若干措施、知识产权奖励办法实施细则、专利代理机构服务规范等。

专栏 3-4 无锡市、深圳市知识产权政策体系

一、无锡市知识产权政策体系的完善

无锡市在市委、市政府《关于无锡市率先基本实现现代化考核实施办法的通知》和《无锡市科技和人才考核目标任务》中，将“万人有效发明专利拥有量、百亿元 GDP 专利授权数、百亿元 GDP 发明专利授权数、专利申请数、专利授权数”、PCT 专利数、大中型工业企业和规模以上工业企业专利全覆盖率等指标纳入考核各地区工作的重要指标和全市 8 项主要经济考核指标，也是考核各地区党政领导的重要指标。无锡市在科技创新中着重突出知识产权工作。在市政府下发的《关于无锡市科技创新三年赶超行动计划》中，突出了以企业科技创新和知识

产出为主体，进一步引导企业加大科技投入，集聚各类科技创新资源，建立健全企业技术创新体系，推动科技成果和知识产权产出，全面实现研发经费占地区生产总值的比重、高新技术产业产值占规模以上工业产值的比重和万人有效发明专利拥有量等三大科技创新产出指标位居全省前列。

二、深圳市知识产权政策体系的构建

2008 年 7 月 1 日，深圳市人大常委会颁布实施《深圳经济特区加强知识产权保护工作若干规定》，成为全国第一个以立法形式出台的对知识产权各领域进行综合保护的地方性法规。2009 年 5 月 21 日，《深圳经济特区企业技术秘密保护条例》经深圳市人大常委会通过。2009 年 6 月 30 日，深圳市政府颁布了《深圳市互联网软件知识产权保护若干规定》，加大了对互联网软件侵权行为的打击力度。2011 年 12 月 23 日，深圳市政府印发《深圳市知识产权与标准化战略纲要（2011—2015 年）》，成为全国首个将知识产权与标准紧密结合的纲要。与此同时，深圳市还先后出台《企业知识产权海外维权指引》《深圳市知识产权指标体系》《深圳市知识产权许可指引》《深圳中小企业发展初期知识产权指引》《深圳中小企业成长期知识产权指引》《深圳市促进知识产权质押融资若干措施》《深圳市科学技术奖（专利奖）奖励办法实施细则》《专利代理机构服务规范》等一大批具体措施，不断完善知识产权政策环境。

3.3.3 地（市、州）级知识产权战略实施的工作重点

3.3.3.1 落实全省工作任务

贯彻落实国家、省有关知识产权的法律、法规、政策、措施；牵头协调地（市、州）有关部门、县级市（区）贯彻落实国家、省（区、市）和地（市、州）知识产权战略纲要；起草市知识产权的地方性法规、规章，组织拟订和实施地（市、州）知识产权的政策措施、发展规划及工作计划。负责组织协调地（市、州）知识产权有关工作，建立地（市、州）知识产权创造、运用、保护和管理的工作体系；指导区县知识产权工作，强化对各县市区、各专业园区的目标考核和监督指导。

具体工作包括：开展知识产权执法工作，会同有关部门建立市知识产权执

法协作机制，牵头组织开展市知识产权联合执法工作，落实国家、省（区、市）知识产权专项行动；负责处理和调解市专利、版权地（市、州）知识产权纠纷，依法查处相关侵权行为；负责建立地（市、州）知识产权风险预警机制，组织实施知识产权风险预警、维权援助计划。

3.3.3.2 辅助其他部门做好知识产权工作

其他部门工作中的知识产权工作包括会同有关部门加强经济、科技、文化等重大活动的知识产权工作，审核地（市、州）级财政资金支持的重大科研项目、经济活动和文化创作中的知识产权状况；指导地（市、州）企事业单位在重大科研、经济活动、文化创作中审核知识产权状况。

3.3.3.3 强化产业知识产权工作

指导监督市重点产业知识产权工作，负责实施地（市、州）级知识产权计划项目，促进知识产权优势企业等知识产权密集型产业的发展。推动本地区重点企业、研究院所、专业机构合作，完成重点产业专利分析和积极推广应用专利分析成果，并开展产品研发、生产、销售环节的专利风险分析和竞争对手分析，绘制产业“专利地图”。例如，政府可倡导建立重点产业的知识产权联盟在领域内的更小范围内进行专利集中，实现更好的专利运营，同时最大限度地对区域产业进行保护。

专栏 3-5 北京市、镇江市产业知识产权联盟简介

一、北京市重点产业知识产权联盟

北京市重点产业知识产权联盟成立于 2007 年 6 月 22 日。该联盟是在北京市知识产权局组织、指导下，由北京市 56 家在知识产权领域发展中具有代表性的大中型企业组成的契约型联合组织。作为北京市颇具影响力的创新企业的集合体，北京市重点产业知识产权联盟采取了“小联盟，大平台”的全新运作模式，联盟涉及电子信息、医药生物、新材料应用、能源环保、光机电和精密仪器制造等 6 个当今世界产业经济最发达的领域。联盟以国外高端技术引进消化吸收再创新工程为基础，在北京市专利试点、示范工作的基础上，发起建立覆盖上述 6 个重点产业的知识产权联盟，搭建国外发明专利技术引进消化吸收再创新公共信息平台，将已被外国授权，但未在我国申请注册，不受我国法律保护的国外有效高端发明专利，以及其他国内外先进的公知公用专利技术或项目免费引入北京市。目前，北京市共有 50 家企业加入了北京市重点产业知识产权联盟；76 名知识产权知名专家和行业技术方面专家成为北京市重点产业知识产权联盟的专家；包括知识产权中介机构、律师事务所、银行、投融资机构、咨询机构在内的75家中介机构成了北京市重点产业知识产权联盟的战略合作伙伴。

2010 年 5 月北京市知识产权局和中关村科技园区管理委员会（以下简称“中关村管委会”）联合实施“中关村重点产业联盟知识产权推进计划”。该计划的实施依托中关村现有产业联盟，加强成员单位在知识产权上的交流与合作，适时引导和促进在相同或相近领域具有自主知识产权优势的示范区企业建立知识产权联盟。主要开展以下 6 个方面的工作：支持联盟建立行业专利数据库和主要竞争对手专利情报数据库；支持开展重点行业专利动态分析研究，不定期发布专利动态信息，按年度发布中关村知识产权白皮书；引导联盟成员单位加强交流与合作，促进企业共同应对涉外知识产权纠纷；支持联盟组建专利池，开展专利许可经营；支持联盟开展专利标准化工作，对中关村企业参与国际标准、国家标准以及行业标准制定给予支持；建立重点行业专家会诊机制，针对中关村示范区重点行业中潜在的知识产权隐患，组织业内专家及时进行会诊，对可能发生的知识产权纠纷进行综合性评估，帮助企业制定应对预案，有效保护知识产权。

二、镇江市新兴产业知识产权战略联盟

江苏省镇江市 2011 年成立镇江市新兴产业知识产权战略联盟，制定了知识产权战略联盟的章程的工作方案，设计了入盟申请表，分行业组织开展沙龙等联盟活动，其中镇江软件行业的知识产权沙龙已成为镇江 IT 行业的创新平台。联盟为成员提供了制度化的信息服务，包括开展检索、预警和竞争对手分析定制服务。截至目前，已为联盟成员提供了专利信息分析月报 50 余份，为企业产品开拓市场保驾护航。

从上述两个例子可以看出，推动区域重点产业建立知识产权联盟，可以为创新型主体搭建起知识产权公共信息交流、公共资源共享的服务平台，通过开

展知识产权领域内的系列服务，帮助联盟成员全面提高自主创新能力。

3.3.3.4 指导区县、园区知识产权试点示范工作

抓好国家级知识产权试点示范城市、强县培育工作。支持符合条件、有积极性的区县申报国家知识产权试点城市、强县，确定试点主题，制定试点方案。推进专利工作示范企业、试点企业，指导有条件的区县、园区建设主导产业专利数据库或产业集群知识产权服务平台。

3.3.3.5 夯实公共服务基础

牵头制定实施市知识产权服务体系发展规划，负责引进或建设地（市、州）知识产权服务平台；负责发布市知识产权重大信息，会同有关部门组织促进知识产权信息的传播利用；建立知识产权投融资服务平台，做好企业知识产权融资需求调查，开展知识产权质押融资和专利保险业务等。

3.3.3.6 结合实际，开展探索性工作

有条件的地（市、州）还应该结合当地实际，开展一些具有探索性、创造性的工作。通过先试先行，探索适应地区经济社会发展的知识产权管理体制和工作机制，加大政策导向和工作力度，在激励创造、有效运用、依法保护、科学管理等方面创造性地开展工作，建成知识产权创造水平高、运用能力强、保护力度大、管理科学有效的示范城市，成为战略实施的示范区域，从而带动全省各地知识产权战略的实施，为国家战略实施提供有效参考和有益借鉴，由经实践检验的行之有效的区域性知识产权政策措施产生的示范效应，引导和带动后发地区在相关领域的发展。地市间结合工作需要，可以经常开展区域交流合作，这在长三角地区较为普遍。有些中部地区也开始探索开展地市合作。

专栏 3-6 长株潭三市共建知识产权示范城市群合作

2009 年 7 月，湖南省知识产权局与长株潭三市人民政府签署《共建知识产权示范城市群合作协议》。长株潭三市按照合作协议要求，在体系建设、执法协作、战略研究、管理交流、专利实施、信息利用、人才培训、中介服务等方面，开展

全方位、多层次、多形式的合作，实现区域内知识产权资源共享。三市将在协议框架下进一步加强交流、互相支持、密切协作，培育自主创新能力，以加快新型工业化为第一推动力，打造“两型”产业，努力构建符合“两型社会”要求的产业体系，共谋长株潭“两型”社会的科学新发展。三市将积极开展知识产权综合管理改革试点，进一步提高知识产权管理与保护的整体能力和水平，增强协调能力，实现“两型”产业的升级突破，推动三市的经济建设、科技进步和文化繁荣，全面提升长株潭城市群的综合竞争力。

长株潭城市群知识产权合作是贯彻落实国家和湖南省知识产权战略，深入推进长株潭城市群“两型社会”综合配套改革试验区建设的重要举措。

专栏 3-7 昌吉回族自治州全面推进创建国家知识产权示范城市工作

新疆维吾尔自治区昌吉回族自治州（以下简称昌吉州）地处天山北麓、准噶尔盆地东南缘。自 2010 年 3 月被确定为国家知识产权示范创建城市以来，知识产权示范城市创建工作得到了昌吉州党委、人民政府的高度重视。昌吉州州委、州政府提出在新疆确立“三个率先”地位“科学跨越、富民强州”的战略目标，将知识产权工作作为实施创新驱动发展战略、建设创新型城市的重要抓手。

一、工作内容

2002 年，昌吉州率先在全疆成立了直属于州政府的知识产权局，并于 2004 年成立了由州党政分管领导任组长的自治州知识产权工作协调领导小组，建立知识产权工作领导和统筹协调机制。被确定为国家知识产权示范创建城市后，昌吉州对早先的知识产权工作协调领导小组进行了调整。近年来，州委、州政府领导多次召开昌吉州知识产权工作会议、全州知识产权工作协调领导小组专题会议，每年定期听取工作汇报、研究部署工作。在州委、州政府的积极推动下，昌吉州所辖呼图壁县、阜康市等 7 县（市）陆续成立知识产权局。昌吉州狠抓知识产权宣传教育培训工作，使尊重保护知识产权成为人们的自觉行为，提升全民知识产权保护意识。同时，为了净化昌吉州的知识产权保护环境，昌吉州创新协调执法机制。在示范创建期间，开展了“雷雨”“天网”等多项打击假冒和专利诈骗专项执法行动，对各类专业市场、大型商场和食品药品经营商店进行了执法检查，并加强知识产权司法保护。

二、工作成效

昌吉州成立了由自治州党委常委、副州长任组长，由知识产权、工商、版权、质监、经信等25个职能部门组成的自治州知识产权工作协调指导小组，明确分工职责，统筹协调全州知识产权工作。目前，昌吉州已形成了覆盖全州的知识产权管理体系。从2012年起，昌吉州将知识产权工作纳入州政府年度考核指标。在昌吉州知识产权工作部门的不断努力下，全州各级各部门对知识产权战略地位的认识日益增强，把知识产权作为推动经济社会发展的核心动力；各有关部门建立了知识产权审查机制，把知识产权列为行政审批、高新技术企业认定等工作的前置环节。企事业单位，特别是大型骨干企业重视知识产权，大力实施知识产权战略，鼓励技术人员不断开发新产品，积极提交专利申请，实行知识产权工作奖励制度等，不断运用知识产权提高企业竞争能力。

专栏 3-8 河南省焦作市知识产权促进经济转型

一、工作内容

河南省焦作市一直以来被认为是一座因煤炭而兴起的资源型城市。而今，百年的开采使得焦作面临资源枯竭的困境。在不断地尝试和努力后，焦作人依靠知识产权走上了转型之路。自2011年9月以来，焦作开展了规模以上工业企业3年内消除“零专利”专项行动。同时，焦作市县区产业聚集区一批关联度高、互补性强的企业，以技术创新和核心专利为纽带进行了资源整合，建立了产业创新联盟。

二、工作成效

据统计，仅2012年上半年，焦作市870家规模以上“零专利”企业中，就有167家消除“零专利”，共提交国内外专利申请256件，其中发明专利申请61件，专项行动取得了阶段性成果。专项行动的开展，促进了焦作一批传统产业的升级换代，催生了一批产业链完善、创新能力强、特色鲜明的战略性新兴产业群，使得知识产权战略的实施真正成为了该市自主创新和经济转型发展的有力助推器。2011年，焦作市先后组建了制浆造纸设备技术创新战略联盟和焦作市锂离子动力电池技术创新战略联盟。焦作市知识产权创造、运用、保护和管理工作已全面展开，有力地推动了焦作市的产业转型。

3.4 典型示例

【示例3-1】北京市区县知识产权战略实施推进工作

为贯彻落实首都知识产权战略，北京市围绕各区县功能定位和经济发展的特色，采取各项有效措施，引导各区县实施知识产权融入区域发展的特定专项，强化区域知识产权管理与战略实施，全面推动知识产权工作融入首都经济发展主战场。北京市区县知识产权战略实施推进工作的重点任务之一是实施“区域特色资源知识产权保护利用”专项。以通州国际种业科技园和石景山的动漫产业为例，其区县战略与各县域内产业发展紧密结合。

一、工作内容

（一）通州国际种业科技园知识产权指导服务工作内容

北京通州国际种业科技园作为国内首家以“科技”挂牌的种业科技园区，不仅是通州更是首都《北京种业发展状况及北京种业发展规划（2010　2015 年）》中明确的种业创新孵化辐射基地。借助首都的优势知识产权力量，为种业“育繁推”中的专利权、品种权和商标权等知识产权进行跟踪服务，通过知识产权的全方位、立体化服务融入通州乃至首都种业发展的各个环节。

（二）石景山动漫产业知识产权指导服务工作内容

石景山区知识产权局与北京市保护知识产权举报投诉服务中心（以下简称“北京 12330”）以区内部分数字动漫企业为试点，同时探索适用于数字动漫企业的知识产权保护方式和知识产权商用化模式，形成石景山区服务数字动漫企业知识产权的有效做法，推动文化创意产业特色集群发展。结合 2011—2012 年“北京 12330”“中关村国家自主创新示范区知识产权保护现状及对策研究”中石景山园的情况，以及同年度《北京地区知识产权保护数据统计分析报告》的相关数据，石景山区对区内文化创意产业知识产权保护状况，并特别针对数字动漫产业所在的文化创意产业进行初步分析研究。将 2012 年度北京市专利申请量排名前十的企业——北京银河长兴影视文化传播有限责任公司（以下简称“银河长兴”）列为重点，并对该企业进行了实地调研，为其提供知识产权指导服务。

二、工作方式及成效

（一）通州国际种业科技园知识产权指导服务工作方式及成效

通州国际种业科技园知识产权指导服务项目从政府、种业科技园、企业三个层面进行知识产权的全方位服务；开展志愿专家定时走访、座谈会、交流会等形式的企业知识产权调研活动。从企业的知识产权诉求出发，进行知识产权的创造、运用、保护和管理的系列培训；组建由国家知识产权局、商标局、版权局、法院系统和农业部相关单位组成的志愿专家援助小组，由相关专家组成专业服务队，服务园区科技型创新企业；成立园区 12330 工作站；编写《植物新品种知识产权保护指南》，介绍植物新品种的基础知识、申请与审批流程、维权途径及案例分析、相关政策法规；同时根据园区的知识产权实际情况，编写《通州国际种业科技园知识产权规划（2 年）》。通州国际种业科技园知识产权指导服务推动了通州种业的良性发展，为首都种业的发展提供先导性示范作用。

（二）石景山动漫产业知识产权指导服务工作方式及成效

针对“银河长兴”，石景山区为其提供了以下主要服务：一是组织国家知识产权局、国家版权局、国家工商总局知识产权授权(登记)机关审查员，知识产权法官，知识产权公益律师，知识产权管理咨询专家形成专门的服务团队，为银河长兴提供贯穿企业经营各环节的知识产权专业服务；二是注重对技术人员知识产权挖掘意识和方法的培养，根据创意、设计方案可能运用到的领域，有意识地进行知识产权申请（登记）；三是督促其健全知识产权管理机构，设立知识产权管理部门，统筹企业知识产权工作，并建立由知识产权管理部门专职人员与设计部门、制作部门、销售部门等各业务部门兼职人员共同组成的知识产权长效工作机构。在现有《商标战略规划》《专利管理制度》等知识产权管理制度的基础上进行丰富和完善，将知识产权的申请、运用和保护工作与企业日常运转相结合；四是指导其完善知识产权布局，对银河长兴在专利权（特别是外观设计、计算机程序、插件等的专利），著作权，商标权等知识产权的申请上给予了相关的建议及策略；五是对该企业的知识产权进行了风险梳理，对企业产业链、持有权等相关问题给予建议和未来风险点的规划，更好地为企业未来知识产权风险作好筹备。

可以看出，北京市通过实施“区域特色资源知识产权保护利用”专项，使

区县知识产权战略与各县域内产业发展结合得更紧密。通州国际种业科技园从政府、种业科技园、企业三个层面进行知识产权的全方位服务，推动了通州种业的良性发展。石景山区服务数字动漫产业通过对重点企业开展服务和指导，形成了有效做法，推动了文化创意产业特色集群发展。

【示例3-2】苏州市实施知识产权战略、促进地方经济发展

《国家知识产权战略纲要》颁布实施以来，苏州市在江苏省实施知识产权战略示范省创建工作的统一部署下，大力实施知识产权战略，积极促进地方经济发展。

一、工作内容

苏州市实施知识产权战略的主要工作内容包括：一是加强知识产权管理；二是制定完善的政策法规；三是加强知识产权公共服务；四是加强知识产权保护。

二、工作方式及方法

首先，苏州市政府整合专利和版权行政管理职能，设置市知识产权（版权）局，并将其列入市政府工作部门；苏州各县级市（区）均挂牌设立知识产权（版权）局，并把专利、版权、商标等知识产权管理机构延伸到乡镇、街道，形成了较为完整的三级知识产权行政管理体系。同时，苏州市建立知识产权工作考评机制，将专利、商标等多项知识产权指标纳入全市目标任务考核体系，使知识产权工作从根本上走向了规范化、制度化。

其次，苏州市政府坚持将企业作为实施知识产权战略的最终落脚点，充分发挥知识产权在经济转型升级中的作用，制定完善政策法规，促进地方经济发展。苏州市出台了《加快民营经济转型升级的若干意见》，引导扶持自主知识产权型企业；在政府工作任务中明确，拥有核心技术的优势企业争创中国驰名商标，推动更多苏州产品提升品牌综合竞争能力，加强知识产权工作，创建全国版权示范市；修订了《苏州市专利促进条例》，制定实施《苏州市知名商标认定和保护办法》，设立知识产权专项资金等，引导和鼓励企业创新创造，积极开展专利申请、名牌商标创立和版权登记。

再次，苏州市政府支持建立专利审查协作江苏中心以及5个国家级公共服务机构，建立服务平台和企业专利数据库，为企业提供专利、商标和著作权等信息检索服务；积极开展知识产权质押、许可转让等工作。

最后，以中国（苏州）知识产权维权援助中心为主体，依托“12312”维权热线、知识产权维权援助专家库及合作单位，为全市重点行业和涉外企业提供专利预警分析。组建知识产权行政执法支队，开展依法打击侵犯知识产权和制售假冒伪劣商品专项行动。同时，推动基层法院实施知识产权民事、刑事、行政“三审合一”审判机制，在基层法院设立知识产权法庭。

三、工作成效

苏州市知识产权管理机构独树一帜，体现在：一是职能整合，是目前全国唯一实现了专利、版权职能二合一的地方知识产权局；二是地位重要，苏州市知识产权局为市政府工作部门，主要领导由市人大任命；三是职责加强，负责组织建立市知识产权保护工作体系，负责组织协调知识产权战略实施，负责建立市知识产权风险预警机制，负责审核市级财政资金支持的重大科研项目、经济活动和文化创作中的知识产权状况等。

苏州市知识产权战略推进企业、高新技术企业和创新型企业均设立知识产权管理机构，75%以上的民营科技型企业建立了知识产权管理制度，涌现出一大批依靠知识产权支撑发展的优势企业。2012 年，企业专利申请量、授权量分别占全市总量的 94.8%和 95.2%，企业专利实施率达 84.7%。

苏州市建立了正版软件在线租赁、刺绣著作权交易、注册商标监管等服务平台以及 200 多家企业专利数据库；帮助 20 多家企业通过专利质押获得银行融资，融资额超过 25 亿元；推动国内首个知识产权综合责任保险产品在苏州成功上市，使知识产权作为无形资产的功能得到有效发挥。目前全市企业自主知识产权产品产值占规模以上工业总产值的比重超过 35%，自主品牌企业增加值占地区生产总值的比重达 14%。

苏州市通过行政保护和司法保护“双管齐下”，初步建成行政司法互动、信息资源共享、打击防范相结合的知识产权保护长效机制。

4 区（县）知识产权战略实施推进

4.1 区（县）知识产权战略实施的工作定位

区县级知识产权战略实施，是国家、省级、地市知识产权战略的进一步延伸，是各区县对国家知识产权战略的具体落实，即按照上级知识产权战略实施意见的要求，结合各区县的产业优势和区位优势，制定符合地方实际需求的运行机制、工作方案和措施，将知识产权工作与区域科技创新、产业结构调整和经济发展工作紧密结合起来，推进国家及省市知识产权战略在县域的具体实施。

4.2 区（县）知识产权战略的组织实施体系

4.2.1 机构设置

区（县）知识产权行政管理部门是地方知识产权战略实施的基本单位，具体落实对企业、产业的知识产权政策实施和指导。同时，为推进地方知识产权战略实施，加强区县知识产权信息沟通与交流，及时协调解决专利、商标、版权等知识产权纠纷，完善知识产权协调机制，提高知识产权保护、执法水平，区县级知识产权联席会议工作制度的建立也是必不可少的。区县级知识产权联席会议成员单位一般包括宣传部、人民法院、人民检察院、经济发展和改革局、教育文体局、公安分局、农村发展局、司法局、工商局、科学技术局（区知识产权局）、法制办等相关部门。

4.2.2 实施机构的工作方式

区县级知识产权管理机构有的是独立设置的，有的是县科技局增挂知识产权局牌子，有的是县科技局下属二级局，还有的是科技局的一个下属科室。

区县级知识产权联席会议成员单位均应选派一名负责知识产权工作的领导出席联席会议，并指派一名联络员负责本单位与联席会议日常工作的联络，同时，区县级知识产权联席会议下设联席会议办公室，负责日常工作，从而保障区县级知识产权联席会议工作机制顺利运行。

区县级知识产权联席会议的主要职责包括：贯彻执行国家、省、市有关知识产权保护的法律、法规及方针、政策，研究制定区县知识产权管理战略、重大政策、措施和规划，并组织实施；加强全区（县）知识产权的宏观管理与协调，组织、指导全区知识产权工作；协调解决区县经济、科技和文化发展中的有关知识产权重大问题，并提出决策性意见和建议；组织大型知识产权宣传活动，提高社会各界知识产权意识；组织协调全区知识产权联合执法行动；根据需求，建立涉外知识产权工作机制，统一处理知识产权涉外事宜；建立各成员单位信息交换和情况通报制度。

联席会议办公室的主要职责一般包括：负责联席会议例会筹备工作及贯彻落实会议决定事项；负责督促落实区领导交办的工作和协调各成员单位的工作；负责向联席会议主持人和区管委会报告全区知识产权工作的重大事项和重大问题，并提出解决建议；定期向成员单位通报全区知识产权工作情况，及时通报知识产权工作的重大事项和重大问题；统筹协调本区涉外知识产权事宜，组织知识产权的对外合作与交流；将联席会议形成的知识产权工作决议、指示和工作任务及时传达各有关单位；及时将各成员单位报送的工作情况和重大事项汇总，报区领导并及时向各成员单位通报。

区县级联席会议应当建立例会制度，每年定期召开一次会议，总结交流当年工作情况，研究、部署下一年工作任务，协调解决全区知识产权工作的重大问题。

对联席会议形成的决议，各成员单位应当认真贯彻落实。对本部门涉及其他部门的知识产权活动，或涉外知识产权纠纷和争端以及知识产权综合与交叉保护问题，联席会议各成员单位应当提请联席会议办公室召集有关部门进行统筹协调。本部门发生的有关知识产权工作的重大事项应及时向联席会议报告。

专栏 4-1 苏州高新区、张家港经开区知识产权管理机构设置

一、苏州国家高新技术产业开发区的知识产权管理机构

苏州国家高新技术产业开发区于 2004 年得到苏州市虎丘区机构编制委员会同意，为苏州高新区科学技术局增挂苏州高新区知识产权局牌子；2007 年苏州高新区科学技术局（挂“区知识产权局”牌子）又申请调整职能配置内设机构及人员编制，并获得苏州市虎丘区机构编制委员会批准。根据此次调整，苏州高新区科学技术局（挂“区知识产权局”牌子）内设五个职能处室，包括办公室、高新技术管理处、知识产权管理处、产业促进处和科技合作处。由知识产权管理处主要负责研究提出促进知识产权保护和培育的政策措施；组织制定和实施全区专利工作规划和计划；推荐和组织重大专利技术实施；负责专利及有关知识产权的宣传普及与培训工作；负责标准化及产业联盟等相关工作；负责科协、科普工作。苏州高新区经由 2007 年和 2008 年两次编制调整，现有知识产权专职管理人员 7 人。

二、张家港经济技术开发区的知识产权工作领导小组

张家港经济技术开发区于 2012 年成立了区知识产权工作领导小组，由区党工委委员、管委会副主任担任组长，小组成员包括区党政办公室、区组织人事局、区经济服务局、区财政局、区科技人才局、区商贸局、市工商局东城分局的有关领导。同时，张家港经济技术开发区增设区科技人才局知识产权科。知识产权科为区科技人才局内设科室，主要负责：拟定区（镇）知识产权培育、创造、应用、保护等政策措施；组织编制和落实区（镇）知识产权中长期规划和年度计划；组织专利申请、企业知识产权战略推进计划项目的申报工作；组织和发动企业开展商标注册和版权、软件著作权的登记工作；推进企业标准及产业联盟等相关工作；做好区（镇）知识产权的宣传普及与培训工作。知识产权科配有 6 名工作人员。

目前，较多县区，尤其是高科技园区都成立了专门的知识产权管理机构，形式上包括成立知识产权管理局和工作领导小组两种，并配备专职人员。这种做法有力地保障了园区的知识产权工作有序开展。

4.3 区（县）级知识产权战略实施的工作重点

区县知识产权战略实施，应落实全省、全市的知识产权工作重点任务，并结合自身实际，找到知识产权战略的切入点。尤其是注重与产业结合，引导县域内重点产业的发展。

一般来讲，区县知识产权战略实施，至少要把握以下几个方面。

4.3.1 加强政策引导

为贯彻落实地方知识产权战略实施，区县应当建立并不断完善知识产权政策体系。区县要重视知识产权政策与经济、科技等政策的紧密结合，制定导向合理的专利资助政策，规范知识产权人才引进、培养政策措施等。

专栏 4-2 苏州高新区、太仓市知识产权政策体系概况

一、苏州高新区的知识产权政策体系

近年来，苏州高新区管委会和各职能部门已出台一系列关于专利、商标、集成电路布图设计、软件著作权等的政策，包括《苏州高新区专利专项资金管理暂行办法》《苏州高新区实施商标战略的意见》《关于鼓励技术创新、促进科技发展的若干意见》《苏州高新区鼓励软件与集成电路设计产业发展的若干意见（试行）》《苏州高新区鼓励软件与基础电路设计产业发展的实施细则（试行）》《关于加强镇（街道）科技管理工作领导的通知》《苏州高新区关于实施科技创新创业领军人才计划的若干意见》《关于促进苏州高新区知识产权工作的暂行办法》《苏州高新区鼓励知识产权服务业集聚发展的若干意见》等，构建了较为完备的知识产权政策体系。

可以看出，苏州高新区的知识产权政策涵盖了专利、商标等多种类，突出了软件与集成电路设计重点产业，并在知识产权人才、服务等方面俱有覆盖，形成了较完备的体系。

二、太仓市的知识产权政策体系

近年来，太仓市政府先后制定颁布了《关于实施商标战略、建设品牌强市的意见》《关于加快转变经济发展方式建设创新型城市的实施意见》《太仓市知识产权战略实施计划》《〈苏南现代化建设示范区规划〉太仓实施方案》等一系列政策性文件，在知识产权的目标规划、统筹协调、运用转化、执法保护等方面作了具体规定。同时，太仓市也不断完善专利资助奖励政策。经过两次调整修改，市科技局、知识产权局、财政局于2012年联合发文出台了新的《太仓市专利专项资金管理办法》，新增了对发明专利年费的资助，并对发明、实用新型、外观设计专利和境外专利的申报阶段作了新的调整，强调了对专利实施与产业化项目、专利数据库建设、知识产权管理标准化建设、知识产权宣传等事项的大力支持。此外，全市2区6镇均出台了有关科技、知识产权的奖励政策。

太仓市不仅对知识产权战略的实施发布了具体意见，还适时对专利专项资助进行了完善，其下属2区6镇也出台了相应政策。在政策的适时调整和纵向深度上可供其他区县参考。

4.3.2 重视环境营造

根据本地区的特点，切实开展知识产权宣传和培训，利用各种新闻媒体开展全民知识产权普及教育工作。电视台、电台、报刊等新闻媒体要开设知识产权知识宣传专栏或专题节目，不断提高全社会的知识产权意识和法制观念，形成全社会尊重和保护知识产权的良好舆论氛围。

专栏 4-3 定远县知识产权宣传工作

定远县从2008年7月始被安徽省知识产权局确定为知识产权强县工程试点县，接下来的两年时间，定远县在营造知识产权文化环境方面做了很多工作。

一、工作内容

两年来，结合开展“科技活动周”和送科技下乡活动，围绕“科技以人为本，全面建设小康社会”的活动主题，组织了内容丰富多彩的宣传活动，在城乡宣传《中华人民共和国专利法》(以下简称《专利法》)、《安徽省专利保护和促进条例》。在4月26日世界知识产权日，还组织职工学习《专利法》和专利申请有关知识；同时县团委、科技局根据全国统一安排，组织开展了“保护知识产权，我们在行动”的万人签名活动。在定远一中校园集会上，宣传知识产权基本概念和相关基础知识，会后，上千名学生在“知识产权，民族进步的灵魂——保护知识产权，我们在行动”的巨幅标语上签上了自己的名字，并立下了“保护知识产权，从我做起”的誓言；在5月组织的“心系农村三下乡”科技周活动中，定远县把专利知识宣传作为主要内容，先后到张桥、吴圩、炉桥、耦塘等十余个乡镇，广泛宣传“国际知识产权日”和专利申请有关知识。

二、工作方法

一是悬挂宣传条幅。两年来，每年4月下旬选择定远县城内贯穿南北、东西两条繁华大街的东西大街、迎宾东西路大街，悬挂知识产权公益广告横幅十多幅。宣传内容为：“鼓励发明创造，尊重知识产权；实施专利战略，促进技术创新；抓好专利工作，全面实施科教兴县战略；鼓励自主创新，促进经济社会又好又快发展；加强自主创新宣传，提高知识产权保护意识；提高专利申请质量，促进专利产品产业化；正确应用专利战略，促进企业可持续发展；加大执法力度，严厉打击侵犯知识产权违法行为；加强专利示范企业建设，提高企业自主创新能力。”

二是在《滁州日报》《皖东晨刊》上开展平面宣传。在《滁州日报》定远版上开设知识产权专版，重点宣传开展省知识产权强县试点工程以来所取得的工作成就，选择安徽亚兰密封件公司、中盐东兴盐化股份公司等几家知识产权优势企业，从不同角度、不同侧面宣传知识产权融入企业文化，依靠自主知识产权创新创优、做大做强的经验和做法等。

三是在定远电视台、广播电台上开展立体宣传。每年固定从4月23日始至30日止8天时间在定远电视台、广播电台开展知识产权专题系列宣传。重点宣传专利法、专利知识等。并通过以专利产品为核心产品成功的企业、知识产权维权成功的企业、知识产权纠纷成功的企业等典型案例现身说法，警醒和教育广大干部及群众提高知识产权保护意识。

四是编印图册和宣传手册、制作展板。根据国家知识产权局编印的《图解知识产权ABC》宣传册，以及围绕如何加大知识产权工作力度，提高企业创新能力等宣传材料，印制10000份宣传图册和宣传册，安排有关部门和重点企业制作40块内容丰富、形式生动活泼的展板。4月26日在府前广场和5月科技活动月到张桥、吴圩、藕塘、朱湾四个重点科技示范乡镇宣传展示。

五是举办知识产权讲座。为配合这次知识产权日宣传活动，成立了知识产权讲师团，于2009年5月19日、5月22日两次召集定远县“雷雨”、“天网”知识产权执法专项行动网络成员单位开展培训，并到重点乡镇、企业巡回开展知识产权讲座，讲座内容涉及知识产权宏观战略、专利法、专利保护策略、企业专利战略、技术创新与专利，以及国外知识产权保护经验等方面的内容。重点提高政府部门领导和企业负责人对知识产权特别是如何保护技术创新成果的认识。

作为知识产权强县工程试点县，定远县的知识产权宣传工作做得比较到位。通过开展科技周活动、利用报刊和电视等媒体渠道、发放宣传资料及举办讲座等形式，提升了全县的知识产权意识，营造了知识产权文化环境。

4.3.3 体现区域特色

要紧密结合县域内的经济社会发展战略，结合到产业优势和区位优势，准确定位，突出要点。每个县（市、区）都有自己的特色，都有自己的人文、历史和产业特点，如何将专利等知识产权工作与中心工作紧密结合起来，如何结合本地实际开展工作，是使知识产权工作融入各地技术创新和经济建设的关键。

专栏 4-4 甘肃省陇西县依托知识产权工作，促进当地中医药产业发展

陇西县位于甘肃省东南部，定西市中部，是西北最大的中药材种植、仓储、加工基地和交易、信息、价格形成中心。陇西黄芪和白条党参通过了国家质量监督检验检疫总局原产地标志认定。2013年，为实现利用知识产权制度推进中医药产业优化升级，提高自主创新能力，在国家知识产权局的指导和帮助下，甘肃省知识产权局以陇西县为试点，推行实施了陇西县中医药产业知识产权促进工程。

一、工作内容

该工程的主要工作内容包括：构建中医药产业知识产权行政管理体系，健全中医药产业知识产权政策法规体系，探索建设中医药产业知识产权试点示范及托管工作体系，打造中医药产业知识产权信息服务体系，完善中医药产业知识产权宣传培训体系，强化中医药产业知识产权行政执法体系，探索促进知识产权与中医药产业发展有机结合的途径和方法。

二、工作举措和成效

一是建立了省市县知识产权部门三级联动的中医药产业知识产权工作机制，使得县内工作能够在省市两级的大力支持和指导下顺利展开；建立了由县人民政府副县长为组长，县办公室主任、科技局局长为副组长，科技、工信、工商、公安、药监、中药材产业发展、经济开发区管委会等部门共同参与的陇西县中医药产业知识产权工作协调领导小组，主要负责研究制定中医药产业重大知识产权工作决策，推进中医药知识产权法规及制度建设，统筹协调中医药产业知识产权管理和保护等工作。

二是由县政府出台了《关于促进和加强中医药产业知识产权管理意见》《陇西县专利申请资助管理办法》《陇西县中医药知识产权工作联席会议制度》《陇西县中医药产业知识产权托管服务工作方案》《陇西县中医药产业知识产权重大案件报告制度》等一系列政策法规，进一步推进中医药产业知识产权工作的规范化、法制化。

三是一方面开展中医药产业龙头企业知识产权试点工作。由县科技局和工信局联合组织，选择10家知识产权工作基础好、积极性高的中医药龙头企业进行县级知识产权试点企业培育，最终确定5家试点企业，引导它们建立健全知识产权机构，完善企业知识产权管理和保护制度，做到机构、人员、制度和经费四落实，将企业科技创新战略与经营销售战略相结合，制定企业知识产权战略和知识产权创造、运用激励机制。同时，为试点企业牵线搭桥，与高校、科研院所建立科技合作关系，从而提高企业科技创新能力。另一方面，开展中医药企业知识产权托管服务试点工作，在充分调研总结的基础上，制定《陇西县中医药产业知识产权托管服务工作实施方案》，确定甘肃省专利事务中心为托管服务机构，与县内首批4家中医药知识产权托管试点单位签订托管协议。目前已申报中药材种植技术、外观包装、加工技术、信息服务技术等方面专利16项。

四是开通了“陇西中医药产业知识产权网”（http：//lx.dxipo.gov.cn），建立了中医药专利、商标、版权等知识产权信息的发布平台，开设了中药材产业、陇西中医药专利数据库、政策法规、专利推介、知识普及、中医药企业等栏目。同时，依托甘肃惠森药业发展有限公司“药财赢”中药材电商平台建设，收集整理了1442味中草药的部分知识以及十余年的价格变动信息，建立了中药材信息资源数据库。

五是制定了《陇西县2013年知识产权宣传培训计划》。结合“4·26”知识产权日以及各类节会，举办知识产权宣传及咨询活动；结合全县的企业法人培训班，举办科技创新专题报告会；举办中医药产业知识产权创造、保护与运用培训班；采取“流动培训”方式，邀请陇西县专利技术开发服务中心技术人员到县内医院、企业举办中医药知识产权培训班。同时，在陇西县电视台开通了知识产权专栏，每周播出三期。此外，陇西县还建立了陇西县中医药产业知识产权人才库，对入库人员进行重点培养。邀请甘肃省专利事务中心资深专利代理人深入企业现场指导；派遣人员参加国家、甘肃省举办的各类知识产权培训班；组织人员到省专利事务中心参观学习。

六是由县知识产权局协调，与公安、工商、药监、法院、中药材产业等相关部门联合成立了陇西县中医药产业知识产权联合执法体系。各部门明确各自的知识产权行政执法工作任务，确立协作配合、规范高效的工作原则。配合全省开展的知识产权系统维权“护航”专项行动，制订了“陇西县中医药产业知识产权维权护航专项行动方案”，组织相关单位开展知识产权维权护航专项清理行动。在“中国·陇西第六届中医药博览会”召开期间，开展中医药知识产权维权护航行动。

七是通过举办“中医药专利技术推介会”，加大中医药知识产权推介力度，加快知识产权的市场化和产业化。同时，组织县内企业参加全国科技博览会和杨凌农博会，在全国性大会上展示县内企业产品及相关专利技术。此外，县内列支科技资金，通过科技项目引导企业实施专利技术。同时，帮助企业申请国家中小企业创新基金。为农业科技成果转化、省级民生科技等项目争取项目经费，促进企业实施专利。

陇西县中医药产业知识产权促进工程有力地促进了区域中医药产业的发展，实现了知识产权与当地特色经济的有机结合。

专栏 4-5 四川省郫县运用知识产权制度保护传统知识

“郫县豆瓣”和“蜀绣”是四川省郫县传统知识产权的代表。为更好地开展传统知识产权的保护和传承，弘扬传统优秀文化，郫县积极整合利用科技资源，对“郫县豆瓣”和“蜀绣”产品及文化进行深度发掘和有效传承。

一、工作内容

围绕“郫县豆瓣”，一是积极发挥川菜产业技术创新联盟的作用，围绕“郫县豆瓣”及周边产品开展技术创新；二是组建成都市杜鹃川菜调味品产业技术服务中心，组织申报产业集群创新发展研究专项“川菜调味品产业集群研究”、川菜调味品产业科技应用服务平台建设等项目；三是组织申报成都市区域创新驱动产业转型升级试点示范区建设专项“中国川菜科技产业化基地建设”。

围绕“蜀绣”，一是以2013年5月天府蜀绣文化创意产业园获批国家级文化和科技融合示范基地示范园区为契机，配合安靖镇等单位做好天府蜀绣文化创意产业园建设，协助举办第三届成都国际非物质文化遗产节蜀绣分会场活动；二是组建了四川省蜀绣产业技术创新联盟；三是加强了蜀绣产业科技项目的申报工作；四是加强蜀绣的知识产权保护工作。

二、工作成效

围绕“郫县豆瓣”，2013年共申报相关专利近200项，实现了传统文化的科学发展，建立了一支近10人的专家队伍，推动“郫县豆瓣”整体产业发展向更高层次迈进。

围绕“蜀绣”，实现了科技和文化融合发展，已完成申报市重点新产品项目和软课题共5项，获资助经费85万元。全县蜀绣企业共申请专利27件，其中12件已授权；版权11项，商标15项。

4.3.4 提升服务能力

区县知识产权战略的实施要注重借力，进而形成合力，为产业、企业发展提供支持。

在定远县知识产权宣传工作的案例中提到，该县在促进区域专利申报时，也积极发挥了专业机构的作用。2008—2009年由于多种原因的影响，该县专利申报和授权量急速滑坡。为了促进专利申报，该县针对民营企业、学校等，引导知识产权服务机构进行专利知识宣传，让“专利”“知识产权”的概念走进企业，走进校园。挖掘发明点，寻找创新点，主动出击，推动申报，同时多次深入企业调查研究，立足知识产权保护，积极为企业谋划，帮助企业筛选精品，从政策、网络资源上为它们申报提供一切便利，积极推动企业申报专利。

有些区县的知识产权工作条件有限，需要依靠外力。而有些地区，特别是高科技园区经济产业较为发达，在推进知识产权战略实施时，形成了良好的工作局面。下文仅以北京市海淀区和四川省双流县为例，希望能给读者以借鉴。

4.4 典型示例

【示例4-1】北京市海淀区推进知识产权战略实施

海淀区知识产权行政管理部门将自身在知识产权战略实施工作中的角色定位于，在北京市知识产权局工作总方向的指引和指导下，制定本区的知识产权发展目标，推进知识产权战略的实施工作，完成各项战略任务。海淀区知识产权行政管理部门日常工作重点集中在开展知识产权助推企业成长行动、支撑产业转型升级行动，开展知识产权护航创新发展行动，实施知识产权文化建设基础工程，实施知识产权人才培养工程等。

海淀区在推进战略实施过程中，采取的战略举措和工作包括以下几个方面。

（1）探索知识产权商用化模式，加快推进知识产权运营基金。推进知识产权运营基金管理公司与国家、北京市等政府部门以及战略性新兴产业重点企业、社会投资机构的基金募集。推动知识产权运营基金的正式启动，引导企业开展知识产权运营，培育知识产权资本市场，挖掘知识产权资产价值。

（2） 积极推进“聚核工程”。在专利保险试点、知识产权服务业联盟、审查员实践基地等方面开展深入合作，共同促进核心区知识产权工作快速发展。

（3）积极推动知识产权和标准化一条街建设工作。在优化创新环境、促进重点产业发展方面提出支持政策，进一步加大对知识产权服务业发展及知识产权服务机构引进工作的支持力度。

（4）成立中关村核心区知识产权服务协作组织。集聚核心区优势资源，搭建交流合作平台，发挥协作组织集中效应、集约效益和引领示范作用，推动知识产权与科技创新、金融创新等各领域的融合，支撑高新技术产业发展，提升核心区各类创新主体知识产权的创造、运用、保护和管理能力。

（5）开展知识产权优势企业培育专项工作。针对核心区内“十百千工程”“瞪羚计划”“海帆企业”等重点企业启动知识产权优势企业培育专项工作，提升核心区重点产业领域企业知识产权管理能力，培育一批知识产权优势明显、自主创新能力和市场竞争力较强的企业。

（6）推动企业知识产权标准化管理工作。贯彻落实《海淀区企业知识产权标准化管理指导规范》和《企业知识产权管理规范》，进一步推进企业知识产权标准化管理工作，指导海淀区企业结合自身特点建立健全科学、有效的知识产权管理体系，为企业创新能力的可持续提升提供制度保障，夯实知识产权管理基础，提升核心区企业知识产权管理水平及能力。

（7）做好专利行政执法工作。加强区域内假冒专利查处和展会专利执法工作，组织相关执法部门、司法机关、服务机构构建高效的知识产权保护联动机制。

（8）依托 12330 工作站，开展知识产权保护工作。依托北京知识产权举报投诉和维权援助中心（北京“12330”）海淀分中心和工作站，及时发现核心区企业知识产权纠纷线索，为重大、疑难、突发知识产权纠纷提供专项维权援助服务。

（9）做好“4·26”世界知识产权日主题宣传工作。通过组织知识产权广场宣传活动、知识产权进园区进企业活动、知识产权热点研讨，在重点地区包括知识产权一条街建立知识产权文化长廊、知识产权展示空间、户外知识产权公益广告宣传、报纸和电视宣传、制作知识产权保护宣传用品等形式，进一步增强全社会的知识产权保护意识，推进以“尊重知识、崇尚创新、诚信守法”为核心的知识产权文化建设，积极营造有利于知识产权事业健康发展的舆论环境。

（10）加强知识产权宣传报道工作。与知识产权报社、海淀新闻中心等媒体单位积极沟通，充分利用各类媒介和力量，宣传知识产权典型案例，推进知识产权文化普及，进一步提升社会公众知识产权意识。

（11）加大知识产权培训力度。发挥高校、行业协会、中介机构的专业优势，围绕企业需求，组织针对企业高级管理人员的知识产权专题培训、针对企业研发人员及知识产权管理人员的实务培训、针对知识产权中介机构的沙龙交流活动等。

目前海淀区知识产权局已经与版权局、商标局等部门建立了统一协调机制，并且联同相关执法单位成立海淀区知识产权保护专项领导小组。具体开展如下工作。

（1）积极建立行政与司法高效衔接的知识产权保护工作协调机制，加强对区域知识产权工作的统一领导，有力打击区内各类知识产权侵权行为，维护权利人和企业的合法权益，营造良好的知识产权保护环境。

（2）组织召开北京市西北地区专利执法工作会，研讨在知识产权案件办理过程中出现的各种问题及委托执法工作流程，提高核心区知识产权保护水平。

（3）部门联动开展执法，加强知识产权保护。2013 年海淀区知识产权局积极推进工商、公安、文委等各部门的联合执法，加大核心区知识产权行政执法力度，制定了“海淀区知识产权执法维权‘护航’专项行动方案”。

在完成本区工作目标中，海淀区以“三大行动”——知识产权支撑产业转型升级行动、知识产权助推企业成长行动、知识产权护航创新发展行动，和“三大基础工程”——知识产权理论支撑基础工程、知识产权文化建设基础工程、知识产权人才培养工程，作为知识产权工作强有力的抓手和推动力，全面提高知识产权工作对于科技创新的支撑作用和对于产业发展的促进作用，为核心区的创新驱动夯实基础。

【示例4-2】四川省双流县知识产权战略实施举措

双流县是全国首批知识产权强县工程示范县之一。全县以实施知识产权战略为主线，进一步完善县域知识产权管理与服务体系，优化知识产权政策环境、市场环境和文化环境，突出企业主体作用，全面提升知识产权综合能力，为县域经济转型升级提供有力支撑。

一、工作内容

双流县实施知识产权战略的主要工作内容包括：优化知识产权激励政策，强化知识产权创造的人才支撑和平台支撑，编制重点产业技术路线图，加强与高校和科研院所的合作，提升企业知识产权综合能力，促进知识产权与金融结合，以及建立知识产权公共服务平台。

二、工作举措

一是大幅度增加财政引导资金，出台了《加快科技创新促进经济发展方式转变的实施意见》，明确了要加大知识产权工作资金投入。

二是修订了《双流县知识产权专项资金管理办法》，加大对发明专利、企业专利资助力度，明确了对专利转化、质押融资、企业知识产权试点示范的资助额度。

三是在双流县科技进步奖中增设专利奖。

四是制定了《双流县高层次人才倍增计划和实施意见》。

五是积极引进、组建公共技术服务平台，鼓励企业建立各类研发平台，对经认定的国家级、省级、市级技术中心分别给予资金补助。

六是为引领产业发展，开展了重点产业技术路线的研究工作。

七是大力开展知识产权培训，邀请知识产权专家，举办知识产权培训讲座；还通过组织旁听知识产权案件审理、参加上级知识产权部门举办的各类知识产权培训班等方式，加强培训企业知识产权管理人员。

八是开展中小企业知识产权托管试点。按照国家、省、市知识产权局有关支持中小企业集聚区开展知识产权托管工作的安排，向企业推荐知识产权中介机构开展知识产权托管工作。

九是通过申报高新技术企业提升企业知识产权综合能力。按照高新技术企业申报对专利拥有量的具体要求，在组织高新技术企业申报培训的同时，专题对企业进行专利申请、运用、保护和管理培训。

十是大力培育知识产权优势企业。认真贯彻实施《成都市企业知识产权试点示范管理办法》，通过建立重点企业联系机制等一系列途径，积极引导企业开展知识产权试点示范工作，培育知识产权优势企业。

十一是成立了成都市科技金融服务中心双流工作站，市县共同出资作为知识产权质押融资风险补偿资金，成都银行双流支行专门为双流县科技企业提供知识产权质押贷款和其他方式的信用贷款，县知识产权局给予贷款企业担保费和利息补助。

十二是为提升知识产权管理能力，建立了专利资助平台和企业专利管理平台。

三、工作成效

双流县实施知识产权战略措施的主要成效表现为：引进了国家光伏产品检测中心；组建了成都新能源技术研究院、成都物联网技术研究院；编制了电子信息、新能源、生物医药、高端装备制造四大产业技术路线图，确定了重点产业参与全球制造分工的技术比较优势和转型升级的技术主攻方向；2013 年，分别与电子科技大学、成都信息工程学院、西南交通大学、香港城市大学签订了战略合作协议，与各高校共建研究院及科技产业园；分别与成都市生产力促进中心、成都市中小企业融资担保有限责任公司、双流县聚源投融资管理服务公司、成都银行双流支行签订了共同推进知识产权质押贷款的协议；专利权人可通过专利资助平台在网上进行专利资助申报，同时，县知识产权局也能及时了解企业专利申请和授权情况。

5 地方知识产权战略实施的重点内容

5.1 提升知识产权创造水平

5.1.1 工作思路

5.1.1.1 指导思想

深入实施国家知识产权战略，充分认识提升知识产权创造水平的重要性和紧迫性。通过优化政策导向、建立监管机制、加强能力提升，切实提升知识产权产出和质量，从而充分发挥知识产权制度激励和保护创新的作用，支撑创新驱动发展。

5.1.1.2 工作思路

知识产权产出的提升包括数量和质量两方面的提升。目前，我国已成为知识产权大国，但较知识产权强国仍有一定距离。因此，提升知识产权产出工作应当在保证知识产权数量持续增长的基础上，突出知识产权质量导向，进一步优化知识产权结构，实现知识产权数量扩张向质量并举转变，引导各方主体从关注知识产权数量向关注知识产权质量和结构转变，提升知识产权整体质量。

（1）制定合理的目标。

地方政府应当制定明确合理的知识产权事业发展和管理目标，并结合地方知识产权及相关产业实际发展现状及时给予调整，为开展知识产权产出提升工作起到导航作用。知识产权数量严重缺乏的地区，可以着重提升知识产权数量，兼顾知识产权质量；知识产权数量已达一定标准的地区，应进一步加强对知识产权质量的重视，提高知识产权产出的含金量。各地政府应切忌设定不符合实际的增长率、发展目标和评价指标。

（2）优化政策导向。

各地政府可通过完善资助奖励政策，加强知识产权产出的目标考核，以及推动知识产权产出指标纳入科技研发项目、产业化项目、企事业单位创新能力评价、人才引进及职称评审等涉及知识产权考核评价的政策和项目，来优化有利于提升知识产权产出的政策导向。

（3）加强能力提升。

各地政府可通过指导创新主体充分利用知识产权文献和信息，深入挖掘创新成果，提升创新主体的创新能力；通过《企业知识产权管理规范》国家标准贯标工程，指导企业建立知识产权产出内部管理机制，提升企业知识产权管理能力；通过加强知识产权代理服务人才培养，规范知识产权代理服务机构和代理人的执业行为，提升知识产权代理服务能力。

（4）强化组织保障措施。

各地政府应加强组织领导，加大工作投入，狠抓工作落实，通过强化对知识产权非正常申请的查处、严肃处理套取资助和奖励资金行为、进一步规范知识产权代理行为等措施，加强对知识产权产出的监管。

5.1.2 重点举措——政策引导、企业培育

5.1.2.1 政策引导

为促进知识产权创造能力的提升，地方政府应当加强政策引导，鼓励、支持创新主体不断提高知识产权创造能力，从质量和数量两方面着手提升知识产权产出，特别应加强对知识产权质量的重视。地方政府在通过政策引导促进知识产权产出提升工作中应当加强对以下几个方面的重视。

一是注重强化以质量、价值为导向的知识产权创造政策。调整形成以质量价值为导向的知识产权创造绩效考核指标体系。继续深化科研体制改革，将知识产权质量价值指标纳入科技计划项目申报评定、技术创新绩效评价等指标体

系，促进重大科技计划项目的优质知识产权产出。

二是注重在通过资助奖励政策激励知识产权产出数量提升的同时，加大对高质量、高价值知识产权的奖励资助力度。进一步调整知识产权创造专项资金的使用方向，重点对发明专利授权、国际（PCT）专利、驰名商标、马德里国际商标、软件产品、文化创意产品等给予支持和奖励。省、市、县建立本级政府知识产权奖励制度，对获国家奖及省内知识产权奖的项目、单位、个人给予重奖。

三是注重在本地重点产业（如战略性新兴产业、高新技术产业等）领域培育优质专利权。加大对基础性、战略性、前沿性以及共性技术研究的支持力度，促进创新资源向产业核心技术研发活动集聚。加强政产学研金协同创新，构建以市场为导向的创新链，建立产业发展战略研究院，集中力量开展研究攻关，获取一批科技含量高、市场前景好、权利状态稳定的专利技术，构建以自主专利为核心的发展新优势。鼓励企事业单位强化创新激励，建立知识产权入股、岗位分红、销售利润提成等新型分配制度，激励科技人员创造高质量的知识产权。

同时，地方政府还应注重协调我国文化教育政策、科学技术政策、产业经济政策、对外贸易政策等，统一政策目标，减少与相关政策间的摩擦与重叠，彰显知识产权在促进社会发展中的推动作用。注重政策间的协调联动。强化知识产权政策法律与科技、产业、贸易、金融、税收、文化、教育、人才、卫生、环境保护、政府采购等政策法律的衔接。着力发挥知识产权政策与其他政策的协同作用，以有效促进知识产权产出的提升。

5.1.2.2 企业培育

企业作为重要的创新主体，自然应当受到重视。

首先，地方政府可通过知识产权管理贯标工程，指导帮助企业建立健全知识产权管理工作制度、工作机构和运行机制，落实专职工作人员，保障工作经费，强化研发、生产、采购、销售以及技术合作、技术引进和产品出口等环节的知识产权基础管理和过程管理，建立系统化、规范化、常规化的知识产权管理体系，培育企业基础能力。各地政府应积极推动引导企业贯彻《企业知识产权管理规范》(以下简称《规范》)国家标准，自行或委托服务机构或依托国家知识产权培训基地组织贯标培训，以强化企业贯标意识，加深企业对《规范》的理解。同时，培训对象也应当包括知识产权中介服务机构工作人员，以提升其帮助企业贯标的服务能力。并可根据实际制定针对贯标合格企业的激励政策，以提高企业贯标积极性。

其次，地方政府通过企业知识产权战略推进工程，引导企业制定和实施知识产权战略，建立专业化知识产权信息数据库，充分开发利用专利信息，提高知识产权创造和运用效率，组织知识产权战略性布局，构建符合本企业特点的知识产权进攻和防御体系，加强对本行业国内外技术发展趋势的知识产权动态分析，培育企业核心能力。各地政府可着力在省重点产业领域和行业培育一批实施知识产权战略的典型示范企业；形成一批拥有大量知识产权，能够灵活运用知识产权制度，具有较强国内外市场竞争力的知识产权龙头企业。

再次，地方政府可通过知识产权优势企业培育工程，引导企业积极开展知识产权运营，拓宽知识产权增值途径，将知识产权核心竞争力外显为市场竞争优势，从而使知识产权成为企业利润的核心转化模式和竞争优势的主要来源，灵活运用知识产权战略应对和处理在市场竞争中遇到的各类知识产权问题和纠纷，培育企业动态能力。各地政府可按照“以试点促推广普及，以示范促深化发展”的思路分批开展企业知识产权试点示范工作。并结合本地区重点发展的产业领域和工作基础，定期选取骨干企业作为培育对象，并印发知识产权优势企业的培育指南和验收标准，按照培育指南开展培育工作，定期验收符合标准的企业。

最后，地方政府可大力培育知识产权密集型企业。制定出台地方《知识产权密集型企业培育认定办法》，以贯标达标企业、知识产权战略推进计划承担企业为基础，以行业龙头企业、外向型企业为重点，培育、认定一批具有较强创新实力、具备发展潜质、具有国际竞争力的知识产权密集型企业。具体培育方式包括：制定知识产权密集型企业认定标准，通过奖励、税收优惠、相关计划优先支持等措施，引导企业努力达到认定标准，促进知识产权密集型企业快速成长。

专栏 5-1 湖南省培育知识产权优势企业

2006年年底，湖南省针对有专利申请的企业很少并且普遍存在知识产权意识薄弱、管理水平不高、保护能力不强、产业化运用水平不高、知识产权支撑产业发展能力不足等问题，报经省政府同意，在全省开展知识产权优势企业培育工程（以下简称“优培工程”）。省知识产权局、省财政厅联合成立湖南省知识产权优势企业培育工程管理办公室，在全国率先启动了优培工程。

一、工作内容

湖南省委省政府领导高度重视，在创新型湖南建设中明确提出了“形成一批具有自主知识产权、市场竞争力强的优势企业”的要求，并将优培工程连续多年列为省政府重点工作；省财政厅、省知识产权局两部门及时了解企业需求，敏锐洞察工业企业发展中的制约瓶颈，形成了大力推进企业知识产权工作的共识，从酝酿启动优培工程，到制定实施办法、落实专项经费、加强管理考核，研究形成了一种有效推进优培工程的工作机制；省财政连续5年加大对优培工程的经费投入，仅在建设专利信息公共服务平台方面就投入了近1000万元。市州财政、知识产权部门、产业园区一起努力，大力宣传发动、齐抓共管，为优培工程顺利开展提供了组织上和经费上的保障。突出企业主体地位，增强企业领导知识产权创造、运用、保护和管理意识，大力加强企业知识产权人才队伍建设，切实提高专利信息利用能力，以知识产权能力提升增强企业核心竞争力。

二、工作成效

湖南省优培工程开展7年来，成效明显。一是企业专利创造水平大幅提高。企业专利申请量和授权稳步提升，产生了一批像三一重工、中联重科、华联瓷业、南车电机、楚天科技等累计专利申请过千件的“专利大户”；围绕高端装备制造、节能环保、新材料、电子信息技术、生物医药等重点产业初步形成了专利布局；部分企业开始注重海外专利布局。二是企业知识产权运用效果明显。优培企业总体经济效益水平明显提高，为全省工业经济发展做出突出贡献。一批优培企业运用专利制度提高了市场竞争力，专利许可转让为优培企业带来新的活力。三是企业知识产权保护能力稳步提高。100家优培企业累计处理了717件知识产权纠纷，其中企业告他人侵权700件，被诉侵权17件，目前已解决695件。四是企业知识产权管理能力普遍增强。100 家企业开展优培工程以来，均建立了较为完整的知识产权工作制度和工作机构。新制定各类管理措施 867 项；设有专兼职人员 1242 人；新增企业产品数据库95个；累计兑现职务发明人的奖励达1.67亿元。其中，中联重科、湖南中烟、三一集团、三德科技、舜华鸭业等5家企业累计奖励金额超过1000万元，有效调动了企业研发人员的创新热情。

5.1.3 典型示例

【示例5-1】基于专利资助奖励工作，江苏省不断促进知识产权产出提升

通过专利资助工作及其他各种措施，江苏省企事业单位的知识产权意识明显增强。全省企事业单位的创新意识和申请专利的积极性大幅度提高，知识产权创造能力快速提升，取得了良好的经济和社会效益。其主要工作举措如下。

一、设立专利专项资金，完善专利资助政策

2001年，江苏省省财政厅与省知识产权局共同颁布《江苏省省级专利专项资金管理暂行办法》，用于扶持省内技术含量高、确有市场前景并在本行业中具有先进性的国内重大发明专利申请、保护和推广。

2006 年，随着江苏省经济的发展，企事业单位的自主创新能力的进一步增强，江苏省知识产权局修订了《江苏省省级专利专项资金管理暂行办法》，进一步细化了申请专利资助的条件，补充完善了发明专利申请资助的范围、标准、申请程序和监督管理等内容，增加了对申请国外专利和苏北地区授权的实用新型专利的资助项目。

2008年，江苏省知识产权局制定了《关于专利申请资助工作的指导意见》，从申请资助的目的和原则、省市资助政策的配套衔接、实施专利申请奖励和申请资助项目审察等方面提出指导性意见。

为促进专利质量提升，突出质量并举的政策导向，2012年，江苏省再次调整

专利资助奖励办法，加大对授权发明专利的奖励力度。

江苏省多次对专利资助奖励办法进行调整，将对发明专利申请的资助政策调整为加大授权发明专利奖励和国际专利申请资助力度，并制定了专利资助专项经费使用绩效考核评价体系。各市也根据省局资助政策，结合本地实际，对专利申请资助政策作出相应调整，更加突出了质量导向。同时，考虑到江苏省苏南地区和苏北地区的经济社会等方面发展不平衡，江苏省在制定专利资助政策确定资助对象时也给出了不同规定，突出了因地制宜的原则。

二、加大专利资助经费投入

江苏省不断加大专利申请资助的经费投入。2009 年省专利申请资助经费投入 3500 万元，2010 年投入 4500 万元，2011 年投入 5100 万元，2012 年投入 6200 万元。2009—2012 年，每年的资助经费均超过全省当年各项知识产权经费总投入的 50%。

三、加强专利目标跟踪管理

为进一步突出质量导向，努力促进江苏省专利产出质量与科技综合实力相适应，省政府下达了《关于印发 2012 年工作目标任务分解落实方案的通知》，江苏省知识产权局制发了《江苏省知识产权局关于下达 2012 年专利管理目标的通知》。两份文件都将提升发明专利申请量、授权量作为重点考核目标。同时，加强专利目标跟踪管理，对全省专利申请与授权情况进行及时分析并通报，促进各级政府和知识产权管理部门加大专利目标管理以及专利申请质量的监管力度。

四、加强企业培训

各市围绕促进专利质量的提高，面向企业组织开展了大规模的知识产权培训工作，采取了重点辅导、上门服务，抓重点企业和重点产业，坚决打击和扼制非正常专利申请等多种举措。

此外，江苏省还将发明专利授权量等指标作为区域试点示范和年度工作评比的基本条件。

《关于专利申请资助工作的指导意见》的出台对加强江苏省各地区专利申请资助资金的管理和使用，合理实施专利申请资助，体现资助引导作用，达到专利申请质与量的协调发展起到了促进作用，也使专利资助管理办法更加科学合理合法；2013 年度，江苏省专利申请量、专利授权量、发明专利申请量、企业专利申请量和企业专利授权量五项指标继续保持全国第一。专利申请总量达 504500 件，发明专利申请 141259 件，其中企业发明专利申请量 97822 件，占全省发明专利申请总量的 69.25%。

【示例5-2】福建省多部门合力推动知识产权创造体系建立和完善

近年来，福建省着力建立并完善以企业为主体、以市场为导向、产学研相结合的知识产权创造体系，多个相关部门参与其中。

福建省知识产权局将知识产权扶持与奖励政策纳入《福建省人民政府关于促进科技成果转化和产业化的若干意见》等政策文件，纳入企业技术创新范畴；将每万人发明专利拥有量等创新指标纳入政府效能评估和绩效考核工作，强化考评。各设区市出台意见加以贯彻，提出一系列知识产权工作目标和有效政策措施，多数市县提高了专利奖励标准，加大了专利扶持力度。同时，为进一步强化企业创造知识产权的主体地位：首先，与省财政厅联合修订《福建省专利申请资助办法》，突出提升专利申请质量、鼓励发明专利及海外专利布局的政策导向；其次，与省财政厅联合开展国外申请专利专项资金的申报评审工作，重点支持符合知识产权战略需求导向、有助提升自主创新能力、支撑高技术产业与战略性新兴发展的专利技术；最后，联合相关部门开展专利提升行动，引导专利服务机构进入各类园区设立知识产权服务工作站，进入各类企事业单位提升专利申请数量与质量。

福建省工商局结合企业年检、回访企业、接受咨询、辖区巡查等工作，向企业发放“商标注册建议书”“商标策略提示书”“商标法律告知书”等，促进实力较强的企业合理、适度地增加商标注册类别和图样，引导初创企业及早注册商标，指导相关主体适度加强对地理、历史、文化遗产的商标注册，防止恶意抢注，引导企业自觉统一企业字号和文字商标名称。

福建省科技厅从项目申报、立项、执行和验收等环节强化落实《福建省科技计划项目管理办法》中有关知识产权管理的规定，促进科研项目的知识产权产出。

福建省经贸委加强产业政策与知识产权政策的衔接，在制定产业发展规划以及进行重大项目决策时坚持知识产权目标导向，引导和鼓励企业开发具有自主知识产权的项目和产品。将拥有专利技术的质量、数量等情况作为新产品鉴定、省级企业技术中心、行业技术开发基地等认定与评价的重要条件和考核指标，将知识产权的取得和拥有作为省优秀新产品评审条件中的重要指标。制定《福建省工业和信息化领域知识产权运用培育工程实施方案》，培育知识产权运用标杆企业。

福建省国资委鼓励国有企业申请专利，在国有企业管理绩效考核评价时，对企业在装备工艺和产品关键技术开发方面获得发明专利权的纳入科技创新加分。

福建省统计局将专利申请量、授权量等知识产权指标纳入对各设区市政府的工作目标考核体系，建立知识产权跟踪与定期评估制度。在年度《福建省国民经济和社会发展统计公报》等统计出版物中加大对知识产权产出情况的反映力度，定期通报全省及各设区市“发明专利拥有量”“每万人口发明专利拥有量”。

5.2 促进知识产权运用

5.2.1 工作思路

5.2.1.1 指导思想

促进知识产权运用，要以科学发展观为指导，引导和支持市场主体运用知识产权，坚持技术创新以能够合法产业化为基本前提，促进知识产权的商品化，引导企业采取知识产权转让、许可、质押等方式实现知识产权的市场价值，提升熟练运用知识产权制度能力，努力打造一批拥有自主知识产权和知名品牌的大型企业，增强国际竞争力。

5.2.1.2 工作思路

促进知识产权运用的工作思路是，完善以知识产权为纽带和核心的创新成果转化运用机制，实施促进知识产权向企业顺畅转移转化的政策措施，推动知识产权成果的转化运用。

（1）完善相关政策，发挥引导作用。

各级政府在制定各类科技计划、科技评价、科技奖励等相关政策时，引入并考核知识产权指标，引导企业等市场主体注重知识产权运用。具体可以将知识产权拥有量特别是发明专利拥有量及其实施效益作为科技项目推荐、申报、立项和奖励评审的衡量指标和条件，作为企业研发机构、高新技术企业、高新技术产业园区认定、评审和复审的必要条件之一；将知识产权的拥有量和实施效益列为科研人员和高校教师绩效考核、职称评定、职级晋升的重要依据。

专栏 5-2 四川省加强对专利实施与产业化激励

为激励四川省一批拥有自主知识产权、市场空间大、成长性好的产品和企业做强做大，四川省于 2013 年 4 月印发了《四川省专利实施与产业化奖励办法》，并拟制了《四川省专利实施与产业化激励办法实施细则》，成立由 51 人组成的第一届四川专利奖评审委员会，负责统筹领导四川专利奖的评选工作。评审委员会办公室设在省知识产权局，负责组织开展具体评选工作。同时，按照国际专利八大技术领域和工业品外观设计分类，以及知识产权（专利）保护等 10 个专业方向的评审需要，结合四川省七大优势产业，四川省组建了四川专利奖评审专家库。

（2）搭建平台，促进知识产权与市场的结合。

政府搭建平台促进知识产权与市场的结合有两层含义。宏观上的含义是指政府引导，促进政产学研合作，有效地将产业界和科研界的活动连接起来，在大学、科研机构、企业间形成“科研—生产—销售”一体化模式，使知识产权的创造产出和转化利用的各环节形成相互驱动的价值链条，建立畅通的渠道，有效地促进知识产权运用。微观上的含义是指政府构建知识产权技术交易平台，定期举办或组织企事业单位参加技术交流和成果展示，促进知识产权的转移转化。

在政产学研合作中，政府应当充分发挥管理职能，营造政产学研一体化的外部环境。从制度设计，从政策、平台搭建、品牌培育等方面着手，引导产学研合作的方向，建立完善的社会化服务体系，以体制和机制创新带动科技创新，使高校等科研机构的科学研发获得体制和机制上的保障。

构建技术交易平台是为了解决各种知识产权交易过程中存在的信息不对称性问题。通过构建或完善各地区现有技术交易平台等资源，促进知识产权交易技术展示及网上交易平台的建设，或者定期举办或组织企业事业单位参加专利技术交流和成果展示，及时交流信息，为知识产权成果的顺利转化提供条件。技术交易平台的重点应该是树立良好的专利技术转化交易和服务形象，在组织进行专利技术交易、促进市场交易行为规范化的同时，深入接触交易各方，了解各方的需求，促进信息、服务以及交易的对接。

专栏 5-3 河南省为中小企业搭建融资平台

2011 年，河南省知识产权局与交通银行、郑州银行分别签署了授信额度为 50 亿元和 10 亿元的知识产权质押融资合作框架协议；郑州、周口的 3 个中小企业和银行签订了总计 4000 万元的专利权质押贷款合同。2012 年，河南省知识产权局与中国银行、民生银行达成战略合作意向，争取到了 70 亿元的专利质押贷款授信额度，使河南省专利质押融资授信额度达到 130 亿；实现知识产权质押融资近 6 亿元，专利质押融资的企业 30 余家；争取到了省财政首批专利质押融资专项资金，成功申请设立了河南省知识产权质押融资专项资金 150 万元，用于质押融资服务平台建设、企业贷款贴息和评估补贴等。2012 年 11 月下旬，河南省知识产权局举办了“河南省百企知识产权质押融资工作座谈会”，相关银行为 24 家企业发放总额为 2.61 亿元的知识产权质押贷款。

专栏 5-4 湖北省专利投融资综合服务平台

2011 年 11 月 28 日，“湖北省专利投融资综合服务平台”揭牌。平台与中国银行、交通银行、汉口银行、招商银行、民生银行、光大银行、中兴银行、兴业银行、国家开发银行等 9 家金融机构签订了《专利质押贷款合同暨授信协议》，总授信金额达 153 亿，促成质押贷款近 15 亿。在 2012 年 8 月 8 日举行的湖北省专利权质押融资项目签约会暨省专利投融资综合服务平台网站开通仪式上，全省 26 家科技型企业数 10 项专利与部分金融机构进行现场签约，累计获得专利质押贷款金额 10 亿多元。其中仅国家开发银行湖北省分行为荆门格林美新材料有限公司提供的专利权质押贷款就达 2.4 亿元，创全国单笔企业专利权质押贷款协议的最高金额。企业通过专利项目向银行进行质押贷款融资，是湖北省的新突破。湖北省专利投融资平台采用的是“实体平台+网络平台”的运营方式，实体的平台计划打造中介窗口化、信息动态发布、政务及时办理等“一条龙”服务。

（3）税收优惠政策。

政府通过有关税收优惠政策，可以鼓励科研成果产业化和科学技术广泛应用。税收优惠举措包括：一是对单位和个人从事技术转让、技术开发业务和与之相关的技术咨询、技术服务等取得的收入免征营业税；二是企事业单位的技术转让，以及在技术转让过程中发生的与技术转让有关的咨询、服务、培训所得额，年净所得 30 万元以下的暂免征所得税；三是科研单位和大专院校服务于各业的技术成果转让、技术培训、技术咨询、技术承包所取得的技术性服务收入免征企业所得税；四是以无形资产投资入股换取股权的，暂缓征收营业税；第五对外高投资企业和外国企业，为科学研究、开发能源以及开发重要技术提供专有技术所取得的特许权使用费，可减按 10%的税率征收企业所得税或免征企业所得税。对国内外商投资企业和国内企业从国外进口的或者买进的一些无形资产或者专有技术，虽然是在国内使用的，经批准也可以免征营业税。

（4）自主创新产品政府采购政策。

政府采购可以发挥导向作用，引导整个社会对自主创新的投入。政府采购促进自主创新的作用表现为政府采购可以减少自主创新过程中的不确定性，分担创新企业的风险，可以引导和激励企业增加对技术创新资金的投入，投向政府所倡导的技术创新项目，从而加速对传统产业的技术改造，增强整个国家的自主创新能力。在制定促进自主创新的政府采购政策时应具体把握好以下原则：一是政府采购应当制定优先和优惠购买自主创新产品原则；二是统筹协调原则，要建立政府采购自主创新和高新技术产品的协调机制；三是提高因素权重和加分原则，政府采购的主要方式为公开招标和竞争性谈判，在评标时，对不同类型的项目采取不同的评标办法；四是企业自主原则，要有利于支持企业成为技术创新主体，引导企业增加科研开发投入，扶持中小企业的技术创新活动；五是直接购买原则，政府对于一些特殊的产品和服务，可以采取直接购买的原则。

在具体操作上，对当地企业开发的符合国家、行业和地方标准要求，具有自主知识产权的产品，知识产权管理部门每年应提出推荐名单，政府相关部门进行审核，及时纳入政府采购目录，予以优先采购。对产业化初期且满足使用要求的自主知识产权产品实行首购制。

（5）促进知识产权运营。

知识产权运营是通过投资、许可、转让、诉讼、转化等商业的方式方法实现知识产权经济价值的过程，是知识产权制度推动经济社会发展的关键环节，是创新成果转化为现实生产力的重要途径，是加快建设知识产权强省的核心内容。

各级政府在促进知识产权运营中，开展的工作主要是搭建专利运营服务的工作平台，构建知识产权运营服务体系，具体为引导成立专门的运营机构，从省、市、园区以及高校各层面探索建立纵向沟通、横向协作的工作体系，构建知识产权培育与运营、知识产权价值分析、知识产权流转的工作平台，制定相应的工作制度与流程。

5.2.2 重点举措——完善相关政策，发挥引导作用

知识产权运用是包括实施在内的更加广泛的概念，是指对知识产权进行各种方式的开发和利用，充分发挥其最大价值。促进运用是知识产权战略的重点，政府的引导和促进作用是指通过各战略成员单位制定政策、采取举措，为知识产权运用提供良好的外部环境和政策支持。知识产权部际联席会议各成员单位纷纷采取举措，促进知识产权的转化和运用。

5.2.2.1 科技部

加强对科技计划知识产权保护和实施情况的监督，推动建立健全科技计划知识产权年度报告制度，研究制定科技计划项目知识产权对外转让审批办法。进一步推进《国家科技重大专项知识产权管理暂行规定》的贯彻落实，推动各重大专项开展知识产权战略分析，制订符合本专项特点的知识产权工作方

案，建立健全知识产权组织工作体系。完善重大专项知识产权信息登记、统计和评估制度，加强对各专项知识产权管理工作的监督评估和指导。研究制定“加强地方科技计划知识产权管理的指导意见”，推动地方全面加强科技计划知识产权管理。

科技部负责国家重点新产品计划，通过在激励企业自主开发新产品，推动科技成果转化及产业化的政策引导类计划中融入知识产权的要求，促进企业成为技术创新的主体，激励企业开展原始创新、集成创新和引进消化吸收再创新，培育一批拥有自主知识产权、知名品牌和持续创新能力的创新型企业，提高产业竞争力，增强国家自主创新能力。省级有重大科技成果转化专项资金项目，省高新技术产品项目。

5.2.2.2 发改委

负责国家高技术产业化项目，通过在关键技术的工程化集成、示范，或以规模化应用的科技自主创新成果转化项目中融入知识产权的要求，促进在关键技术和重大成果中显现知识产权的支撑作用。发布《关于印发关于支持中小企业技术创新的若干政策的通知》《当前优先发展的高技术产业化重点领域指南》等相关政策文件。

5.2.2.3 工业和信息化部

实施企业知识产权创造运用能力培育工程，提出工业企业知识产权规范化管理要求，开展工业企业知识产权试点示范；实施重点产业知识产权风险评估与预警工程，开展重点产业和关键技术领域专利分析，定期发布预警信息；做好科技重大专项中的知识产权工作，开展知识产权全过程管理，进行专利分析、战略研究和专利评估工作；支持企业将创新成果形成知识产权，并将关键专利技术纳入标准，开展标准中知识产权处置政策制定、专利评估与实施。各省、市级高新技术产业化项目。

5.2.2.4 国家工商行政管理总局

积极开展商标权质权登记，支持和鼓励企业利用商标出质、出资，充分发掘商标权的市场价值，发挥无形资产的融资功能。

5.2.2.5 国家版权局

着力加强版权贸易基础性建设，积极构建综合性的版权要素市场，鼓励民营资本和社会力量参与版权贸易，支持版权代理、版权评估、版权投融资活动，逐步完善版权交易市场机制。为促进版权质押融资工作的开展，配合中国资产评估协会制定出台《著作权资产评估指导意见》。

5.2.2.6 农业部

实施知识产权运用促进计划，推进农业知识产权转化。农业部将强化知识产权制度与农业科技、产业、贸易政策之间的对接，遴选和汇编农药、农机、化肥、种子等授权发明专利，促进农业知识产权转化运用；推进完善和落实鼓励农业知识产权转化的财税、金融等优惠政策，促进完善农业知识产权质押担保制度；在杂交水稻和杂交玉米方面探索建立专利、品种权转让交易平台。同时，研究推进农业科技专利质押融资方法，强化对农业产业化龙头企业农业科技专利质押融资的指导，积极探索建立品种权质押融资制度，拓宽种业企业融资渠道。

5.2.2.7 国家林业局

加强林业知识产权公共信息服务平台与预警机制建设，促进林业知识产权转化运用，筛选能推动林业产业发展的专利技术，举办专利知识产权交易周活动，为林业科研院所、大学、企业提供专利技术交易平台，促进专利转化运用；开展林业知识产权试点示范工作，实施林业专利自主知识产权产业化推进工程。

5.2.2.8 国家知识产权局

牵头制定《关于进一步加强职务发明人合法权益保护，促进知识产权运用实施的若干意见》；构建自主知识产权产品认证体系，启动认证试点工作，推动知识产权运用体系建设；加强国家专利产业化试点基地、专利展示交易中心等专利技术运用转化平台建设；提供知识产权金融服务，开展知识产权质押融资工作，开展质押融资试点、投融资服务试点及创建国家知识产权投融资综合试验区等不同层次的试点工作；加强知识产权质押融资公共服务，建立知识产权质押融资需求动态调查机制，搭建银行投行、私募创投和社会资金与自主知识产权项目的对接平台；建立知识产权价值分析服务机制，探索开展专利价值分析师的职业技能考试和执业资质认证管理；推动专利许可权证券化、专利保险试点等新型金融产品的开发和推广。

5.2.3 典型示例

【示例5-3】江苏省促进知识产权运用政策举措及成效

一、政策制定

在国家促进知识产权运用相关政策框架下，江苏省出台了一系列政策，着力开展知识产权运用工作，取得了较好成效。江苏省制定出台了《江苏省专利促进条例》《江苏省专利技术转化项目管理办法》《江苏省专利发明奖评奖办法》《江苏省中小企业专利新产品推荐实施办法》等规章制度，关于开展专利质押贷款工作、关于开展专利保险工作等指导意见等文件正在起草中，完善相关配套措施，全省各级知识产权部门积极探索各种有效途径，支持优秀专利技术的转化实施。

二、配套措施

在上述政策的引导下，江苏省采取了如下配套措施：一是安排财政资金，加大对知识产权运用项目的投资力度。政府安排财政资金设立创业风险投资机构，加大对专利技术产业化项目的投资力度；县级以上地方财政在专利专项资金中安排一定资金对专利技术产业化贷款项目进行贴息。二是探索建立知识产权运营新机制，知识产权运营是盘活知识产权资产的重要途径，开展试点工作，会同有关市制订试点方案，组建知识产权运营中心；三是搭建服务平台，以科技创业中心、技术成果交易所、知识产权代理服务机构为依托，建立包括专利、商标、版权、计算机集成电路、植物新品种等可供转让或许可使用的动态知识产权（技术）信息数据库系统，构建网络交易平台，促进知识产权成果的转化；四是加强与金融、财政部门的合作，完善知识产权质押融资政策，在全省范围内推动知识产权质押融资业务开展，为中小企业开辟利用知识产权进行质押融资，获得发展资金新渠道。鼓励商业银行增加对专利技术产业化项目的信贷投入，鼓励担保机构优先为专利技术产业化项目提供融资担保；五是鼓励企业、事业单位和个人依法采取专利权入股、质押、转让、许可等方式促进专利实施。转让专利权或者许可他人实施专利的，可以依法享受税收优惠。

所开展的具体项目包括：一是通过省级各类科技计划纳入计划的方式促进产业化，积极推进优秀专利的实施转化，在各类计划中，将专利技术作为重点支持对象，对各类计划项目的申报，明确了优先支持专利项目转化的政策，扶持了一大批专利项目的转化；二是同省经贸委联合启动中小型企业自主知识产权促进工程，开展了优秀专利实施项目认定工作，重点支持其产业化；三是大力组织专利实施计划项目，设立了省级专利实施专项经费，以中小企业、民营科技企业为重点，启动并组织实施了省市两级专利技术转化实施计划，有效促进了一批优秀专利技术的转化实施；四是与科技厅开展省优秀专利项目的评选工作，设立专利奖，对实施产生较好经济效益和社会效益的优秀专利项目或者专利工作成绩突出的单位和个人给予奖励，促进专利技术产业化；五是在全省范围内开展“百件优质专利”评选活动，对发明创造水平高、产生良好经济社会效益的优秀专利项目和发明人给予奖励。

三、工作成效

江苏注重知识产权运用的一系列举措，取得了良好成效。一是以自主知识产权应对经济危机。昆山好孩子、无锡开普动力、常州牛塘化工、盐城江动集团等企业运用知识产权战略应对世界金融危机的经验，受到国务院和省领导的充分肯定。二是各类项目注重与时俱进，实施成效明显。如省级专利实施计划适时调整运作模式，重点支持科技型创业企业实施专利质押、专利保险和专利转化实施，引导企事业单位通过交叉许可、构建专利池等方式，建立行业知识产权联盟。2013年全省投入12亿元支持144个重大成果转化和251项专利技术转化实施，推进专利技术转化实施。三是各类试点工作带动效应明显。积极开展知识产权集群管理和专利导航试点工程，无锡（太湖）国际科技园等3个产业集聚区被确定为国家战略性新兴产业知识产权集群管理试点项目，苏州工业园区被列为首批国家专利导航产业发展实验区。南京市、常州市、镇江市、苏州市积极开展知识产权质押融资试点，南京汉德森科技股份有限公司通过两项有效发明专利质押，从银行获得 1000 万元贷款。镇江市 26 家企业与中国银行等 6 大商业银行合作，以 128 件专利质押取得银行 1.3 亿元授信。江苏佰腾科技有限公司和常熟紫金知识产权服务有限公司 2 家企业被列入首批国家专利运营试点企业，江苏佰腾科技有限公司 2013 年专利运营营业额实现 1000 万元。

【示例5-4】陕西省西安市积极推动知识产权质押融资

一、工作内容

2010 年陕西省《陕西省知识产权质押贷款管理办法(试行)》，2012 年全省知识产权质押贷款爆发式增长，为发挥知识产权质押融资缓解创新型中小企业融资难题的重要作用，陕西省知识产权局依托西安市技术产权交易中心试点建立了知识产权质押融资综合服务平台。围绕知识产权质押融资综合平台建设，成立了西安市科技金融服务中心，并于 2013 年发布了《西安市科技金融结合业务贷款贴息实施细则》，由政府配套相关政策，引导金融机构创新产品，在知识产权质押贷款等方面为创新型企业提供专业化、个性化的投融资服务。

二、工作特色及相关举措

西安市的知识产权质押融资工作的特色在于，关注科技企业的风险认识和风险判定的变化，从银行等金融机构的收益和风险分析入手，摸清了银行运营背后的数学模型和金融逻辑，因势利导。具体举措主要有：政府设立补贴资金和风险补偿准备金，其中风险准备金 2012 年为 1000 万元，2013 年为 2000 万元；贷款发放对象定位为科技型小微型企业；改向银行补贴为向企业贴息，使银行的收益由表外收入转为表内收入，增加银行的积极性；贷款贴息的标准按企业贷款涉及知识产权质押部分的 3%计算；为体现知识产权的比重，要求银行在发放贷款时，实物押品不得超过贷款额的 30%；在风险承担上，政府承担一半，银行承担一半。

三、工作成效

知识产权质押融资综合平台目前已经与 10 家银行和 5 家担保公司，签订了合作协议。2013 年上半年，平台已经推荐 9 批次共 117 家企业进行质押贷款，已经落实贷款企业 107 家，贷款额 6.55 亿元。其中有 22 家纯知识产权贷款额度达到 8900 万元，目前出现偿还困难的贷款有 4 起，但均未出现风险。

【示例5-5】天津市促进知识产权实施转化

一、工作内容

天津市知识产权战略领导小组各成员单位协力配合，采取措施促进知识产权运用。市发改委将自主知识产权项目列入市级重大高新技术产业化项目。市科委通过实施自主创新产业化重大项目，加强高新技术产业化基地建设。天津市知识产权局积极推进专利实施转化。天津市建立天津滨海国际知识产权交易所，并成立专利流转储备中心。市版权局组织企业参加第十八届北京国际图书博览会。为鼓励知识产权质押贷款，天津银监局、市金融办等部门制定了《银行业金融机构支持科技型中小企业发展的指导意见》《关于进一步改进天津市银行业小企业金融服务工作的意见》《金融支持科技型中小企业发展实施细则》等政策措施，要求金融机构增加担保品种，鼓励专利权、商标权、股权等质押贷款。市知识产权局编写《专利资产评估指引》，会同市中小企业局等部门深入 120 余家企业开展调研和服务，搭建银企对接平台，给予贷款贴息等支持。市工商局加快推进商标专用权质押贷款。

二、工作成效

市发改委将高品质图像传感器芯片研发及产业化等 12 个自主知识产权项目列入市级重大高新技术产业化项目。专利运用试点企业达到 43 家。天津滨海国际知识产权交易所投入运营，成为全国首个国际化知识产权交易机构。成立工业微生物研究所等 5 家专利流转储备中心。市版权局组织企业参加第十八届北京国际图书博览会，签订版权贸易合同 20 个，达成版权贸易意向 21 项，出口成书超过 5 万码洋。全年 12 家金融机构向 31 家企业发放了 33 笔专利权质押贷款，总额 3.78 亿元，同比增长 147%。市工商局加快推进商标专用权质押贷款，新增商标质押贷款 4500 万元。

【示例5-6】广东省助推知识产权经济价值实现，促进知识产权与产业融合发展

知识产权作为无形的核心资产，是企业发展的战略资源，攀升价值链高端的关键依托，蕴含着巨大的经济价值。近年来，广东省努力助推知识产权的价值实

现，促进知识产权与产业、金融、科技的融合发展，增强知识产权对产业转型升级的支撑力。采取的系列抓手包括：制定知识产权运用促进政策，推动知识产权投融资、专利保险，扶持专利技术产业化、商品化等。

第一，营造促进知识产权运用政策环境。2013 年，广东省知识产权局联合省府发展研究中心，共同研究制定《关于运用知识产权促进产业转型升级的意见》，围绕广东省产业转型升级的重点任务，创新实现路径和工作机制，充分发挥知识产权对广东产业转型升级的支撑作用。目前，该意见已提请省政府审查印发。

第二，推动知识产权质押融资。省知识产权局会同省直多个部门出台实施加快推进知识产权质押融资的若干意见及实施细则；同时推进知识产权投融资试点试验。如佛山市南海区创建国家知识产权投融资综合试验区，目前已有 44 家次企业通过质押 699 件知识产权获得 4.86 亿元质押贷款，并每年举办中国（广东）知识产权投融资项目对接会。2013 年，广东省专利质押 126 笔，融资金额 49.8 亿元，同比增长 157%，位居全国第一位。

第三，推动知识产权交易，促进知识产权商品化。一是连年举办中国专利周广东地区活动，至今已经 7 届，营造专利交易及运用环境。二是支持广州、深圳、佛山、东莞 4 个国家专利技术展示交易中心建设。2013 年，4 家中心实现发明专利交易量 268 件，交易额 1298 万多元，并组织举办专利周、研讨培训等各类活动，服务企业 7200 多家。三是依托省知识产权公共信息综合服务平台，建立“广东省知识产权技术信息展示与交易系统”，并已投入测试使用。2013 年，全省专利申请权与专利权转让数量 13659 件，位居全国第一位；专利许可合同数量 1030 件，金额 1.87 亿元。

第四，推动专利保险工作。一是支持广州、深圳、东莞、佛山市禅城区开展全国专利保险试点。在禅城区召开国家专利保险（广东地区）试点工作研讨会，提升广东省试点工作水平。截至 2013 年底，4 个试点地区共 98 家企业 581 项专利参与“专利执行险”等险种，总保额 112 万多元，最高可获赔 2500 万元。二是引导中山市探索开展灯饰行业专利保险工作，截至 2013 年底，该市共 17 家灯饰企业 42 项专利参保，保费 6 万元，最高可获赔 90 万元，这是全国首例针对单一行业的专利保险探索。

第五，推动专利产业化及运营。持续开展广东省专利技术实施计划，截至目前该计划累计投入3705万元，扶持了全省488个专利项目实施。启动实施“知识产权评估与价值分析应用推广项目”及“知识产权运营机构培育试点”项目。2013年，广东省“高技术产业每件有效发明专利实现新产品销售收入”为1388万元；三家企业纳入“国家专利运营试点企业”。

第六，探索专利价值实现新方式。一是支持省内企业开展国家专利运营试点。推动中兴通讯、腾讯、中彩联3家企业获批为国家专利运营试点企业，扶持3家企业专利运营商业模式创新，培育专利运营业态。二是推动开展专利拍卖活动，2013年11月，支持中科院计算技术研究所东莞分所、中科计算技术转移中心在东莞举办“中国科学院计算技术研究所专利拍卖会”，拍卖成交计算技术发明专利19宗，交易总额86万元，营造了专利商品化氛围。三是试点开展国家专利价值分析。运用国家知识产权局专利价值分析指标体系，围绕2013年广东专利奖金奖项目中的6个项目，形成6项发明专利的专利价值度分析报告，并制订中国专利奖参评广东项目的筛选和评价工作方案。

5.3 加强知识产权保护

5.3.1 工作思路

5.3.1.1 指导思想

以科学发展观为指导，全面认识和正确处理加强知识产权保护工作与优化经济环境的关系，完善知识产权制度，加强知识产权保护体系建设，增强全社会知识产权保护意识，防止知识产权滥用，营造良好的知识产权法治环境。

5.3.1.2 主要目标

知识产权保护工作的主要目标是知识产权法治环境进一步完善，市场主体保护知识产权的能力显著增强，知识产权保护状况明显改善。盗版、假冒等侵权行为显著减少，维权成本明显下降，滥用知识产权现象得到有效遏制。

5.3.1.3 工作思路

目前我国对知识产权实施行政保护与司法保护并重的“双轨制”保护模式。加强知识产权保护，需要从加强知识产权行政执法建设、提升知识产权司法保护效能两个方面开展工作，同时防止知识产权滥用。知识产权保护工作涉及行政、司法等多个部门、工作环节多，需要各级政府树立全局意识，既要做到各司其职、各负其责，又要齐心协力、密切配合，知识产权、工商、版权、农林、文化、经贸、质监、司法、海关等有关部门要各司其职，相互配合，既做好本领域的知识产权保护工作，也要形成做好知识产权保护工作的整体合力。同时也需要知识产权局和经济、科技等综合部门加强对知识产权保护工作的协调、整体把握和综合指导，努力提高知识产权保护工作的组织程度。

（1）知识产权行政保护是指相关国家行政管理部门依据法律赋予的权限，在遵循法定程序和运用法定行政手段的前提下，依法处理各种知识产权纠纷、维护知识产权秩序和提高社会知识产权保护意识的一种保护方式，行政保护措施可以依当事人申请或者依职权主动采取，其表现形式有知识产权的行政确权、行政调处、行政查处、行政处罚、行政复议等。根据行政保护的公权力属性，行政保护具有主动性、及时性、高效性的特点，结合目前我国行政保护的现状，加强行政保护的重点是规范行政执法，全面形成行政保护合力。

各级政府加强行政执法建设可以从制定适宜的知识产权地方性法规和政策、加强执法机构和队伍建设、行政执法规范化、探索建立集中统一的知识产权执法机制、加强行政保护与司法保护的联动建设等方面开展工作。

（2）司法保护是指通过法律途径进行保护，即由知识产权权利人或国家机关的公诉人向人民法院对侵权人提起民事或刑事诉讼，通过人民法院对知识产权行政、民事或刑事案件的司法审判来对实现知识产权保护。司法途径对知识产权的保护是最终的、最根本且有效的法律途径。根据人民法院所审理知识产权案件性质和不同程序特点，可以将知识产权司法保护划分为知识产权的民事司法保护、行政司法保护和刑事司法保护。知识产权保护具有专业性强，案件处理时间长，导致权利人行使权利受法院管辖权的限制、保护效率低等问题，因此提升知识产权司法保护效能，需要在司法独立的前提下，进行审判制度改革，不断提高知识产权审判业务技能，推进司法公开和司法民主。

推进设立知识产权民事、行政和刑事案件“三审合一”的知识产权法庭，加强“行政-司法双轨制”的协调运作，减少知识产权犯罪结果要件权衡与民事侵权责任认定的尺度差异，并应对知识产权审判技术性、专业性强的挑战；为便于行使权利，简化救济程序，管辖权下放至基层法院，能方便案件的审理；探索建立知识产权法院；同时，加强对知识产权法官的业务培训和指导，必要时建立完善的专家辅助制度，吸纳专家型人民陪审员参与知识产权案件的审理，试行技术专家担任人民陪审员制度，建立技术专家库；开展诉调对接，及时处理纠纷；此外，可以有针对性地开展知识产权审判工作，重点加大对当地新兴产业、传统优势产业、重点产业以及非物质文化遗产等相关特色产业的司法扶持力度；在产业聚集区设立知识产权巡回法庭，建立司法保护的快速反应机制，提供快捷便利的司法服务，为地方经济发展提供了司法保障。

专栏 5-5 湖北省案件审理模式

目前，湖北省知识产权案件审理有两大模式。一种是武汉模式，即武汉市中级法院和基层法院都受理。另一种是宜昌模式，县区一级基层法院不受理，全部由中级法院受理。这一安排是根据知识产权纠纷案件在不同地区的数量来决定的。经济比较发达，知识产权案件多的，就像武汉这样，设立分级审理，由基层法院受理知识产权一审案件，中级法院同时受理一审二审。

5.3.2 重点举措——知识产权行政执法能力建设

知识产权执法是指为了打击知识产权违法行为，维护专利权人和公众的合法权益，由知识产权行政管理部门开展的行政执法活动。2011 年 6 月 27 日，国家知识产权局发布《关于加强专利行政执法工作的决定》。加强知识产权行政执法建设，具体包括以下方面内容。

5.3.2.1 制定适宜的知识产权地方性法规和政策

地方性法规，即地方立法机关制定或认可的，其效力不能及于全国，而只能在地方区域内发生法律效力的规范性法律文件。在当代中国，地方性法规是一种数量最大的法律渊源，地方立法的先行先试为国家立法的完善积累了经验。行政执法的根本依据是法律的授权，为加强行政执法建设，可以用地方立法和政策进行规范的有：专利行政执法规程、加强专利行政执法工作指导意见、关于加强知识产权保护工作的实施意见、加强企业知识产权保护的实施方案等地方性法规和文件。

5.3.2.2加强执法机构和队伍建设

执法机构和队伍建设是开展执法工作的根本。各级政府应该加大执法投入，健全执法机制，完善配套措施，推动省、市、县三级专利行政执法机构。省辖市全部设置执法专门机构，并尽可能在县（市、区）设立机构；逐步改善基层执法条件，保障执法工作顺利开展。充实执法队伍，组织执法人员进行培训，逐步培养具有较强执法能力的执法队伍。通过实行专利行政执法目标管理，推行专利行政执法责任制，完善执法工作考评体系。

5.3.2.3 促进行政执法规范化

行政执法需严格按照法律规定的权限和程序进行。目前我国知识产权行政执法采取日常执法与专项行动相结合的方法，行政执法部门需依法进行日常监管，做到日常行政执法科学化。另外，针对知识产权的重点领域、重要环节等，开展专利行政执法专项行动，做到专项行政执法规范化。

规范执法包括以下方面：加强执法规范，规范执法程序，杜绝滥用职权和超越职权；加强与司法部门沟通协调，积极开展研究，有效解决行政执法及司法认定标准和尺度不统一的问题；加强与公安部门沟通，促进专利行政执法与刑事侦查的有效衔接；制定地方专利行政执法监督办法，建立内部监督、层级监督和外部监督相结合的监督机制；推行执法责任制和评议考核档案，实行年度考评与日常考评、个案评判、专项执法检查相结合考评方式，完善执法考评机制；完善执法协作机制，推进省际执法协作和省内部门间协作。

专栏 5-6 四川省建立健全专利行政执法协作机制、整合执法资源

自2003年起，四川省先后参加了全国16个省（市）知识产权局建立的省际专利行政执法协作、西部十二省区专利行政执法协作、泛珠三角区域内地九省（区）专利行政执法协作、川渝协作，北京等九省（市）专利行政执法协作。四川省德阳、绵阳、遂宁等17个市（州）作为市级成员单位加入了泛珠三角区域内地九省（区）专利行政执法协作机制。四川省川南八市、川北九市（州）分别建立片区专利执法协作机制，签订执法协作协议。通过专利行政执法协作，加强信息沟通，开展案件移送，协助调查取证，杜绝地方保护主义，切实维护权利人的合法权益。近三年来，四川省知识产权局对30余件跨省专利案件及时受理并移送到有管辖权的山东、广东、福建、湖南、河北、云南等省知识产权局，对上海、广东等省（市）移送到四川省局的10余件专利案件及时进行了处理，方便了企业维权，有效地促进了侵权纠纷案件的快速解决。四川省内成都、德阳、绵阳、自贡、宜宾、遂宁、眉山、乐山等市局也多次开展执法协作，联合办案，整合了执法资源。

5.3.2.4 探索建立集中统一的知识产权执法机制

建立集中统一的知识产权行政执法工作体系，需要协调科技、知识产权、公安、工商、法制等相关部门，实现知识产权行政执法网络衔接，执法流程数字化、网络化，并能进行行政执法、刑事司法、行政复议、司法审判等端口对接，逐步完善知识产权行政执法案件、仲裁案件、司法审判案件之间的动态协调机制。雷雨、天网等专项执法行动需要知识产权局会同工商、版权、公安等部门并组织各市联合开展，非法出版物和打击侵权盗版违法犯罪活动专项整治需要全省公安机关深入开展查缴。

专栏 5-7 河南省中原经济区城市间专利行政执法协作

2013年12月27日上午，河南省知识产权局法律处组织召开了中原经济区城市间专利行政执法协作研讨会。新乡、郑州等10个地市知识产权局专利行政执法负责人和郑州大学、中原工学院等 2 所高校的专家教授参加了研讨。会议初步讨论了中原经济区城市间专利行政执法协作的框架、机制、主体内容、运作方式等，并就建立跨省市执法协作机制、开展协作执法、实现资源共享等主要议题进行研商，明确了由省知识产权局牵头，进一步推进与中原经济区涉及的外省市知识产权局的沟通交流，建立协调机制，促进信息共享，推进案件移交，消除地方保护的工作目标。

中原经济区城市间专利行政执法协作机制的建立能够实现在中原经济区区域内行政执法资源共享，降低权利人的维权成本，提高行政执法效率，营造良好的区域知识产权保护环境。

5.3.2.5 加强行政保护与司法保护的联动

通过加强行政执法与刑事司法衔接，畅通合作渠道，及时移送信息，整合执法资源，形成及时、快捷、高效制止和打击涉嫌知识产权违法和犯罪活动的工作机制，促进知识产权司法保护与行政保护的优势互补与良性互动。具体包括行政调处与民事诉讼的诉调对接以及行政机关将涉嫌犯罪的假冒他人专利案件及时移交公安部门，对公安等部门移交的属于本部门职责范围内的案件依法及时办理。

专栏 5-8 四川省建立健全知识产权纠纷“大调解”工作机制

为及时化解知识产权纠纷，使创新主体尽早摆脱讼累、更好地开展技术创新，四川法院、知识产权行政执法部门积极作为，借助全省“大调解”工作平台，完善知识产权纠纷“大调解”机制。2011 年 12 月，四川省高级人民法院与省知识产权局、省工商局、省版权局制定《关于构建知识产权纠纷“大调解”工作体系的实施意见》，建立知识产权纠纷“诉调对接”机制和“大调解”工作机制，进一步加强行政执法与司法保护的衔接，形成保护合力。成都市、绵阳市知识产权行政执法部门与法院也建立了知识产权纠纷“大调解”工作机制。

建立“大调解”工作机制以来，法院与知识产权执法部门切实加强调解工作的衔接配合，及时有效化解纠纷，全省法院知识产权民事案件调撤率达 60%以上，邀请、委托知识产权行政执法部门调解知识产权纠纷 300 多件。

5.3.2.6 构建跨地区执法协作机制

逐步完善跨地区的知识产权执法协作机制，包括省际知识产权执法协作以及省辖市之间知识产权执法协作，以有效打击跨地区的知识产权违法犯罪行为。建立重点知名品牌企业保护名录，必要时开展跨省维权行动，加强与外省市工商部门的联系协作。

专栏 5-9 九省市联手共创专利执法协作典范

在跨省市专利行政执法协作方面，如异地的调查取证、案件移送等，各地方知识产权局之间的协作默契不足成为近年来专利执法实践中突显的一个亟待解决的问题。为此，2012 年 10 月，来自北京市、天津市、河北省、上海市、江苏省、山东省、广东省、重庆市、四川省等九个省市知识产权局的代表共同签订了专利执法协作协议，并正式启动执法协作信息交流平台。

《九省市专利行政执法协作协议》(以下简称《协作协议》)由北京市知识产权局牵头草拟。为确保《协作协议》的贯彻落实，建立长效机制，协议规定成立九省市专利行政执法协作组织机构。组织机构包括九省市专利行政执法协作主席团，主席团成员为各省市知识产权局局长，负责九省市专利行政执法协作的组织领导工作。主席团设立轮值主席，由各省市知识产权局局长轮流担任。轮值主席负责每年主席团的组织领导工作及九省市专利行政执法协作年度例会的筹办工作。主席团下设立执行主席团和秘书处，负责九省市专利行政执法协作的具体工作。

同时，执法协作信息交流平台的开发旨在解决协作中缺少必要沟通渠道和配合手段，协作双方不能及时沟通协调，各种法律文书、案件信息不能实时传递共享，导致不能及时处理跨区域的专利违法案件，从而影响协作的落实的问题。九省市专利执法协作信息交流平台遵循“高效便捷、互联互通、资源共享”的总体思路而设计，为九省市专利执法协作提供了信息化支撑。平台以网上专利执法案件协作为中心，以信息交流、资源共享为重点，力争实现提高移送案件办理效能、执法人员实时沟通的目标。目前，信息交流平台已具备执法协作办公、视频会议、执法人员交流、重点案件信息沟通、执法实务问题研讨等功能。

建立统一的案件立案标准，制定统一的案件移送文书也成为推进九省市执法协作的重点工作之一。九省市将逐步探索规范不同省市间专利行政执法办案协作的法律程序，统一相关文书格式，使跨省市专利行政执法协作更加规范。

5.3.2.7 加大海关知识产权执法力度

加大海关知识产权执法力度需要坚持有效保护与便利合法贸易相结合的原则，加强执法合作，优化执法手段，强化服务意识，加强侵权信息的收集和分析，提升知识产权海关保护工作整体效能。鼓励、支持自主知识产权海关备案和自有品牌产品出口，帮助企业提高知识产权保护能力及风险防范能力。加大进出境侵权行为打击力度，规范进出口贸易秩序，维护权利人的合法权益。

在具体做法上，应统一规范知识产权海关执法相关法律文书和知识产权执法行为；加大海关执法力度，必要时进行联合执法，强化进出口商品风险分析，建立知识产权违法侵权企业档案，对发生多次进出口货物侵权的企业实施重点布控和查验；组织关区开展打击邮递快件渠道侵犯知识产权专项行动，加大对邮递快件渠道侵权行为的打击力度；建立全方位的海关知识产权保护监控体系，维护良好的进出口贸易秩序，发挥海关在国际知识产权保护事务中的影响力；鼓励企业充分运用海关保护措施，维护合法权益。

5.3.2.8 制定和完善专项知识产权保护政策

实施境外参展知识产权保护政策，有利于树立国内企业保护知识产权的良好形象，增强企业国际竞争力；有利于维护企业在国际竞争中的合法权益，扩大产品出口；有利于提高企业保护知识产权的意识，促进企业健康发展。各级政府在企业境外参展知识产权保护政策的具体内容包括：积极宣传，引导企业加强境外参展知识产权管理，提高企业知识产权意识和诚信守法意识；加强与境外展会主办方的沟通和协调，为参展企业提供境外展会知识产权法律支持；鼓励企业申请、注册和购买境外知识产权，减少或避免展会期间发生知识产权纠纷；有针对性地举办企业海外参展知识产权培训，对外贸企业开展知识产权管理和国际知识产权保护知识培训教育，提高维权意识，提高企业的防范意识和自我保护能力；加强统筹协调，建立部门间信息通报和合作机制，引导协会、企业建立知识产权合作机制，通过协会集中行业力量共同应对知识产权纠纷，降低风险，分摊成本；在海外大型展会上设立知识产权服务机构，加强中欧等国家与地区在知识产权领域的双边合作等。

随着中国制造业的发展和对美国贸易数量和品种的不断增长，“337 调查”（“337 调查”是指美国贸易委员会根据美国《1930 年关税法》第 337 节及相关修正案进行的调查，禁止的是一切不公平竞争行为或向美国出口产品中的任何不公平贸易行为）已成为继反倾销之后中国产品出口美国的又一主要障碍，越来越多的美国企业选择“337 调查”来限制、封杀中国产品进入美国市场。为了指导当地企业提高知识产权维权能力，各级政府应搭建平台，提供维权指导。可以由知识产权局联合司法部门、对外贸易经济合作部门，建立应对“337 调查”信息交流和会商协作机制，为协会、知识产权涉外律师事务所与外贸企业搭建起密切联系的平台。引导行业结成知识产权联盟等；同时充分发挥协会作用，组织由律师协会围绕如何应诉“337 调查”的专家报告会、专业研讨会、涉外事务论坛等活动。

专栏 5-10 世博会知识产权保护

上海市在世博会筹备与举行期间着力推动，国务院出台了《世界博览会标志保护条例》，开创了世博会历史上知识产权专门立法的新纪元。相关部门出台了《2010 年上海世博会知识产权保护纲要》《保护世博会知识产权专项行动方案》等与世博会知识产权保护有关的规章、规范性文件等一系列规定，使得中国世博会的知识产权保护有法可依。在司法保护方面，上海市司法系统对于世博会筹备及举行期间可能发生的损害知识产权的情况做了充分的准备，还为世博会度身设置了专设法庭——上海世博法庭。在行政执法方面，集中力量、加大力度、相互协作，开展了世博会知识产权保护专项行动。同时，上海市知识产权联席会议建立了知识产权工作联络员队伍，有计划、有组织地推进世博会知识产权保护和环境优化工作。此外，上海市知识产权联席会议各成员单位在世博会期间开展了多场保护世博会知识产权的公益展览，大力宣传知识产权保护，为世博会营造了良好的社会环境。

上海市知识产权保护体系在上海世博会期间经受住了实践的考验，使得本届世博会成为展示智力成果、尊重知识产权的典范，得到国家相关部委和市政府的充分肯定。

5.3.3 典型示例

【示例5-7】广东省深入推进打击侵权假冒工作

2013年，广东省根据《国务院关于进一步做好打击侵犯知识产权和制售假冒伪劣商品工作的意见》（国发〔2011〕37号）要求，按照全国打击侵权假冒工作领导小组的统一部署，围绕严重侵害人民群众切身利益和影响创新驱动发展的突出问题，精心组织，全力推动，加大生产源头治理力度，加强市场监督管理，强化刑事司法打击，努力推进诚信体系建设，建立健全长效治理机制，打击侵权假冒工作取得显著成效。2013年12月10日，广东作为唯一的地方代表获邀参加全国打击侵权假冒工作领导小组办公室召开的“打击侵权假冒”专题新闻发布会，并在会上介绍了广东打击侵权假冒工作的开展情况。

一、工作举措

（一）加强组织领导

广东省委省政府高度重视打击侵权假冒工作，朱小丹省长多次批示，广东省打击侵权假冒工作领导小组组长陈云贤副省长亲自主持召开全省打击侵权假冒工作电视电话会议，传达中央精神，部署工作任务，会议首次开至县区一级。省打击侵权假冒工作领导小组办公室积极发挥协调推进作用，制定并推进2013年度工作要点实施，组织重点成员单位建立打击侵权假冒信息共享合作机制，并将打击侵权假冒各项具体工作纳入广东省“两建”考核指标体系。各地按照省政府统一部署，切实加强组织领导。

（二）加强行政执法

全省各地各部门将日常执法与专项行动紧密结合，围绕重点商品和突出问题，切实加大执法监管保护力度。省领导小组办公室根据外交部转来的线索，组织中山、清远等地开展扑克牌专项整治行动；农业部门狠抓农资打假专项治理；文化部门部署开展“清源”行动查堵有害出版物；林业系统组织林木种苗行政执法和质量检查；版权部门开展“剑网行动”打击治理网络侵权盗版；质监部门联合汕头专项打击红糖制售假冒行为；工商系统围绕“问题鱼翅”和“湖南问题大米”开展统一清查；知识产权部门开展专利侵权纠纷和假冒专利查处。

（三）加大大要案查处力度

全省集中优势力量，加大侦破力度，破获一系列具有重大影响的案件。

（四）加强边境执法

边境执法部门认真履行职责，不断加大案件查处力度，严把进出口关。省内海关加大对出口到美国、欧盟等侵权风险较高的国家或地区货物的监控力度，对重点企业进行分类管理，同时根据海关总署统一部署，联合美国海关开展“知识产权联合执法行动”，联合中国香港、中国澳门海关开展打击侵权货物专项行动。全省出入境检验检疫部门积极查处出口涉嫌侵权假冒商品、假证和假收费收据，同时配合东莞、肇庆等地政府开展联合行动，监督销毁非法入境冻品。

（五）加强展会保护

广东全省各级打击侵权假冒行政执法部门先后在广交会、加博会、中博会、高交会等大型展会上开展查处侵犯知识产权行为和法律咨询工作。

（六）建设“两法衔接”平台

广东省委省政府高度重视“两法衔接”工作，省委办公厅、省政府办公厅印发《关于加强我省行政执法与刑事司法衔接工作的意见》，时任省委副书记朱明国亲自部署并协调推进。2013 年，广东省成立了“两法衔接”联席会议制度，确定了统一的应用软件和技术标准，并纳入“两建”工作重要内容。

（七）加快政府机关软件正版化

继 2012 年省级和地市政府机关全部实现软件正版化之后，2013 年广东省县级政府机关软件正版化进展迅速。7 月中下旬，广东省推进使用正版软件工作联席会议派出 5 个督察组对全省县级政府机关推进使用正版软件工作进行了重点抽查。

（八）构建知识产权保护文化氛围

省领导小组办公室在知名网站开设广东打击侵权假冒工作信息平台，制作打击侵权假冒工作专题片、公益广告，在省内主要媒体刊登打击侵权假冒专题报道，并率先建立打击侵权假冒网络舆情监测系统，拓宽信息来源，加强社会监督。各地各部门充分利用“3·15”“4·26”“5·15”等主题活动，向全社会广泛普及知识产权知识，宣传打击侵权假冒成效。司法系统开展“诚信守法示范企业”评选；广电系统通过新闻、专题和公益广告等多种形式大力宣传；省经信委组织开展假冒伪劣酒类产品大型集中销毁活动。各级维权援助举报投诉平台积极发挥作用，社会监督能力不断加强。

二、工作成效

广州、深圳、珠海、汕头、肇庆所辖县（市、区）已全部成立打击侵权假冒协调机构，为工作的深入推进打下坚实的基础。据不完全统计，2013年全省共立案查处侵权假冒违法案件41483件，涉案金额17.73亿元，其中重大案件数量807件，涉案金额12亿元；办结35124件，涉案金额21.74亿元；向司法机关移送案件943件，涉案金额7.92亿元。2013年，全省公安部门共立案制假售假犯罪案件3603宗，破案2874宗，执行逮捕2245人，捣毁制假窝点2776处，缴获假冒伪劣商品3.58亿件，涉案价值120多亿元；检察机关共批捕侵犯知识产权犯罪案件1119件1861人，生产、销售伪劣商品犯罪案件649件973人，起诉侵犯知识产权犯罪案件1078件1780人，生产、销售伪劣商品犯罪案件667件905人；全省法院新收侵犯知识产权犯罪案件1009宗1820人，同期生效案件1007件1812人，新收生产、销售伪劣商品犯罪案件629件867人，同期生效判决584件850人，对侵权假冒违法犯罪分子形成强大震慑力。

广州联合上海、福建等地警方侦破全国最大的朱氏家族制售假表团伙案，涉案金额1.7亿余元；东莞破获公安部督办的“吴某等非法经营假烟案”，抓获21名犯罪嫌疑人，案值2313万元；广州破获近年来最大宗假冒食用油案，查扣假冒成品食用油约15吨，原料油3吨多；深圳食品药品监督部门联合公安侦破“5.30销售假药集群案件”，涉案金额逾3000万元；汕头联合上海、江苏、福建等地警方破获吴某双等人非法经营卷烟案，案值1600多万元；河源破获李某虹等人制售假冒品牌计算器案件，查封生产线4条，案值超过2300万元；揭阳地税联合公安部门查获两起制造假发票案，缴获假发票均超5万份，抓获嫌疑人11名。

广东省内海关查获侵权嫌疑货物4798批次，涉案货物数量达1726万件，案值8588万元；配合东莞、肇庆等地政府共查处行政处罚案件973宗，案值约9463

万元。第 113 届和第 114 届广交会共受理涉嫌侵犯知识产权投诉 1042 宗。6 月 18 日，汪洋副总理视察东莞加工贸易博览会知识产权保护服务站，对广东展会知识产权保护给予高度评价。

2013 年 8 月，省委召开“全省加强行政执法与刑事司法衔接工作”电视电话会议；10 月，广东省行政执法与刑事司法衔接工作信息共享平台开通试运行；12 月，平台正式启动运行，全省三级信息共享平台按照要求全面开通运行。

全省累计抽查 68 个县（市、区）208 个政府机关单位，共 1664 台计算机。通过全方位督导检查，截至 2013 年 10 月，全省县级政府机关已全部实现软件正版化，提前完成国务院工作部署，其中东莞市软件正版化已全面覆盖市、镇（街）两级机关及村（居）委会一级机构。

【示例5-8】江苏省地理标志产品保护

2005 年 7 月 15 日，国家质量监督检验检疫总局发布《地理标志产品保护规定》。江苏省入选的 15 个地理标志为洞庭碧螺春茶、泰兴白果、阳山水蜜桃、阳澄湖大闸蟹、宝应荷藕、高邮鸭蛋、南京云锦、东海水晶、扬州漆器、镇江香醋、南京雨花茶、桂花牌和芦花牌南京盐水鸭、水明楼牌和白蒲牌白蒲黄酒、丹阳牌丹阳黄酒、洋河牌洋河大曲、铜山牌和惠全牌锡山黄酒等。目前江苏省共有国家质检总局认定的地理标志产品 27 个。2012 年 7 月地理标志产品阳山水蜜桃保护示范区作为我国首个此类示范区在江苏无锡正式建成。

在政策保护与促进方面，根据国家质检总局第 78 号令《地理标志产品保护规定》，江苏省质监局制定了《江苏省质量技术监督局地理标志产品保护承办程序》，对江苏省地理标志产品保护承办程序和申报材料作出了具体要求。此外，江苏省质监局与工商局还应当协同配合与管理，制定与实施以下举措。

第一，大力培育具有地理标志特征的农副产品商标。在继续提高商标注册普及率，促进注册商标总量以及驰名商标、著名商标数量增加的同时，江苏省工商局重点关注地理标志申报率。围绕茶叶、水产、水果等主要农产品，组织申报地理标志、证明商标、集体商标或者申报地理标志产品，培育一批国家级地理标志农产品品牌，提高江苏省名牌产品、著名商标和中国名牌产品、驰名商标的占有率。

第二，架设绿色通道，使得江苏省的国家地理标志产品当然获得江苏省名牌产品称号，通过地理标志品牌形成产业集群，带动地方经济发展。

第三，鉴于地理标志品牌涉及民族传统文化和某些公共产权的特性，政府不仅要通过创设良好的市场环境为品牌发展铺路架桥，而且还要通过科技政策、税收政策、对外贸易政策等手段，加大科技投入力度，例如，建立地理标志产品出口奖励基金，支持地理标志品牌的发展。要按照国家地理标志技术标准、质量保证与检测规范的要求，统一生产、种植技术标准，加快地理标志规范体系建设和地理标志资源开发利用，规范地理标志使用。要合力打造地理标志品牌，使之成为区域品牌，进而成为区域名牌。

第四，大力发展具有地理标志特征的特色农副产品产业，促进农业经营模式转变。发展地理标志农产品加工品牌和产销一体化经营，鼓励农副产品生产经营者实施以商标为纽带的公司、基地、农户联合经营模式，增强地理标志产品的市场竞争能力。

第五，根据地理标志产品保护的要求，制定并实施一整套服务措施，帮助地理标志产品完善质量保证、产品标准和产品质量检测体系、提供技术和信息服务、大力促进产品出口，大力开展宣传，摸索形成一整套工作模式，以政府+协会+质检三方联动机制合力推进地理标志产品保护工作。

第六，借助于中国质检总局与欧盟农业总司之间的地理标志保护合作平台，积极推行地理标志保护产品互认政策。一旦江苏省通过质检总局向欧盟提交申请获得认可，则这些认可的地理标志产品将有望在欧盟 25 个国家得到保护，即享受与欧盟地理标志产品同样的专门保护。欧盟不仅保护江苏省地理标志产品的中文名称，同时还保护翻译成 25 个成员国的官方语言的名称，如出现假冒和侵权，欧盟会依照地理标志专门法来追究有关方面的侵权责任。

通过多种地理标志产品保护政策，江苏省地理标志商标、地理标志保护产品稳步增长，实现农业增效、农民增收；江苏省地理标志产品在欧盟法律保护框架下，逐步树立自主品牌，稳步开拓国际市场。

5.4 提升知识产权服务能力

5.4.1 工作思路

5.4.1.1 指导思想

在《战略纲要》的总体框架下，根据地方实际，以做大、做优、做强和品牌化建设为目标，以建设省级知识产权综合服务平台项目为重点，以建立现代企业管理制度为规范，进一步加强知识产权服务体系建设，强化知识产权服务人才培养，完善知识产权中介服务管理手段，探索建立知识产权服务机构联盟，培育一批国内外具有较强影响力的品牌知识产权服务企业，促进地方知识产权中介服务能力大幅度提升，为实施区域知识产权战略提供强有力的支撑。

5.4.1.2 工作思路

知识产权服务能力提升工作应以坚持统筹规划、突出重点，集成实施、分层推进，市场导向、政府推动为原则开展。通过强化知识产权公共服务，发展知识产权中介服务，全面提升知识产权服务能力和水平。

各地按照各级知识产权战略纲要的总体要求，充分调动各方面的积极性，统筹规划区域知识产权服务机构发展，以突出服务机构服务能力提升为重点，以全面、协调、可持续发展为出发点和落脚点。充分利用现有资源基础，广泛吸收和集聚省内外的优势资源，集成建设各类知识产权服务机构；省、市、县分级管理，全面推进全省知识产权服务体系建设和服务能力的提升。充分发挥市场在资源配置中的基础性作用，逐步建立起市场化、专业化、品牌化和社会化的知识产权服务体系，同时加强政策引导和扶持，鼓励知识产权服务机构的改革创新，优化知识产权事业发展环境。

（1）提升知识产权公共服务能力。

各地政府可通过加强公共服务机构建设，加强公共服务平台建设，以及加强公共服务体系构建，来实现公共服务能力的提升。

公共服务机构包括专利受理、审查机构，版权登记机构，国家专利审查协作中心，专利代办处等。

公共服务平台是包括知识产权代理、交易、咨询、评估、维权、法律诉讼及涉外业务翻译等服务的综合服务平台，是集专利、商标、版权、集成电路布图设计、植物新品种等多种类别知识产权为一体的综合性信息公共服务平台，是行业知识产权综合数据平台，以及高等院校的知识产权与技术转移机构等。

各地政府可构建省、市、县三级联动的知识产权公共服务体系，扩大知识产权基础信息资源共享范围；不断创新公共服务形式，鼓励社会资金投资知识产权信息化建设，从而增强知识产权公共服务能力提升。

（2）提升知识产权中介服务能力。

各地政府可在知识产权中介服务体系发展的初级阶段，制定对知识产权中介服务机构的扶持政策；通过加强知识产权中介服务机构建设，鼓励知识产权服务机构建立知识产权服务联盟，建立知识产权服务执业培训制度，规范知识产权服务执业资质管理，创造良好的知识产权市场环境等措施，扶持和指导知识产权服务机构逐步形成自己的特色，向专业化、品牌化方向发展，使其具有一定的规模，并形成竞争有序的发展态势，从而提升地方知识产权中介的服务能力。同时，政府应加强对知识产权中介服务机构的管理，尽快出台知识产权中介机构的登记和管理办法，使其制度化、法制化。

专栏 5-11 江苏省知识产权多元化服务平台建设

2009—2012 年，江苏省扎实推进国家专利审查协作江苏中心、区域专利信息服务（南京）中心、专利战略推进与服务（泰州）中心、无锡（国家）外观设计信息服务中心各项建设工作。专利数据政府管理系统、企业专利信息管理平台、18 个行业专题数据库等应用系统的成功开发为全省范围的政府机关、科研机构、企业等不同服务层面提供快捷的“一站式”知识产权服务，大大提高了信息发布的及时性和对称性。此外，江苏省通过扶持、奖励等措施，引进一批国内高水平的知识产权服务机构落户江苏，支持一批实力较强的知识产权服务机构开展跨地区经营。

截至 2012 年，全省 13 个省辖市 60%的县（市、区）建立了专利公共服务中心，共有 39 家专利公共服务机构，从业人员 520 余名。2012 年，全省共有专利代理机构 59 家，分支机构 35 家，执业专利代理人 380 名，代理总量达 234273 件，营业收入 1.8 亿元。商标代理机构发展到 465 家。省内集聚了一批专业从事知识产权质押融资、金融保险、战略咨询、评估运营、产业预警、信息检索等的高层次中介服务机构，实现了知识产权服务的多元化发展。江苏省知识产权公共服务平台的不断完善，使知识产权信息与战略服务能力得到大幅提高。

5.4.2 重点举措——提升公共服务能力

5.4.2.1 工作原则

一是要统筹规划、突出重点。充分调动各方面的积极性，统筹规划区域知识产权服务业发展，以夯实知识产权公共服务基础提升为重点，以全面、协调、可持续发展为出发点和落脚点，为贯彻实施区域知识产权战略纲要奠定坚实基础。

二是要集成实施、分层推进。各省应充分利用已有的技术市场、信息（情报所）中心平台等公共资源，广泛吸收和集聚省内外的优势资源，集成建设各类知识产权交易平台、维权援助服务平台等。并根据省、市、县分级管理的要求，全面推进区域知识产权公共服务体系服务能力的提升和功能的强化。

5.4.2.2 组织实施

（1）扩展公共服务职能。

第一，建设综合性的知识产权公共服务平台。推进知识产权维权援助机构发展，省市和有条件的县均建立知识产权维权援助中心；建立集专利、商标、版权、集成电路布图设计、植物新品种等为一体的综合性知识产权信息公共服务平台，构建省市县三级配套的知识产权信息公共服务体系。

专栏 5-12 上海市知识产权公共服务体系建设

上海市知识产权（专利信息）公共服务平台开通并不断发展，全国注册用户达 6548 家；一大批企业通过平台提供的在线数据库功能建立了网上专题数据库；同时开设了计算机行业知识产权信息服务子平台，利用云计算技术帮助长三角地区的城市建成知识产权公共服务平台。工商部门提升运用信息化手段开展商标监管的工作能力，对商标到期续展、企业信息变更等及时发出商标预警数十万条，完成著名商标企业回访工作的网上记录，对著名商标申报材料开展内部网上报送。版权部门完成了“作品版权登记保护应用平台”一期的研发和试运行，并进一步优化作品登记平台二期功能，增加和完善手机客户端、网络追踪与监控、在线版权交易、跨区域联网等功能，研发了“软件登记资助网上受理系统”，在区县和园区设立了十多个版权服务工作站，成立了上海版权服务中心、上海版权纠纷调解中心，与法院和仲裁委建立了诉调、仲调对接机制。市卫计委推进建立“上海医药卫生技术转移服务平台”并正式开通运行，实现一批项目的转移推广，促进知识产权转化运用。市建交委依托业内科技信息资源共享平台，将在研项目的知识产权信息纳入知识产权数据库，及时发布知识产权服务信息；将企业取得的成果推广到整个行业，为促进行业科研成果转化提供有力支撑。上海市知识产权运用的公共服务体系不断完善。

专栏 5-13 福建省知识产权公共服务平台建设

福建全省专利信息服务、知识产权维权援助、专利展示交易、版权交易服务等公共服务平台逐步建立。三年间，福建全省建立了 6 个维权援助机构，开通“12330”知识产权维权援助举报投诉电话，及时指导处理相关专利侵权和假冒专利行为的举报投诉，维护专利权人的合法权益。省知识产权局制定《福建省专利技术展示交易平台管理办法》，建立了泉州、宁德、漳州、龙岩 4 个省级专利技术展示交易中心。

福建省知识产权信息公共服务中心建成了面向全省的知识产权信息综合服务云计算平台，其中包含了知识产权综合信息服务平台、知识产权科技创新平台和产业发展专利信息综合应用系统。建成了包括 47 个国家、地区和组织 7000 多万条专利信息的数据中心；建设了新能源、新材料等 18 个福建省重点产业专利数据库；开发了专利检索、专利分析、专利预警和企业知识产权管理软件等 10 个应用系统。

福建省版权局开通海峡版权交易服务中心网站，包含版权登记备案、交易中心等六大板块内容，提供版权作品登记备案、版权交易意向发布、版权信息发布、版权知识在线咨询等九项服务功能。截至 2012 年底，已有 1 万多件有交易意向的版权登记作品进入该网站。

第二，解决产业、企业知识产权共性问题。为企业和服务机构提供专利数据检索的支撑服务；在重点产业建立行业专利预警机制，提示风险，针对美国“337 调查”形成应对机制；搭建知识产权维权咨询平台，减轻企业维权成本，为企业维权提供专业、权威、便捷的服务；集聚专业机构力量，形成丰富的公共服务产品，为产业、企业提供公益性知识产权服务。

专栏 5-14 广东省知识产权快速维权服务助推专业镇转型升级

中国中山（灯饰）知识产权快速维权中心成立于 2011 年 6 月，是国家知识产权局与广东省政府高层次战略合作会商制度的重要成果之一，也是全国首个知识产权快速维权中心。该中心紧贴企业知识产权服务需求，探索出一套“快速授权、快速维权、快速确权”的知识产权服务新机制，以知识产权保护激励自主创新，以知识产权服务聚集创新资源，有力地提升了区域创新能力，推动了专业镇转型升级。2012 年 7 月 24 日，国家知识产权局在中山市专门召开“中山知识产权快速维权工作现场会”，向全国推广中山经验。世界知识产权组织副总干事对中心的成效给予了高度评价，并提出争取将中山作为世界知识产权组织的试点。

一、工作内容

中山古镇是广东省专业镇的典型代表，拥有 1.2 万家灯饰及关联企业，其灯饰产业年产值达百亿元，占全国市场份额六成以上，灯饰产品出口额超过 5 亿美元，已经成为全国最大的灯饰生产基地和销售市场，被誉为“中国灯饰之都”。在长期参与国际市场竞争中，不少企业已切身感受到，没有知识产权，就没有核心竞争力，就没有企业的持续发展。

在国家知识产权局的支持和指导下，广东省知识产权局、中山市委市政府以及古镇党委政府紧密合作，上下联动，先行先试，针对原有灯饰产品生命周期短、更新换代快与知识产权授权、维权、确权慢的矛盾，大胆突破原有审批程序和服务方式，在短时间内构建起知识产权快速反应保护机制，让企业尝到了自主创新和知识产权保护的甜头，走出了一条知识产权助推产业创新发展的新路子。

一是建立快速授权机制。国家知识产权局向中心开放了“中国专利电子审批系统”，并研发了专利申报的网银缴费系统，选择一批研发实力强的灯饰企业进入快速授权通道，这些企业获得外观设计专利权的时间由原来的1年缩短至30个工作日，甚至1周，专利申请审批速度大幅提高，使之与灯饰产品的研发上市周期同步。

二是建立快速维权机制。中山市知识产权局大胆创新，采取委托形式，将专利行政执法权限委托中心行使，同时，中山市人民法院还在中心建立了知识产权巡回审判庭，把专利行政执法和司法审判机构都搬到了企业的“家门口”，并实行证据互认和纠纷调解前行工作机制，从而使侵犯专利权案件的结案时间由原来的半年大幅缩短至1个月内。

三是建立快速确权机制。中心积极建设专利复审、无效案件快速受理和审查机制，并配合国家知识产权局专利复审委员会做好巡回口审工作，缩短确权时间，为畅通快速维权通道奠定坚实基础。

二、工作成效

经过三年的探索与实践，古镇知识产权环境不断优化，大量技术密集型企业相继入驻，企业的创新能力不断提升，产业集群核心竞争力正在形成，古镇已经成为灯饰产业创新资源的重要聚集区，知识产权推动了专业镇转型升级。

一是专利审查效率的大幅提升，增强了企业的市场话语权和竞争力。将专利审查时间缩短至原来的十分之一，甚至二十分之一，有效帮助企业在进入市场之初即为产品披上了坚实的知识产权“铠甲”，极大地推动了创新成果实现价值、获取利益。

二是知识产权执法维权效率的大幅提升有效地降低了企业的维权成本。权利人从维权之累中解脱出来，为企业赢得了宝贵的市场发展时间，2013年，该中心共立案306宗，结案率为98%，成功调解260宗，调解成功率为85%，基本实现一个月内完成立案审查、勘验检查、组织调解、移送法院等案件办理程序。

三是企业自主创新意识和能力大幅提升，产业集群核心竞争力正在形成。2013年，全镇专利申请量达4627件，同比增长20.94%；专利授权量达3360件，同比增长40.94%。产品远销至中国港澳台、东南亚、日本、美国及欧洲等130多个国家和地区。

专栏 5-15 湖北省商标服务能力提升

湖北省有商标中介服务机构111家，商标中介服务机构从业人员每年递增。省工商局采取一系列措施加强对商标中介服务机构的监督与管理，并对商标服务从业人员进行定期业务培训，提高业务素质。如出台加强商标代理机构信用分类监管评价标准及措施，以规范商标代理市场秩序，引导商标代理机构诚信经营，力促商标工作健康快速发展。

湖北省工商行政管理局确定了信用分类监管对象，制定了信用分类和评价标准，以商标代理机构登记和各类监管信息为基础，由省、市（州）工商行政管理局对商标代理机构日常经营行为按标准进行评价，根据评价结果将企业相应分为A、B、C、D四级，对不同类别的商标代理机构实施分类指导、分类监管；对商标代理机构信用实行百分量化评价，由委托人评价、日常监管评价和集中考核评价3部分组成。

在商标注册、运用、管理和保护工作中，湖北省工商行政管理局引导企业在同等条件下优先选择等级较高的商标代理机构。省工商局从获得A级商标代理机构中择优确定商标代理示范单位，对C级商标代理机构加强日常监管和指导，对D级商标代理机构及时予以警示。湖北省工商行政管理局还建立了信用惩戒机制、严重失信淘汰机制，对在代理工作中出现不诚信、不规范、不遵守相关规定的机构及时调查处理，并视情况调整其信用级别。

湖北省工商行政管理局要求各基层工商行政管理机关对商标代理机构开展全面清查工作，详细了解商标代理机构基本情况和经营中存在的问题并进行信用分类，并实施相应监管措施。

（2）加强知识产权服务人才培养。

各地可从以下几个方面开展知识产权服务人才培养工作。

一是培养知识产权服务业领军人才。选拔本地具有较大发展潜力和领军潜质的知识产权服务业优秀人才，在知识产权战略研究、处理涉外事务、开展法律和金融服务等方面提供发展平台和支持。

二是培养年富力强、精通业务的行业骨干。在高层次人才培养、教育培训、对外交流、业务开展等方面重点支持中青年知识产权服务业从业人员，增强其专利代理服务能力和水平。

三是建设一支执业技能强、从业素质高的知识产权服务队伍。组织开展有针对性的执业培训和实务技能培训，提高现有知识产权服务从业人员的执业技能和水平，选拔执业人员与企业开展对接，为知识产权服务业从业人员创造更多的工作空间。

四是培养知识产权服务行业后备人才。支持本地知识产权服务机构建立和完善从业人员的招聘、使用和培养制度，鼓励知识产权服务机构聘用具有执业资格的人员；支持有条件的知识产权服务机构建立大学生、研究生实习基地和博士后工作站，鼓励各种人才到知识产权服务机构从业。

5.4.3 典型示例

【示例5-9】江苏省提升知识产权服务能力的主要措施

一、拓宽融资渠道，加大资金投入

一是设立知识产权中介服务机构发展引导资金，重点扶持一批服务水平高、管理理念新的知识产权示范中介服务机构向更高层次方向发展。各省辖市要在预算内按省引导资金的 2 倍匹配相应的知识产权中介服务机构发展引导资金，扶持本地区知识产权中介服务机构的发展。

二是设立社会化的知识产权公共信息服务平台建设专项经费 1000 万元，力争在三年内到位。

三是加大全省专利代理行业建设的投入，对专利代理行业连续五年每年投入

20万元，支持专利代理机构管理的规范化建设和规模化经营。

四是按照“谁投资、谁负责”的原则，鼓励多元化投资，鼓励社会资金投入知识产权服务业。积极引导和鼓励知识产权服务企业自身通过资产重组、招商引资、实行股份制改造等方式直接扩大融资规模，拓宽融资渠道。

二、出台激励政策，加强扶持引导

一是促进专利代理机构代收代缴的各类国家专利费、从事专利技术许可贸易非所得的往来款项享受免征营业税的政策待遇。

二是推进知识产权中介服务机构享受科技中介机构的有关政策优惠。

三是搭建面向企业的知识产权中介服务机构的服务平台，在政府资助项目中突出知识产权中介服务机构的服务作用，发挥政府在企业与服务机构之间的协调纽带作用。

三、扩大对外开放，提高竞争能力

一是抓住服务业对外开放机遇，积极主动与我国驻外使领馆、国际创新机构、知名大学、跨国公司等海外知识产权机构及世界知识产权组织等国际组织进行合作与交流。采取措施吸引国内外著名的知识产权中介服务机构在江苏设立分支机构，鼓励省内知识产权中介机构和国外著名知识产权机构合作交流。

二是扩大知识产权服务业的国际合作，通过引进专家、委托培训等多种形式，提高全省知识产权服务行业的整体素质和水平。

四、培养引进人才，提供智力支撑

一是落实和完善人才政策。建立健全知识产权中介服务人才评估体系，充分发挥职称的杠杆和导向作用，努力形成知识产权中介服务业各类人才脱颖而出的良性机制。

二是大力引进产业发展急需的高层次紧缺人才。将知识产权专业人才作为紧缺人才列入全省重点引进专业目录，重点引进全省产业急需的知识产权专业人才。加大留学生和海外高层次人才引进力度，重点引进国外知识产权机构、跨国公司及中介事务所中的专门人才。

三是建立知识产权专业人才供需信息库。每年对全省知识产权人才供需状况进行分类调查，建立知识产权人才供需信息库，提供动态即时的供需导向。

四是搞好知识产权中介服务体系人才的培养。落实国家“百千万知识产权人才工程”，编制江苏知识产权人才培训指导纲要。重点抓好全省专利代理人业务培训和境外培训，加快专利代理人后备人才的培训。

五是搞好知识产权高层次专业人才的培养。重点培养一批懂业务、会管理、熟悉知识产权国际规则的人才，提升其应对国内外知识产权事件的能力和水平，塑造江苏涉外代理的骨干代理人。

五、加强综合服务能力建设

一是提升知识产权专业化服务能力。知识产权中介服务产业链的不同环节需要不同的中介机构来提供服务；在不同的技术领域，也需要不同专业背景的知识产权中介机构来提供服务。因此，知识产权中介结构必须结合自身特点，形成适合自身特点的专业化服务能力。知识产权中介应该在实践中逐渐定位自己，根据自己的特点选择不同类型的服务对象、专业化服务目标与程序。深化发展专业性知识产权服务公司，在现有的基础上强化中介机构的服务。通过服务机构队伍专门化的建设，加强知识产权中介服务层面专业化能力，使专业型机构更加专业化（专的更专），使混合型知识产权中介服务机构增加知识产权专业部门，提升知识产权专业化服务能力。

二是拓宽服务范围，实现服务多样化。知识产权中介服务机构需要改变目前为企业提供单一服务的模式，应全面考虑企业需要，实施“一揽子”服务计划，从前期的知识产权战略策划到以后的知识产权的申请及保护等，为企业提供更加广泛和深入的服务。努力培养和引进各学科门类的知识产权服务人才，使得服务业务能涵盖知识产权的各个领域，包括机械、电子、计算机、化工、通信、农业、材料、生物医药等领域。

三是拓展知识产权服务业务领域的新技术应用。例如，为企业、行业和区域专利战略进行分析的服务；为企业、行业和区域建设知识产权数据库的服务；利用地图形式跟踪专利技术的发展和商标的服务；彩色多媒体技术及数据库的建立。

六、加强组织领导，强化绩效考核

一是强化省服务业发展领导小组和省知识产权联席会议制度的指导和协调作用。江苏省知识产权局作为全省知识产权中介服务体系发展的牵头协调部门，负责全省知识产权中介服务体系总体规划编制、政策制定和各行业规划与政策衔接协调工作，搞好政策督察和年度考核，推动知识产权服务业重大项目的落实。省各有关主管部门具体负责相关行业的规划编制和组织实施工作。各市、县（市、区）建立相应的综合协调体系，形成各部门职责明确、分工协作的服务业管理体制和工作机制。

二是对知识产权服务业发展目标和任务完成情况进行实时跟踪，建立知识产权中介服务体系发展绩效考核制度，加强和改进中介服务统计工作，重点建立和完善知识产权代理服务、知识产权中介服务、知识产权战略咨询服务、知识产权诉讼服务等行业和领域的统计体系。

三是对实施成效进行中期评估，并根据评估结果和全省社会经济发展战略目标进行修正和调整。规划期满，组织有关政府部门和专家对实施成效进行综合、科学的评估，为制定新一轮知识产权中介服务体系发展规划提供科学依据。

通过大力开展知识产权服务机构建设，推进知识产权服务机构经营方式和管理制度的改革，加强人才培养和引进，江苏省知识产权服务体系不断完善；专利代理业不断发展，专利受理与审查能力逐步提高，专利代办处受理专利申请量逐年增加；在不断扩大知识产权信息服务覆盖面的同时，努力构建各具特色的知识产权公共信息服务平台，开发满足行业和企业需求的专业信息数据库，有效地提高了知识产权公共服务能力。

【示例5-10】四川省不断增强知识产权（专利）服务能力

一、工作举措

首先，在国家知识产权局的大力支持和指导下，四川省专利信息工作紧紧依托“一中心、两基地”开展，积极推进国家知识产权局（四川）专利信息中心、国家专利信息传播利用（四川）基地和国家知识产权局知识产权出版社专利信息利用试验基地建设，不断加强全省公共信息服务平台建设，充分运用专利信息服务全省经济发展。

其次，依托“一中心、两基地”，全面推动专利文献信息在四川省的传播与利用，着力加强专利信息专利人才培养，开展形式多样的专利信息培训，为企业培养一批专利信息方面的人才。

最后，四川省知识产权局以落实《四川省专利战略推进计划》为契机，大力开展国家知识产权局促进专利代理行业试点工作，围绕人才队伍建设、服务能力建设和执业环境建设三个方面，以“扩规模、强能力、优环境”为重心，全面推进依法行政，积极营造专利代理行业公平竞争、服务至上的从业环境，着力提高对专利代理机构的管理能力，大力推动专利代理人队伍建设，不断提升专利代理的服务水平与质量，督促代理机构完善内部管理制度，引导代理机构积极主动服务于全省中心工作。

二、工作成效

首先，目前，四川省已经初步建成了专利信息公共服务平台，建设了包括“7+3”重点产业、战略性新兴产业在内的 18 个行业专题专利数据库，开发了企业专利数据库自建库平台，先后为 100 余家各级试点示范、优势培育企业建立了专题专利数据库。建成了专利信息在线分析系统、专利热点地图系统等多个具有特色功能的专利信息服务平台。

其次，四川省服务人才的培养大力推动了四川省企事业单位积极运用专利文献信息提升创新水平、节约创新成本、规避知识产权风险，不断提高了四川省重点产业和骨干企业的市场竞争力，有力地促进了专利信息在全省的传播与利用。

最后，四川省开展的促进专利代理行业试点工作有效促进了全省专利代理行业的全面发展。截至目前，全省共有专利代理机构 32 家、各类专利代理分支机构 15 家，数量位居中西部第一，执业专利代理人已达 241 人，专利代理机构从业人员上千人。据 2013 年年检统计，全年共代理专利申请 32888 件，其中发明专利 9019 件，同比增长 2257 件，增幅达 33.4%，发明专利在三种专利中的占比增长 6 个百分点，代理结构得到优化。年代理量在 1000 件以上的专利代理机构已达 11 家，执业代理人人均代理申请 150.2 件，同比增加 16.5 件。18 家代理机构共代理涉外专利 161 件，代理转让、诉讼、无效等其他有关专利的业务 879 件，同比增加 181 件，增幅 25.9%。

【示例5-11】河南省加强知识产权服务能力提升

一、工作内容

首先，在加强中介服务机构建设方面，河南省主要采取的措施包括：①强化执业培训，积极给代理机构创造提高执业水平的机会；②做好专利代理人考试考务工作，促进人才产出；③2012 年，通过河南省知识产权局与国家知识产权局条法司的积极沟通和协调，国家知识产权局批准河南省为加快专利代理机构发展试点省；④依照《专利代理管理办法》和国家知识产权局有关文件的要求，河南省知识产权局每年都对省内各专利代理机构及其分支机构进行年检，将机构信息及时统计汇总报送国家知识产权局。对于年检中发现的问题，以书面形式反馈给各事务所，以利于其在以后的工作中加以改进。

其次，在建设知识产权信息平台方面，开展专利专题数据库建设试点工作，构建专利信息服务大平台，为省辖市安装专利专题数据库，与企业专利信息巡讲工作结合，指导专利数据库建设单位为企业开展信息服务工作，并举办了全省专利信息检索培训班，为企业提供专利信息利用针对性辅导。

最后，积极推动知识产权交易市场建设工作。

二、工作成效

2011 年，河南省有 8 家专利代理机构纳入国家知识产权局的帮扶工作范围，并成功举办了 3 期专利代理机构帮扶试点活动。2012 年，河南省知识产权局全年举办各类专利代理人技能培训和考前培训共 8 期，提升了全省专利代理人人才的产出。2012 年，在国家知识产权局公布的首批 47 家全国知识产权服务品牌机构培育单位名单中，河南省专利孵化转移中心有限公司、郑州睿信知识产权代理有限公司成功入选首批培育单位中的企业类服务机构。

2010 年确定洛阳、南阳、郑州、新乡、濮阳五家单位为 2010 年度专利专题数据库建设试点单位，开发了 5 套专利专题数据库服务系统及其附带的专利数据加工分析软件。2011 年确定实施河南省专利信息服务大平台建设方案，确定五家产业集聚区为 2011 年专利信息服务平台建设承担单位，建成平台包含有中国、俄罗斯、日本及欧美发达国家全部专利数据信息，并能进行全面的专利统计分析工作。

截至目前，河南已有国家级专利展示转移（专利技术孵化）中心 2 家，省级专利展示交易中心 9 家，省级专利技术孵化转移中心 3 家。

5.5 推进知识产权区域能力建设

5.5.1 工作思路

5.5.1.1 指导思想

坚持以邓小平理论和“三个代表”重要思想为指导，全面贯彻落实科学发展观，依据国家“十二五”规划纲要和各级知识产权战略，以提升区域自主创新能力为着力点，全面推进区域实施知识产权战略，不断提高区域内知识产权创造、运用、保护和管理能力，为地方经济结构改革、实现创新驱动发展提供有力支撑。

5.5.1.2 工作思路

（1）注重加强知识产权管理体系建设。借鉴发达国家、我国发达省份的成功经验，加强知识产权管理体系建设和创新，积极推进省市县三级知识产权管理机构建设，尽快建立权责一致、分工合理、决策科学、执行顺畅的知识产权行政管理体制，提高知识产权管理效能。

（2）注重区域协调发展。对知识产权发展条件较好的区域，指导其充分利用经济基础好的有利条件，大胆创新管理模式，着力培育高新技术产业的核心专利，建成专利优势区域；对知识产权发展条件一般的区域，指导其提升知识产权管理水平，不断提高具有自主知识产权产品的市场占有率；对知识产权发展条件较弱的区域，指导其充分利用经济结构调整的有利时机，加快提升知识产权管理能力，加大对特色产业、骨干企业和中小企业的支持力度，实现知识产权工作的新突破。

（3）注重市县知识产权优势区域培育。结合市县经济、产业特点，以知识产权试点示范、强县工程等工作为抓手，深入开展市县、园区知识产权工作与经济、科技、社会发展有机融合。加大国家级、省级知识产权试点示范城市培育和扶持力度，努力培育知识产权优势区域。

5.5.2 重点举措——知识产权区域试点示范工作

5.5.2.1 工作原则

知识产权区域试点示范城市（城区、县、园区、乡镇等）的建设目标在于通过多层次的城市知识产权试点和示范工作，在知识产权管理机构建设、知识产权政策法规建设、知识产权知识和意识的普及与提高、知识产权创造能力的增强、知识产权保护力度的强化以及知识产权实施效果的提高等诸多方面先行先试，创新模式，支撑创新型城市建设与发展。通过示范城市、示范单位、示范园区（基地）、示范乡镇等不同层次的试点示范，从深层次上推动管理创新、技术创新和社会创新，为区域产业结构调整、经济转型奠定基础，提供动力之源。

知识产权区域试点示范工作应遵循以下基本原则。

（1）科学发展，服务大局。

坚持以科学发展观为统领，紧密结合区域经济发展总体思路，围绕创新驱动核心战略，加快推进区域知识产权战略实施，实现知识产权与经济、科技、社会发展的有机融合。

（2）以国家战略为指导，以地方实情为根基。

知识产权区域试点示范工作要紧紧围绕国家实施知识产权战略的总体目标和要求，结合地方区域的实际情况，以知识产权作为支撑和引领，突出地方区域的知识产权优势和强大的创新活力，在行业和企业层面上开展和推进实施知识产权战略所涉及的各项工作，推动试点示范城市（城区、县、园区、乡镇等）乃至地方经济蓬勃发展，引导知识产权试点城市（城区、县、园区、乡镇等）向区域示范城市（城区、县、园区、乡镇等）转变。

（3）先试点，后示范。

知识产权区域试点示范工作应当坚持“先试点，后示范”的原则。知识产权区域试点示范工作具有明确的阶段性，分为试点、示范创建、示范三个阶段。只有完成第一阶段的工作任务，才能进入第二阶段，第三阶段以此类推。试点期满经考核验收合格后方可申报示范工作。

（4）分类指导，逐步实施。

按照知识产权区域试点示范工作的总体要求，结合区域实际，制定共建或试点示范工作规划，出台相应工作措施，分类进行指导和引导，逐步推进知识产权战略有效实施。

5.5.2.2 工作思路

知识产权区域试点示范工作是指在知识产权和经济基础较好的区域，为了大力推进区域实施知识产权战略，有条件地选择一批产业特色明显、发展潜力大的城市、市区、县、街道为试点示范单位，重点在知识产权管理体系、知识产权服务体系、知识产权商用化体系以及知识产权风险防范体系等方面先行试验，带动区域知识产权战略实施水平整体提高，以知识产权作为区域创新的原动力。

知识产权区域试点示范包括国家级试点示范单位和省级试点示范单位两个级别；遵循“先试点后示范”的程序，包括试点、示范培育、示范三个阶段。知识产权区域试点示范包括多个层次，其中国家级知识产权试点示范包括知识产权试点示范城市（包括副省级市、地级市、县级市），知识产权试点示范城区，知识产权试点示范园区等；省级知识产权区域试点示范包括知识产权试点示范县市、知识产权试点示范园区以及知识产权示范镇(街道)等。

知识产权区域试点示范的基本工作思路如下。

（1）以试点促推广普及。所谓“试点”的含义，不仅是通过试点取得经验在全国推广，也是通过各地和各单位开展此项工作，使国家关于知识产权的各项方针政策在基层得以更好地贯彻落实。通过有计划、分层次、全方位地开展区域知识产权试点工作，充分发挥知识产权试点效应，形成国家知识产权试点为龙头、市区知识产权试点和镇（街道）知识产权试点纵向贯通的体系，同时形成包括新兴产业企业、高技术企业等在内的横向体系，将知识产权试点工作逐步推广，全面带动区域—产业—企业知识产权工作更上一层楼，促进区域经济持续、快速、协调发展。

（2）以示范促深化发展。所谓“示范”，在知识产权层面是指将区域知识产权试点成果予以展示，将试点经验予以总结、归纳与升华，逐步推进知识产权战略的有效实施，不断提高示范区域知识产权创造、运用、保护和管理能力。通过推动开展区域知识产权示范点工作，在更高层次上推进知识产权工作的深化和发展，探索知识产权示范经验，选择条件比较成熟的单位，开展知识产权示范培育工作，并对其提供支持和较高水准的服务，帮助他们取得更加突出的成绩，为带动区域知识产权工作的深入发展起到示范作用。

5.5.2.3 工作要求

（1）以国家标准推动区域知识产权试点示范工作。依照国家知识产权试点示范城市、强县工程的有关标准，积极实施国家知识产权试点示范争创工作，推动区域知识产权试点示范跃升为国家知识产权试点示范。

（2）彰显与强化知识产权试点示范工作中的政府行为。选择一批产业特色明显、发展潜力大的区域为试点示范，通过典型示范，达到以点带面。结合省辖市区域实际，制定共建或试点示范工作规划，出台相应工作措施。

（3）加强知识产权试点示范工作中的载体建设。通过培育创造主体企业，造就一批具有较强竞争力的知识产权优势企业和龙头企业。完善园区载体建设，促使园区变为孕育和催生知识产权的肥沃土壤，引导园区逐渐成长为我国培育和发展战略性新兴产业的重要基地。

（4）促成知识产权试点示范工作的能力提升。通过提升知识产权管理能力、知识产权服务能力与知识产权发展能力，全面提升知识产权试点示范区域的知识产权综合能力，以提升实施知识产权战略的执行力为知识产权试点示范工作的主线。

5.5.2.4 组织实施

知识产权区域试点城市、园区的实施步骤包括以下几点。

（1）组织区域试点示范申报工作。

各区域政府按照有关标准和要求，根据本地区具体情况，自愿申报。申报国家级试点示范单位的，向所在省知识产权局递交申报材料；经省知识产权局审查合格的，由省知识产权局向国家知识产权局推荐。国家知识产权局对各省知识产权局推荐的申报城市进行审核、认定，经确认后作出批复。申报省级试点示范单位的，省知识产权局组织相关部门在审查申报材料、组织调研的基础上，根据全省知识产权工作总体部署，确定知识产权试点区域。经批准开展试点工作的单位，授予“知识产权区域试点单位”牌匾。

（2）成立试点示范工作领导小组。

知识产权区域试点示范单位可成立地方知识产权工作领导小组，负责全面规划、组织推进本区域的试点工作，统筹协调相关部门解决工作中遇到的问题，对本区域知识产权试点示范工作的实际情况进行管理、监督和总结。试点示范工作领导小组成员可由区域政府分管领导担任。

（3）出台工作方案，加大经费投入。

试点示范区域政府和知识产权管理部门，要在深入调研的基础上，进行全面的规划研究。按照国家、省有关知识产权区域试点示范工作的要求，结合本区域的实际情况，提出和完善试点示范工作方案，召开工作会议，全面系统地进行工作部署，有重点、分阶段组织实施。

同时，地方政府应将区域试点示范工作纳入重要日程，加大经费支持力度，制定相应扶持政策，以保障知识产权试点和示范城市（市区、县、园区、乡镇等）持续健康发展。

（4）开展知识产权宣传培训工作。

试点示范区域要帮助企事业单位开展多层次、多形式的培训，提高企事业单位创造、运用和保护知识产权的能力；可与新闻单位建立有效的联系与合作，及时将试点示范工作的成功经验加以宣传和推广；可建立试点示范工作政务信息上报制度，加强工作交流。

（5）试点工作的检查和考核。

地方政府要加强对知识产权试点和示范城市的管理、跟踪试点和示范工作方案执行情况。地方可出台知识产权试点示范单位考核办法。考核目标包括管理工作机构与制度建设、专利申请量、宣传培训、企业知识产权工作、执行上级知识产权任务情况等。在试点期内，地方可建立试点工作进展情况通报制度，每半年通报一次。对试点示范单位进行年度考核和检查，以确保知识产权试点和示范工作实现预期目标。对以不当方法影响验收、评定结果或在申报材料中弄虚作假的，经调查确认后，取消其申报资格；已取得试点和示范单位称号的，予以取消。

（6）试点工作的总结和验收。

试点工作期满时，由省知识产权局组织知识产权区域试点单位开展知识产权工作验收总结和经验交流。未达到验收评价标准的试点单位可适当延长工作期，验收评价合格的单位转入示范培育阶段，知识产权工作成绩显著的区域可确立为知识产权示范区域，发挥其辐射和带动作用。

5.5.3 典型示例

【示例5-12】长株潭知识产权示范工程

长株潭城市群是湖南省工业、企业相对集中、区位优势比较明显的地区，也是全省知识产权资源最为丰富、创新活力比较强劲的地区，其经济总量、专利申请量占湖南省总量的一多半。因此，湖南省高度重视长株潭城市群知识产权战略工作，将长株潭知识产权示范工程列入湖南省知识产权战略的六大工程之一。2009年7月28日，湖南省知识产权局与长株潭三市人民政府签署《共建知识产权示范城市群合作协议》，正式启动长株潭城市群知识产权示范工程。

一、工作内容

（一）建立联合机制

湖南省知识产权局与长株潭三市主管知识产权的副市长共同签署了《共建知识产权示范城市群合作协议》，制定了《关于推进长株潭城市群知识产权示范工程工作的指导意见》，实施《长株潭城市群知识产权示范工程2012年推进计划》。

（二）先行先试，探索创新工作模式

首先，长沙市人民政府、中国人民银行长沙中心支行、中国银行业监督管理委员会、湖南监管局联合出台了《关于促进专利权质押贷款工作的意见》，建立了知识产权质押融资银政合作机制，启动了全国首个知识产权网上动态竞价交易平台，举办了“专利技术网上拍卖会”，成立了全国首家科技银行——长沙银行科技支行。湖南省知识产权局与省高级人民法院合作，在长沙市岳麓区人民法院启动省专利纠纷行政调解协议司法确认试点工作。长沙市岳麓区人民法院出台了《专利纠纷行政调解协议司法确认工作规范（试行）》。

其次，株洲市出台建立株洲市重大涉外知识产权事件快速应急联动机制，为企业提供知识产权预警分析服务。由市局牵头，联合高校、企业及相关科研院所，先后开展了4个国家级、15个省级专利战略研究工作，协助行业、企业建立和健全知识产权预警机制。与市发改委联合制定了《株洲市重大项目知识产权审议办法》。株洲市启动专利保险试点工作，印发了《关于成立株洲市国家专利保险试点工作领导小组的通知》《株洲市国家专利保险试点工作实施方案》《株洲市专利保险试点企业资金补贴管理办法》。

最后，湘潭市成立了由知识产权部门职工、中介机构工作人员和高校师生组成的服务小分队，制定《企业知识产权服务小分队工作制度》，印刷《企业知识产权政策汇编》，全面开展企业知识产权服务小分队工作。湘潭市争取将专利纠纷案件审判管辖权列入《关于湘潭市知识产权战略的实施意见》的工作目标之中。

（三）打造长株潭城市群高校、科研院所专利高地

长株潭是湖南省高校、省属和中央驻湘科研院所密集地区，借此，湖南省知识产权局启动了知识产权密集型科研院所创建工作。从2013年开始，遴选10家左右有需求、有基础的科研院所开展创建。同时，在省属和中央驻湘科研院所中培育带动一批专利优势明显、自主创新能力和市场竞争力较强的科研院所，连续实施3年。2012年湖南省知识产权局与湖南省教育厅联合出台《关于加强高校专利工作的若干意见》，为促进高校专利工作提出了26条切实可行的措施。2013年10月，湖南省召开驻长高校专利工作会，通报近年来高校专利工作情况，研讨如

何进一步完善机制、培养人才、加强高校专利工作。

二、工作成效

在知识产权管理机制和工作条件方面，长沙市知识产权局率先升格为正处级，增加了编制，配强了班子，并新增了版权管理相关职能；株洲市和湘潭市局领导实现了高配，财政经费大幅增长。在知识产权保护方面，三市整合执法资源，统一开展专利执法专项行动；由省局协调，三市联合开展“创建知识产权示范市场活动”。在知识产权服务方面，在园区设置知识产权工作站，主动搭建中介机构服务企业的对接平台；三市联合推动区域知识产权社会服务体系建设。

通过探索性的先试先行工作，形成了知识产权投融资服务的“长沙模式”，知识产权预警机制的“株洲模式”，形成创新开展知识产权服务小分队工作的“湘潭模式”；在全国率先开展专利纠纷行政调解协议司法确认试点工作；2013年3月，湖南省高级人民法院同意湘潭市中级人民法院审理专利纠纷案件；2013年7月，株洲市3家企业共计26件专利的专利保险保单由中国人民财产保险有限公司株洲分公司正式开出。

长株潭知识产权示范工程旨在将长株潭两型社会建设试验区打造成为知识产权创造密集区、保护示范区、管理和运用先导区，对湖南省探索知识产权工作道路，积累经验，带动全省知识产权工作全面提升具有重要意义。

【示例5-13】中关村国家自主创新示范区知识产权建设

中关村国家自主创新示范区为积极落实《国家知识产权战略纲要》和北京市《关于实施首都知识产权战略的意见》，以提升示范区创新能力为宗旨，建设体系、聚焦重点、统筹资源，扩大对外宣传、加大对企业的支持力度，知识产权工作整体迈上一个新的台阶。

一、工作举措

一是加大支持力度，进一步提高企业专利申请数量和质量。2007年中关村管委会设立中关村专利促进资金，主要支持园区企业国内外专利授权。为进一步加大支持力度，在2009年和2011年分别对该项资金的管理办法进行修订，引导示范区企业申请国际专利，进行海外专利布局，提高国际专利数量和质量。近5年，中关村专利促进资金累积资助超千家企业，拨付资金近2亿元。市工商局、市版权局、市知识产权局通过多种形式建立针对园区企业的申请、维权绿色通道。

二是坚持自主创新，培育一批自主知识产权。①中关村管委会、市质监局和市知识产权局建立和推行企业知识产权标准化管理体系，鼓励中关村企业在企业标准中纳入自有技术。②市商务委实施“科技兴贸”与“品牌战略”，支持“双自主”的园区企业出口。③2013 年 4 月北京市知识产权局和中关村管委会又共同发布了《2013—2015 年中关村知识产权推进计划》，明确指出，到 2015 年形成 2~3 个拥有知识产权主导权的产业集群的目标。

三是提升服务能力，打造一批知识产权领军企业。①开展优势产业专利布局研究。根据实际需求，对移动互联网等六大中关村细分产业领域，开展了产业专利分析与预警课题研究；对中关村六大优势产业集群和四大潜力产业集群的关键技术，委托专业机构开展了全球顶尖技术路线分布研究，促进产业发展。②实施“十百千工程”。全方位地制定有针对性的支持政策，做强做大一批具有全球影响力的千亿元规模企业、产业，带动力大的百亿元规模企业和高成长的十亿元规模企业。③开展北京（中关村）审查员实践基地工作。

四是加强国家知识产权战略实施先导区建设，全面深化知识产权战略落实工作。中关村示范区向国家知识产权局申报并获批知识产权战略实施先导区建设专项，制定了《中关村国家知识产权战略实施先导区工作方案》。并在“一区十六园”知识产权协调机制建设、专利分析支撑政府决策等方面开展了诸多先行先试的有益实践。

五是加大知识产权质押融资力度，推进中关村知识产权投融资服务试点工作。建立中关村知识产权投融资服务联盟，开展知识产权融资战略合作，探索专利保险试点工作。

六是建设国家专利导航产业发展实验区。①2013 年 9 月，中关村科技园区成功获批国家知识产权局首批专利导航产业发展实验区。②开展中关村重大经济科技活动知识产权评议试点。

七是实施中关村“百千对接工程”，促进知识产权的有效运用。实施中关村“百千对接工程”，实现首都百家知识产权代理服务机构与千家企业对接，在“宣讲、咨询、指导、服务”四个层面，为企业提供专利等知识产权的取得、专利调查分析、专利预警、专利及品牌战略的制定与实施、知识产权海外布局、企业知识产权管理与经营机制的构建、知识产权侵权风险分析以及知识产权国际争端应对等方面服务对接平台。

八是探索知识产权快速维权渠道，提升知识产权保护水平。①在市知识产权局的大力支持下，建立中关村知识产权纠纷诉前调解中心和中关村知识产权巡回审理厅。②建立“12330”知识产权举报投诉工作分站。

二、工作成效

第一，从专利申请数量看，2010 年中关村示范区企业专利申请总量 1.48 万件，2011 年 2.18 万件，2012 年达到近 3 万件，申请量年均增长率达 45%，占全市企业专利申请总量的 51%；从专利申请质量看，2011 年中关村示范区专利授权量首次破万，达到 1.26 万件，是 2003 年专利授权量的 9.8 倍，同比增长 42.5%；2012 年中关村企业发明专利申请量为 1.74 万件，占专利申请总量 62%，高出同期国内发明专利占比 34 个百分点。专利申请“零”突破企业不断增加，2011 年和 2012 年共有 533 家企业实现专利申请“零”突破。

第二，截至 2013 年 10 月，已经向京东方等近 70 家中关村知识产权领军企业输送 200 多名专利审查员直接服务企业。2013 年，申请加入审查员实践基地活动的企业数同比增长 52.6%。2012 年，联想、奇虎 360、北汽福田和京东方 4 家中关村企业年专利申请量超千件。

第三，通过“中关村知识产权投融资服务联盟”整合 20 多家金融、法律和知识产权服务机构资源，提供集知识产权孵化、经营、转让和许可为一体的组合式知识产权金融服务；以知识产权融资战略合作为契机，吸引中国银行、中国建设银行、北京银行等 7 家银行为中关村企业提供总授信额度高达 260 亿元的知识产权融资支持；在全国范围内率先试点专利保险工作，2012 年首批遴选 24 家“中关村专利保险试点单位”并投保专利保险 113 单，2013 年专利保险试点工作也已全面展开。

第四，通过 5 年的实验区建设，将中关村打造成移动互联网产业专利集聚和流转的高地，创造世界领先的移动互联网产业高技术集聚区；完成了中关村“十百千工程”、北京经济技术开发区、中关村北斗卫星导航产业和中关村高聚工程四个方向的知识产权评议报告，并通过培训会的方式“研以致用”。

第五，公开审理国内首例 iPad 平板电脑应用版权诉讼等中关村焦点案件；建立了 32 家“12330”知识产权举报投诉工作分站，覆盖了整个中关村示范区，为中关村企业打通了一条高效便捷的知识产权举报投诉和维权渠道，营造了一个良好的知识产权保护环境。

附 录

附录1

《国家知识产权战略纲要》相关文件

序号	文件名称
1	《国家知识产权战略纲要》
2	《实施国家知识产权战略纲要任务分工》
3	《国家知识产权战略实施工作部际联席会议联络员制度》
4	《2009年国家知识产权战略实施推进计划》
5	《2010年国家知识产权战略实施推进计划》
6	《2011年国家知识产权战略实施推进计划》
7	《2012年国家知识产权战略实施推进计划》
8	《2013年国家知识产权战略实施推进计划》
9	《2014年国家知识产权战略实施推进计划》

附录2

国务院相关部门落实《国家知识产权战略纲要》的政策文件

序号	单位	文件名称
1	发展改革委	《国家发展改革委关于贯彻落实<国家知识产权战略纲要>任务分工》
2	科技部	《科技部贯彻落实知识产权战略工作方案》
3	工业和信息化部	《贯彻实施<国家知识产权战略纲要>任务分工》

续　表

序号	单位	文件名称
4	司法部	《关于贯彻<国家知识产权战略纲要>的指导意见》
5	农业部	《农业知识产权战略纲要》 《农业部关于落实<国家知识产权战略纲要>有关重要措施的实施方案》 《关于进一步加强农业知识产权工作的意见》
6	文化部	《文化部办公厅关于<国家知识产权战略纲要>实施工作任务分工的通知》
7	卫生部	《医药卫生知识产权管理规定》 《关于加强中医药知识产权工作的指导意见》
8	国资委	《关于加强中央企业知识产权工作的指导意见》
9	工商总局	《关于贯彻落实<国家知识产权战略纲要>大力推进商标战略实施的意见》 《国家工商总局实施<国家知识产权战略纲要>任务分工》
10	质检总局	《关于贯彻落实<国家知识产权战略纲要>有关工作的通知》
11	广电总局	《广播影视知识产权战略实施意见》 《广电总局贯彻<国家知识产权战略纲要>任务分解方案》
12	版权局	《国家版权局关于贯彻国家知识产权战略纲要的实施意见》
13	林业局	《关于贯彻<国家知识产权战略纲要>的指导意见》
14	知识产权局	《全国专利事业发展战略（2010—2020年）》 《国家知识产权局实施<国家知识产权战略纲要>任务分工》 《关于加强地方知识产权战略实施工作的若干意见》 《关于加强知识产权工作，实施知识产权战略，促进长江三角洲地区改革开放和经济社会发展的若干意见》 《关于实施知识产权战略，促进西部地区知识产权事业快速发展的若干意见》 《关于深入实施知识产权战略，促进中原经济区经济社会发展的若干意见》 《国家科技重大专项知识产权管理暂行规定》 《关于加强战略性新兴产业知识产权工作的若干意见》 《关于深入实施国家知识产权战略 加强和改进知识产权管理的若干意见》
15	高法院	《最高人民法院关于贯彻实施国家知识产权战略的若干意见》
16	总装备部	《国防知识产权战略实施方案》
17	国防科工局	《国防科工局关于贯彻落实国家知识产权战略纲要的实施意见》

附录3

关于制定区县和功能区知识产权战略实施方案的指导意见

津知略发〔2010〕4 号

各区县人民政府，滨海新区各功能区管委会：

为深入贯彻胡锦涛总书记对天津提出的“四个着力工作任务”的重要要求，认真落实《天津市知识产权战略纲要》(津政发［2010］10号)，在全市范围内大力实施天津市知识产权战略纲要，为我市转变经济发展方式，促进经济社会又好又快发展提供重要支撑。按照《实施天津市知识产权战略纲要任务分工》(津政办发［2010］22号)，以及天津市知识产权战略纲要发布暨实施动员大会的部署，全市各区县政府和滨海新区各功能区管委会肩负着实施知识产权战略的重要责任。为顺利推进各区县和各功能区贯彻落实我市知识产权战略纲要，结合编制“十二五”国民经济和社会发展规划，指导区县和功能区制定知识产权战略实施方案，不断提升区域创新能力和核心竞争力，促进经济发展方式的转变，完成纲要提出的各项目标和重点任务，实现科学发展和谐发展率先发展，特提出以下具体意见。

一、充分认识制定知识产权战略实施方案的重要性和紧迫性

知识产权已经成为区域的核心竞争力，成为实现创新驱动、内生增长发展方式的关键因素，知识产权战略已经成为我国继科教兴国战略、人才强国战略之后的第三大发展战略。随着我市大项目好项目的加快建设，高端化、高质化、高新化的产业结构正在形成，对加强知识产权保护也提出了更高的需求。因此，实施知识产权战略，抢占自主创新制高点，是落实胡锦涛总书记重要指示，实现市委“一二三四五六”奋斗目标和工作部署，落实构筑“三个高地”、打好“五个攻坚战”要求，全面提升自主创新能力，转变经济发展方式，促进

创新型城市建设，实现科学发展和谐发展率先发展的内在要求。

2010 年 3 月 17 日，市政府召开天津市知识产权战略纲要发布暨实施动员大会，王治平副市长出席会议并对如何全面贯彻落实知识产权战略纲要提出了具体要求。天津市知识产权战略纲要的颁布实施，标志着我市知识产权工作进入到一个全新的历史发展阶段，将为提升全市知识产权创造、运用、保护和管理能力，为自主创新高地和高端产业高地的构建提供有力支撑，对于增强产业的整体创新能力和核心竞争力具有十分重要的意义。

各区县、各功能区制定知识产权战略实施方案是我市实施知识产权战略纲要的具体体现。我市知识产权战略纲要提出的战略目标，要通过各区县和各功能区知识产权战略实施方案加以细化；提出的各项任务和举措，要通过各区县和各功能区知识产权战略实施方案加以落实。因此，各区县和各功能区要高度重视知识产权战略实施方案的制定工作，结合各自经济发展的实际，突出区域特色，形成与经济发展需求相适应的、协调发展的新格局。

二、制定知识产权战略实施方案的具体要求

《天津市知识产权战略纲要》是今后一个时期指导我市知识产权工作又好又快发展的纲领性文件，也是首次系统规划我市各领域的知识产权工作，对于促进经济发展方式转变具有重大意义。各区县和各功能区在深入贯彻《纲要》精神和具体部署的基础上，在制定各自的实施方案中，要突出以下几个方面。

（一）制定实施方案的指导思想：以全面贯彻党的十七大精神，深入贯彻落实科学发展观，按照市委“一二三四五六”奋斗目标和工作思路以及建设“三个高地”、打好“五个攻坚战”的要求，紧密围绕天津城市定位和经济社会发展需求，将知识产权融入发展大局，与《天津市知识产权战略纲要》和本区经济和社会发展规划相衔接，突出重点和区域特色，强化可操作性，为转变区域经济发展方式，促进经济社会又好又快发展提供有力支撑。

（二）制定实施方案应遵循以下四个基本原则：

一是与区域特点相匹配的原则。区县和功能区知识产权工作要针对区域特点，突出知识产权对本地区经济社会又好又快发展的支撑和引领作用，突出重点，抓好示范，挖掘区县和功能区知识产权工作的特色和优势。

二是坚持创新发展原则。要结合自身实际，在制定《实施方案》的思路上要充分体现解放思想、开拓创新精神；在形式和内容上要符合市委、市政府对各区县发展的定位和功能区的职能，富有区域特色。

三是注重统筹协调原则。制定区县和功能区知识产权战略实施方案要做到市区联动、部门协调，各相关部门要形成合力，齐抓共管，共同推进知识产权战略的实施工作。

四是突出重点难点原则。知识产权战略纲要涵盖专利、商标、版权等知识产权的各个方面，要突出企业自主创新和知识产权主体，快速提升区域核心竞争力。稳步提高区域自主知识产权拥有数量和质量，促进企业运用知识产权制度的能力和水平，推进区域经济社会又好又快发展。

（三）工作目标：要提出未来 5~10 年区县和功能区知识产权工作发展的方向，明确总体发展目标，并提出 2012 年、2015 年的工作目标。

（四）重点任务：围绕《纲要》提出的战略重点，结合本区域总体发展规划，确定实现工作目标应着力开展的工作任务，明确工作进度。

（五）专项工作：结合专利、商标、版权、商业秘密、地理标志等知识产权发展目标，做出具体的工作安排。

（六）工作措施：为实施既定的工作目标所要采取的各项工作措施，措施要务实，具有可操作性，包括知识产权创造、运用、保护和管理等各环节的重点工作，重点行业、重点领域的知识产权工作，知识产权工作体系建设、人才培养以及宣传教育等。

（七）组织与保障：

一是要强化组织领导。市政府已成立以王治平副市长为组长、30 余个相关部门负责人为成员的市知识产权战略领导小组负责统筹协调全市知识产权战略实施工作，领导小组办公室设在市知识产权局。建议各区县和各功能区成立相应的知识产权战略实施协调机构，统筹本区域知识产权战略实施方案的制定和战略实施工作。

二是要加大资金投入。区县和功能区知识产权相关单位要不断加大投入，落实实施知识产权战略的专项经费，保障知识产权战略的顺利实施。

三是要加强评估与考核。实施知识产权战略是一个长期的艰巨任务，不能一蹴而就，需要认真对待，抓好落实。在战略的实施过程中，要将实施绩效纳入工作目标考核，及时对实施成效进行评估和监督，确保战略的扎实推进。

三、其他要求

请各区县人民政府和滨海新区各功能区管委会抓紧制定知识产权战略实施方案，原则上应在 2010 年 6 月底前完成。请各区县和功能区将知识产权战略实施方案以及工作进展，及时报送市知识产权战略领导小组办公室。

附录4

国家知识产权局　江苏省人民政府
关于创建实施知识产权战略示范省的合作协议

为深入贯彻落实科学发展观，推进国家知识产权战略实施，国家知识产权局和江苏省人民政府决定建立战略合作关系，创建实施知识产权战略示范省，并达成如下合作协议。

一、合作目标

通过建立合作机制，推进江苏省在国家知识产权战略纲要框架下实施知识产权战略，探索建立适应新形势新要求的区域知识产权工作体制机制，进一步提升江苏知识产权创造、运用、保护、管理的能力和水平，发挥知识产权对区域经济社会发展的促进作用，推动江苏省由知识产权大省向知识产权强省跨越，为全国其他地区实施知识产权战略提供有益借鉴。

二、合作内容

（一）探索实施区域知识产权战略的体制机制。江苏省根据国家知识产权战略纲要的总体部署，组织实施具有江苏特色的知识产权战略，落实推进战略实施的相关政策措施，加强各级知识产权管理机构建设，加快实施知识产权战略的管理体制和工作机制创新。国家知识产权局把江苏作为实施国家知识产权战略的重点地区，指导江苏探索建立实施知识产权战略的体制机制，支持江苏建设知识产权强省。

（二）加强实施知识产权战略的政策研究。江苏省围绕知识产权战略的实施，深入开展配套政策措施研究制定工作，配合与国家知识产权战略实施有关的调研工作。国家知识产权局对江苏相关政策研究提供指导帮助。将江苏列为研究制定实施国家知识产权战略配套政策措施重点调研地区，吸纳江苏有关人员参与相关政策措施的研究制定工作。

（三）促进重点产业核心知识产权创造和运用。江苏省围绕重点发展的电子信息、现代装备制造、石油化工等主导产业，新能源、新材料、新医药等新兴产业，纺织、服装、冶金、轻工、建材等传统优势产业，加大对核心知识产权创造的投入，努力创造一批核心技术和关键共性技术的自主知识产权。国家知识产权局支持江苏省开展重点产业领域核心技术专利布局及其发展趋势研究，并对江苏开展重点技术领域的研发提供意见和建议。加大对江苏省申请国外专利的支持力度。

（四）大力培育知识产权优势企业。江苏省制定并实施知识产权优势企业培育计划，强化知识产权优势企业培育政策导向，促进各类科技计划和项目资金向知识产权优势企业倾斜。国家知识产权局对江苏省培育知识产权优势企业给予重点支持，选派审查员和有关专家到企业进行现场指导和培训，帮助企业进行知识产权战略分析与策划，推进更多企业列入国家知识产权试点示范。

（五）积极发展知识产权服务业。江苏省采取措施扶持专利代理机构加快发展。整合知识产权服务资源，建设集知识产权申请注册服务、知识产权信息检索分析服务、知识产权预警服务和知识产权展示交易等功能于一体的公益性综合服务基地。国家知识产权局支持江苏加快专利代理人培养和专利代理机构发展，指导江苏省知识产权局建立重点行业和产业专利数据库，定期在江苏举办知识产权专题性重大活动。

（六）加快知识产权人才培养。江苏省进一步完善引进、培养和使用知识产权人才的政策，努力建设知识产权人才高地。建立知识产权人才培养基地，大力引进和培养专利代理人和知识产权工程师等紧缺人才。支持省内重点高校建设知识产权学院或知识产权研究中心。国家知识产权局支持江苏构建知识产权人才高地，建设知识产权人才培养基地，并在教材、师资等方面给予支持。建立干部挂职交流机制，互派干部到对方挂职锻炼。共同支持苏州市实施吸引知识产权领军人才和优秀团队推进计划。

（七）加强知识产权保护。江苏省积极推进知识产权保护，加强进出口贸易知识产权监管，开展应对知识产权国际纠纷的研究，向国家知识产权局及时通报重大涉外纠纷信息。强化省市知识产权执法，推进“三审合一”知识产权审判机制建设。国家知识产权局支持江苏开展知识产权执法人员业务培训。支持江苏开展外贸企业知识产权管理和国际知识产权保护知识培训教育，为江苏企业应对知识产权国际纠纷提供咨询服务。

（八）构建知识产权维权援助机制。江苏省在主要城市建立知识产权维权援助中心，为企业维权提供人才、技术支持和侵权判定参考意见，对复杂或疑难知识产权案件组织研讨并提供咨询意见。国家知识产权局在江苏开展维权援助工作创新模式试点，对江苏知识产权维权援助中心工作及人员培训提供指导和帮助。

（九）建立专利业务信息绿色通道。江苏省建设专利审查远程查询系统，为专利申请人实时查询提供便利。建立江苏专利数据统计分析系统。国家知识产权局帮助江苏建设和完善专利业务远程会晤系统。支持苏州设立专利代办机构。

（十）推进专利无效案件快速审理。国家知识产权局在江苏建立专利复审委员会巡回审理庭，促进涉及江苏专利复审和无效案件快速审理。江苏省负责专利复审委员会巡回审理庭基础设施建设、相关设备运维管理，做好案件审理、业务交流和培训等活动的组织保障工作。国家知识产权局对专利复审委员会巡回审理庭的建设给予指导，提供审理庭建设所需的设备和系统及其更新支持。开展专利复审和无效案件相关业务的交流、研讨、培训等活动。

（十一）实施政府重大投资项目知识产权审查。江苏省建立政府重大投资项目知识产权审查工作机制，对重大科技成果转化、重大科技攻关、重大装备技术引进等政府投资项目开展立项和验收知识产权审查。国家知识产权局对江苏重大投资项目知识产权审查工作给予指导，帮助对投资项目涉及的领域进行前期专利信息检索。对申报和验收项目涉及的专利进行法律状态检索与分析，规避知识产权侵权风险。

（十二）开展知识产权综合改革试点。江苏省重点推进苏州、无锡、南京、常州等城市开展知识产权综合改革试点。深化知识产权行政管理体制改革，提高行政管理和服务效能，支持市场主体创造、运用知识产权。强化政策导向，形成与财政、金融、投资、政府采购和产业、能源、环境保护等政策衔接配套的知识产权政策体系。国家知识产权局支持江苏知识产权综合改革试点地区创建国家知识产权示范城市，在体制改革、政策完善、行政执法、专利实施、文化培育、人才培养等方面给予重点指导和支持。

三、合作机制

（一）成立创建实施知识产权战略示范省合作委员会。由国家知识产权局局长和江苏省人民政府省长担任委员会主任，国家知识产权局分管副局长和江苏省人民政府分管领导担任副主任，双方有关部门的主要领导为委员会成员。合作委员会下设办公室，由国家知识产权局保护协调司司长和江苏省知识产权局局长担任办公室主任。

（二）建立例会制度。每年一季度召开部省创建实施知识产权战略示范省合作委员会例会，会议由国家知识产权局局长或分管副局长和江苏省人民政府省长或分管领导共同主持，协调重大合作事宜，共同推进落实。具体议程由江苏省知识产权局商国家知识产权局保护协调司提出。

（三）建立联络机制。江苏省人民政府与国家知识产权局合作事项的日常联络工作由江苏省知识产权局负责，并与国家知识产权局保护协调司建立日常联络机制，确保工作落实。

四、其他

（一）本协议未尽事宜，通过双方会商确定。

（二）本协议实施期限暂定为 5 年，经双方协商可续签。

附录5

中共广东省委　广东省人民政府
关于加快建设知识产权强省的决定

粤发〔2012〕4 号

为深入实施《国家知识产权战略纲要》和《珠江三角洲地区改革发展规划纲要(2008—2020 年)》，充分发挥知识产权对经济社会发展的助推器作用，扎实推进创新型广东建设，促进产业转型升级，现就加快建设知识产权强省，作出如下决定。

一、加快建设知识产权强省的重大意义、指导思想和发展目标

1.重大意义。加快知识产权强省建设，提高知识产权创造、运用、保护和管理能力，是提升自主创新能力、促进产业转型升级的迫切需要，是建设文化强省，促进文化创意产业加快发展的内在要求，是增强企业竞争力、提高区域经济核心竞争力的必然选择，是营造良好投资环境、增创对外开放新优势的有力举措；是完善社会主义市场经济体制、建设诚信社会的重要基础。各级党委

和政府要充分认识加快建设知识产权强省的重要意义，增强责任感和紧迫感，切实把这项工作抓紧抓好。

2.指导思想。以邓小平理论和“三个代表”重要思想为指导，深入贯彻落实科学发展观，紧紧围绕加快转型升级、建设幸福广东的核心，实施知识产权战略，坚持“激励创造、有效运用、依法保护、科学管理”的方针，以满足经济发展方式转变的重大需求为主线，以提高企业知识产权创造和运用能力为重点，以加强知识产权公共服务为突破口，以营造知识产权法制和社会环境为基础，努力形成现代产业知识产权竞争优势，培育壮大具有自主知识产权的技术、产品和企业，实现从知识产权大省到知识产权强省的跨越。

3.发展目标。经过五年的努力，使知识产权对经济、社会和文化的促进作用显著增强，力争把我省建成具有较强综合实力的知识产权强省。

——知识产权创造活力增强。知识产权产出重要指标和综合指标继续居于全国领先地位。到 2015 年，全省百万人口发明专利申请量 700 件，《专利合作条约》(PCT)国际专利申请量比 2010 年翻一番，争取累计培育国家知识产权试点企业 100 家、示范企业 30 家，省知识产权优势企业 1000 家、示范企业 300 家。各类作品的著作权登记量年均增速达 15%，国内有效注册商标总量达到 100 万件，商标国际注册量有较大幅度增长，中国驰名商标达到 500 件，高品质、高市场占有率、高知名度的品牌数量不断增加，全国最具价值版权产品数量有较大幅度增长，植物新品种申请量稳步增长。

——知识产权运用成效卓著。建成高效的知识产权运用转化体系，知识产权对经济增长的贡献率大幅提高，专利实施率达到 85%，版权兴业示范基地达到 150 个。

——知识产权保护状况显著改善。知识产权政策法规体系进一步完善。在全国和国际上树立知识产权执法到位、侵权必究、保护有力的良好区域形象。专利、商标、版权行政执法案件年结案率达 95%以上，知识产权案件司法审判年结案达 90%以上。

——知识产权服务能力稳步提升。完善知识产权服务体系，完成国家级区域专利信息服务中心、广东知识产权综合服务平台建设任务。全省专利代理机构及其分支机构争取达到300家，作品著作权自愿登记代办机构20家以上，建成特色产业专利信息数据库30个。

二、突出企业知识产权主体地位

4.支持企业建立知识产权制度。鼓励和支持企业建立健全知识产权管理部门，配备专职人员，并形成有效的运行机制。推行“企业知识产权管理规范”，通过试点示范，培植一批国家级和省级知识产权试点、示范骨干企业和商标战略实施示范企业。

5.支持企业大力开展发明创造。县级以上政府要安排专项经费，用于促进本行政区域内的发明创造以及专利的应用、保护和管理，有条件的地方特别是珠三角各地，要逐步加大投入，重点对国内发明专利、国(境)外专利申请、境外商标注册和符合条件的优秀版权作品等予以资助。加强对驰名和著名商标创建、精品版权作品创作、专利技术标准化、植物新品种培育、地理标志产品申报的资助。企业、科研机构、高等学校等发生的研究开发费用，符合有关税收政策的，可按规定予以加计扣除。

6.重奖重大知识产权发明创造者。省政府对本省获得中国专利奖的企事业单位或者个人给予奖励。完善广东专利奖奖励管理办法。有条件的市、县(市、区)政府应建立和完善知识产权奖励制度。鼓励企业建立激励发明创造的奖励和分配制度，采取知识产权入股、员工持股、期权等多种分配形式激励发明创造。科技人员获得专利权，应作为其业绩考核和职称评定的重要依据。

三、发展重点产业自主知识产权

7.实施战略性新兴产业知识产权专项工程。围绕战略性新兴产业发展规划，重点在高端新型电子信息、新能源汽车、半导体照明、生物、高端装备制造、节能环保、新能源和新材料等战略性新兴产业，组织有针对性的专利态势分析和预警研究，帮助企业掌握全球创新状况，明晰创新路径，增强产业发展和创新活动的前瞻性。加强重点产业创新与知识产权的协同互动，形成突破一项核心技术、形成一批知识产权、带动一片产业发展的格局。

8.实施重点产业(集群)专利联盟推进计划。推进重点产业和产业集群构筑和运营专利池。支持联盟以知识产权共享和共同维权为纽带，实施有效的利益协调机制和发展策略。在产业园区和专业镇开展知识产权专项行动，促进高新区、经济开发区、产业转移园区、文化创意产业园区等建设知识产权服务平台。

9.实施商标品牌战略。强化商标政策导向，把自主品牌建设融入地区经济、科技、贸易发展政策。扎实推进商标战略示范城市和示范企业工作。引导注册集体商标，加快产业集群从产品经营、资产经营向品牌经营过渡，继续创建区域国际品牌，引导企业制定商标品牌发展规划。

10.实施版权兴业工程。建立版权资源信息库，鼓励扶持版权登记，完善版权登记体系。扶持动漫原创作品创作和工业品设计创新，增强文化创意产业核心竞争力。积极挖掘版权资源的价值，重点扶持一批计算机软件、信息网络、影视广告等领域的骨干版权企业，培育“版权兴业”示范基地和版权重点项目，发展版权产业链，形成版权产业群。

11.推行重大经济和创新活动知识产权审查评估。对涉及专利的重大产业技术和装备引进政策的制定、涉及重要引进技术的消化吸收再创新活动、涉及国家利益并拥有重要专利的企业并购、技术出口等活动、涉及专利的重大项目和产品的政府投资活动、涉及专利的重要创新人才或团队引进活动、重大展会活动、规模以上的国有或者国有控股企业涉及专利的重大经济活动等，应当进行知识产权审查评估。对于涉外经济活动中影响到我省驰名、著名商标企业、中华老字号企业、国有支柱企业商标权属变更的行为，应依据有关法律法规及产业政策进行审查。

四、加速推进知识产权转化工作

12.促进自主知识产权产业化。推进“重大专利技术实施计划”，培育一批拥有自主知识产权的专利技术实施产业园区、企业和专利产品。加快国家工业设计与创意产业(顺德)基地、国家专利产业化(广州数字家庭)试点基地和国家集成电路设计深圳产业化基地建设。鼓励国内外高等学校、科研机构与我省企业通过专利技术转让、许可和交叉许可等形式开展“产学研”合作。实施区域特色现代农业知识产权提升计划，打造一批上规模、竞争力强、附加值高的农产品品牌。

13.推动知识产权交易。支持广州、深圳、佛山、东莞四市的国家专利技术展示交易中心建设。做大做强包括南方国际版权交易所在内的版权交易机构。支持中新(广州)知识城国际知识产权交易所建设，努力建成具有知识产权招标、拍卖、挂牌转让多种功能的一体化平台和专业化市场。定期发布广东企业知识产权需求目录和高等学校、科研机构知识产权转化目录，对实施列入目录的项目予以重点支持。

14.完善知识产权投融资机制。鼓励金融机构加大信贷支持力度，对拥有自主知识产权的企业提供授信额度和多样化金融服务。鼓励和支持社会力量建立专业性的知识产权评估机构。探索建立知识产权质押融资企业信用及风险控制体系和风险补偿机制。支持广州、东莞市开展全国知识产权质押融资试点和佛山市南海区建设国家知识产权投融资综合试验区。引导上市辅导期企业建立知识产权评估制度，促进拥有自主知识产权的企业加快上市。

15.推进自主专利技术标准化。推动重大专利技术形成标准，提高标准中的自主知识产权含量。对在自主知识产权基础上形成地方、行业、国家和国际标准的省内骨干企业，予以重点资助，培育一批能将自主知识产权与技术标准有机结合并有效拓展品牌优势的龙头企业。

五、加强知识产权保护

16.完善知识产权保护机制。逐步完善知识产权法规体系，适时出台关于专利、商标、版权的地方性法规和规章。完善省、市、县三级知识产权行政执法体系，充实知识产权审判和行政执法力量。畅通行政执法部门与公安机关的犯罪线索移送渠道，健全知识产权行政执法和刑事司法相衔接工作机制。逐步建立行政执法部门之间的信息共享和协作机制，形成部门联动、快速反应和运转高效的执法机制。建立健全维权援助工作机制，完善知识产权保护举报投诉和相关奖励制度。

17.严厉打击知识产权违法犯罪及侵权行为。依法查处各类知识产权侵权纠纷案件，特别是遏制重复侵权、群体侵权等恶意侵权案件。加大对跨地区、跨国(境)、职业化、团伙化、规模化的知识产权犯罪案件的打击力度，增强损害赔偿的补偿、惩罚和威慑效果，降低维权成本，提高侵权代价。将企业知识产权活动情况列入企业信用信息管理系统，建立知识产权违法侵权企业档案，对严重侵权者采取限制性或者惩罚性措施。

18.加强重点地区、行业和特定领域的知识产权保护。加强对产品制造集中地、商品集散地、侵犯知识产权和制售假冒伪劣商品案件高发地的市场监管和巡查。推动行业协会加强行业自律管理，妥善解决行业内的知识产权纠纷。加快制定广东省展会专利保护办法，加大侵犯展会知识产权案件的查处力度。在版权相关展会中加强展前确权、展中维权和展后追踪保护工作。加强软件、集成电路及特定领域知识产权保护，加快研究和完善域名、网络文化作品、生物遗传资源、动植物新品种、地理标志产品、非物质文化遗产等特殊知识产权保护措施。

六、增强知识产权服务和管理能力

19.推进知识产权信息服务。健全各类知识产权信息公共服务平台，建设集成各类知识产权信息资源的综合性数据库和主导产业、重点行业的分类数据库。建立特色产业专利信息发布机制。强化对全球专利技术的加工整理，及时向企业发布。聚集知识产权高端人才和信息资源，构建知识产权服务业高地，认真落实我省与国家知识产权局签署的共建协议，加快国家知识产权局专利审查协作广东中心建设。加快国家级区域专利信息服务中心建设，在运行经费方面按规定予以保障。

20.促进知识产权代理和代办服务。扶持一批在全国具有较大影响的大型知识产权代理机构。实施“百所千企知识产权服务对接工程”，推进我省知识产权代理机构与中小企业紧密对接。探索建立知识产权代理机构、代理人信用分类管理制度。引导知识产权代理机构加强行业自律。大力推进电子申请，提高知识产权代办服务水平。

21.建设知识产权服务和管理专业队伍。加快知识产权人才培养基地建设。将知识产权专业人才列入我省创业创新人才引进计划，重点引进一批熟悉知识产权国际规则、适应国际竞争需要、懂技术、会管理的高层次复合型知识产权人才。推行“知识产权特派员”制度，在大型企业、创新团队和高新技术企业派驻知识产权专业人才。完善知识产权专业技术资格评价体系，逐步在全省铺开知识产权专业技术资格评审工作。

22.促进区域知识产权协调发展。大力开展知识产权区域或城市示范试点工作。推动珠三角地区各市和符合条件的其他市、县(市、区)加入试点示范行列。实施“区域知识产权发展计划”和“知识产权优势县(市、区)培育计划”，强化对欠发达地区知识产权工作的扶持。

23.深化知识产权国际交流及粤港澳台合作。完善国际和区域知识产权信息沟通交流机制，拓展与境外著名知识产权研究、服务机构和大学的合作。加强粤港澳台在知识产权保护、培训、服务以及申请注册等方面的合作。

24.健全涉外知识产权争端应对机制。加强对国际知识产权发展动态和涉外应对的跟踪研究，适时发布知识产权预警信息，支持企业积极开展国外知识产权维权。引导重点企业利用知识产权开拓国外市场，发展知识产权转让、许可贸易。

七、加强组织领导

25.完善领导和协调机制。加强对知识产权强省建设工作的领导。各市、县(市、区)人民政府要完善知识产权工作领导体制和工作机制，制定实施专项规划。积极推动知识产权地方立法和相关政策制定，强化知识产权政策与科教、经贸、文化等领域政策的紧密衔接。成立省知识产权专家咨询委员会，组织开展知识产权重大问题研究，建立和完善知识产权研究机制和平台，为我省知识产权发展提供决策咨询。

26.加大资金投入。根据经济社会发展需要逐步增加省级知识产权专项资金。各市、县(市、区)政府要结合实际，通过直接投入、补贴、贷款贴息等方式，促进本行政区域内的知识产权工作。逐步建立以政府投入为引导、金融信贷为支撑、企业投入为主体的多渠道、多元化的资金投入体系。

27.加强宣传教育。开展形式多样、内容广泛的知识产权宣传活动，扩大“4 · 26”知识产权宣传周、专利周等活动的社会影响，营造知识产权事业发展的良好氛围。将知识产权宣传作为精神文明建设、普法教育工作以及文明城市创建的重要内容，将知识产权教育作为各级党校(行政学院)干部培训的重要课程。组织有条件的中小学校开展知识产权教育试点示范。组织开展知识产权公开示范庭审活动，定期发布重大知识产权事件和典型知识产权案例。

28.强化督察考评。完善知识产权统计制度和指标体系，将知识产权产出指数等有关重要指标逐步纳入各市落实科学发展观指标评价体系。将建设知识产权强省的目标任务分解到各地、各部门，加强推进和完成情况的督察、考核。各市、省直有关部门要制定年度推进计划，确保知识产权强省建设目标的实现。

附录6

关于加强农特产品地理标志管理工作
大力促进我省农特经济发展的意见

黔府办发〔2009〕2号

为深入贯彻落实科学发展观，着力培育一批农特产品区域品牌，运用地理标志制度扎实推进现代农业发展进程，加快生态文明建设步伐，促进农业增效、农民增收。现就加强我省农特产品地理标志管理工作提出如下意见:

一、大力提高运用地理标志制度促进现代农业发展的认识

我省拥有丰富的农特产品资源。大力发展我省农特产品经济，是发挥比较优势，发展现代农业，建设生态文明，实现我省经济跨越式发展的重要途径。

地理标志制度，是开发、利用、整合农特产品资源，打造区域品牌，实现资源利益最大化，促进农业标准化建设，发展现代农业，打造特色经济体系的重要知识产权法律制度。

当前，我省已进入加快改造传统农业、发展现代农业的关键时期。各级、各有关部门要从服务"三农"的高度，进一步提高做好农特产品地理标志管理工作重要性的认识，加强沟通，密切配合，采取切实有效措施，建立完善地理标志管理的体制和机制，促进我省农特产品地理标志管理工作的制度化、规范化和科学化。

二、推进农特产品地理标志工作的指导思想和主要目标

（一）指导思想。以科学发展观为指导，以发展现代农业为目标，以农特产品地理标志保护与申请注册为手段，建立制度，规范程序，强化监管，积极引导符合地理标志保护的农特产品实施知识产权战略，制定种植、加工的技术标准，不断提高产品质量和信誉，努力培育一批拥有自主知识产权的农特产品，形成区域品牌，发挥名牌效应，提升品牌形象，促进农业增效、农民增收和农村经济全面发展。

（二）主要目标。结合我省主要的农特产品种类和发展方向，大力推进我省具有比较优势的茶叶、中药材、畜禽、果蔬、粮油、传统食品、饮料酒类、民族民间工艺品等特色农产品地理标志工作，经过五至十年的培育，建立起对我省农特产品实行有效管理和保护的地理标志保护体系。

三、推进农特产品地理标志工作的措施

（一）采取有效措施，稳步推进农特产品地理标志申请注册工作，着力打造一批具有自主知识产权的农特产品品牌。

1.建立地理标志工作统筹协调机制。农特产品地理标志主管部门多，涉及

面广，申请注册工作是一项政策性、技术性很强的工作，各级政府要建立政府统一领导，知识产权管理部门牵头，农业、工商、质检等部门配合的工作机制，统筹协调本地区农特产品地理标志工作的开展。

2.制定和实施发展规划。由省知识产权局牵头，会同农业、工商、质检等部门，制定《贵州省农特产品地理标志产品保护建议名录》，各地要结合产业发展实际，因地制宜，制定本地农特产品地理标志的发展规划及推进措施，明确主攻方向和发展重点，并认真组织实施。突出发展附加值高、市场竞争能力强、具有一定市场占有率、知名度高的农特产品地理标志申报注册工作。

3.加强协调与沟通。各级地理标志工作统筹协调机构在推进农特产品地理标志工作中，要充分考虑产品知名度、生产规模、产业化水平、发展前景、便于监管以及产品质量特色与地理或人文因素关联性等因素，加强协调与沟通，广泛论证，科学界定。界定标准和内容由省知识产权局商相关部门后确定。

4.突出重点，稳步推进地理标志申报注册工作。一是参照《贵州省农特产品地理标志产品保护建议名录》，结合产品特征和地方产业发展现状，突出重点、分期分批稳步推进符合地理标志保护条件的农特产品的申请注册工作。在推进地理标志工作中，切忌定任务、下指标，盲目追求数量而忽视质量和效益。二是加强业务指导，积极鼓励、引导农特产品行业协会（团体、或其他组织）申请注册农特产品地理标志，为打造一批在全省乃至全国具有一定知名度的农特产品区域品牌奠定坚实基础。

（二）加强农特产品地理标志制度监督管理。

1.严格执行地理标志产品质量标准或种植技术规范。地理标志产品的生产经营者应当建立健全质量管理体系，严格依照标准、管理规范和保护措施的要求组织生产经营，保证其产品质量。对分散于农户中种植、养殖、加工的地理标志产品，有关行业协会以及专业合作经济组织应当按照地理标志产品的标准、管理规范和保护措施中的要求，进行生产指导、技术服务和质量监管。

2.建立健全农特产品地理标志管理办法。地理标志权利人应当在农业、工商、质检等主管部门的业务指导下，制定完善被保护产品的地理标志管理细则，并采取措施保证地理标志产品的独特性，维护其优良品质和声誉。

农业、工商、质检及地理标志权利人应当对地理标志产品的产地范围、产品名称、原辅材料、生产技术工艺、质量特色、质量等级、数量、包装、标识、产品专用标志的印刷、发放、数量、使用情况、产品生产环境、生产设备，产品的标准符合性等方面进行全面监控，杜绝不合格的地理标志产品进入市场。

（三）强化地理标志制度保护功能。

1.规范地理标志产品专用标识的使用。地理标志产品专用标志属于法定质量信誉标志，任何单位和个人不得伪造或者冒用。使用地理标志产品专用标志的生产经营者承担相应的产品质量责任。各级农业、工商、质检等主管部门要积极指导注册人或使用人规范使用、管理农特产品的地理标志标识。

2.加大执法力度，维护合法权益。对于侵犯已注册的农产品地理标志权益的违法行为，公安、工商、质检、农业等部门要充分发挥职能作用，加大查处力度，适时开展专项整治行动，切实保护地理标志权利人和农特产品生产者的合法权益。

（四）建立全省地理标志信息平台。广泛宣传和推广普及农特产品地理标志保护与申请注册的有关知识，及时发布全省地理标志相关信息，切实提高农特产品生产者、经营者和消费者的法律观念和质量意识。积极发挥信息平台宣传推介功能，切实提高农特产品知名度。

四、推进农特产品地理标志工作的政策措施

（一）积极加大投入。充分发挥市场在资源配置中的基础性作用，努力形成政府投资引导、企业投入为主、民间投资参与的多元化投资格局。在省级知识产权专项资金中，统筹安排农特产品地理标志发展资金，主要用于农特产品地理标志资源普查、申报注册、地理标志保护产品基地建设、品种选育和政府奖励等。各级政府要根据本地的农特产品资源情况、基础条件和财力状况，安排一定数量的配套资金。鼓励各部门将管理使用的建设发展资金，按照渠道不变、性质不变的原则，根据项目情况，加大对获得地理标志产品保护的项目给予政策倾斜和资金扶持。

（二）建立激励扶持机制。对取得农特产品地理标志产品保护的企业或组织，每个品种由所在地政府给予一次性补贴。补贴标准由所在地政府确定。省知识产权局给予一次性奖励 2 万元。对农特产品地理标志保护制度实施工作中取得突出成绩的单位和个人，由当地政府进行表彰奖励。

（三）加大地理标志人才培养力度。定期举办地理标志知识专题培训班，为各地培养一批熟悉地理标志制度，掌握申报程序、申报材料准备、标准制订、专用标志使用、监督管理的实务型人才。不定期地面向农特产品生产经营者、有关行业协会等举办地理标志基础知识专题讲座，普及地理标志知识，提高社会公众地理标志意识。

附录7

贵州省农特产品地理标志管理工作指导意见

为实施知识产权战略，推进我省特色优势产业的发展，根据省人民政府办公厅《关于加强农特产品地理标志工作　大力促进我省农特经济发展的意见》（黔府办发［2009］2 号），制定本意见。

一、政府牵头，建立地理标志管理工作统筹协调机制

地理标志管理工作主管部门多，涉及面广；地理标志的申请和管理政策性、技术性强；地理标志作为特定区域的公共产权，涉及公民、法人和其他组织的民事利益。为此，各地要建立政府统一领导，知识产权管理部门牵头，农业、工商、质检等部门配合的工作机制，统筹协调本地区的地理标志工作，制定本地区地理标志工作规划或年度计划。

二、准确掌握本地区符合地理标志保护条件的农特产品资源

各地要以《贵州省农特产品地理标志保护建议名录》(黔知发［2009］7号，以下简称《建议名录》)为基础，对本地区的农特产品资源深入调查研究，重点对历史悠久、知名度较高，具有鲜明本地特色、特定信誉的农特产品，分析其特定质量、信誉或者其他特征与自然因素或人文因素之间的关联性，形成本地区符合地理标志保护条件的农特产品名录。

三、认真制定地理标志工作推进计划

各地要结合产业发展实际，本着“突出重点，分步实施”的原则，制定地理标志申请规划。对于产品品质特征突出且关联性好，产业化水平较高，生产者数量较多，具有较高知名度和历史渊源，特别是纳入地方重点产业发展规划的农特产品，应尽早申请地理标志。对《建议名录》提出的“全省重点推进的地理标志农特产品”，应立即开展地理标志申请工作；对《建议名录》提出的“各市、州、地重点推进的地理标志农特产品”，经分析论证后，应制定申请地理标志的工作计划，有序推进。

对于其他现行生产规模不大、知名度不高，但又符合地理标志特征的农特产品，只要市场预期较好，也要积极申报地理标志保护，以此作为培育区域品牌、发展特色经济的重要手段。

四、正确划定申请地理标志产品地域范围

（一）根据产品质量特色与自然或人为因素的关联性，科学划定地理标志产品的产地范围。

（二）在产品的特定质量、信誉或者其他特征一致且具有关联性的情况下，划定地理标志保护的地域范围要遵循区域最大化原则。拟申请地理标志的产品跨行政区域分布的，要向上一级政府报告。上一级政府知识产权局应牵头召集地理标志职能部门和相关单位，组织专家就地域范围进行论证。

（三）申请保护的产品在县域范围内的，由县（市、区、特区）政府划定地域范围；跨县域范围的，由市、州、地政府（行署）划定地域范围；跨市、

州、地范围的，由省政府划定地域范围。

以集体商标、证明商标作为地理标志申请的，申请人对于地理标志所标示的商品的生产地域范围应在省级或省级以上的行业主管部门出具的证明中予以确认。

地理标志产品的地域范围无需与所在地区的现行行政区划名称、范围完全一致。

（四）对已经申请和获得地理标志保护的产品的地域范围，要根据该产品的实际分布状况，依照有关规定适时调整。

五、依法确定地理标志申请和管理机构

（一）地理标志申请和管理机构应当具备的基本条件，除符合有关法律法规的规定外，地理标志申请和管理机构应当具有监督和管理地理标志产品特定品质和专用标志的能力；具有为地理标志产品生产、加工、营销提供指导服务的能力。

（二）优先选择产业发展的管理机构作为地理标志申请和管理机构。地理标志工作以创建区域品牌、提高农特产品市场竞争力为目标，必须和特色产业的发展有机结合。要优先选择产业发展的管理机构（如农业产业化办公室、中药现代化科技产业办公室、茶叶产业办公室等）作为地理标志申请和管理机构。

（三）在具备前述地理标志申请和管理机构基本条件的情况下，也可以通过政府授权明确由某一特定团体、协会或者其他组织作为地理标志申请和管理机构。

（四）在拟申请地理标志的产品跨行政区域分布的情况下，地理标志申请和管理机构按以下几种情况处理。

1.拟申请地理标志的产品跨行政区域分布的，原则上由占市场主导地位的行政区域申请和管理地理标志。相邻行政区域对此有争议的，由上一级政府通过知识产权办公会议组织专题研讨，征求各方意见，综合分析产业化状况，明确申请和管理地理标志的行政区域。在产业化水平相当的情况下，应当由最能代表该产品品质特征、知名度和管理水平较高的行政区域提出申请。

2.对分布县域较多的农特产品，应由市、州、地级特色产业发展机构或类似机构提出申请。

3.对跨市、州、地地域范围的农特产品，且有必要合并区域申请的，由省人民政府知识产权办公会议研究确定申请、管理机构。

六、规范推进地理标志申请工作

（一）结合农特产品的知名度和历史渊源等综合因素，确定地理标志名称。由县域机构申请的，地理标志名称一般由县名加产品名构成；由市、州、地地域机构申请的，一般由市、州、地名称加上产品名构成。原产区域地理名称市场知名度较高、具有历史渊源的农特产品，要优先沿用原地理名称。辖区内具有较高知名度的其他地理名称，也可选择作为地理标志名称。

（二）确定地理标志的申请渠道。各级知识产权局要充分发挥知识产权办公会议机制，组织地理标志职能部门，根据国家现行法律和规章的规定，结合拟保护产品的特征、性质和产业发展现状，比较分析三条申请渠道的利弊，经讨论、协商，选择适宜的法律保护途径，避免重复多头申请地理标志。

（三）申请材料的准备。地理标志申请材料的准备既是地理标志获准注册或审核批准的前提，也是分析地方特色产业发展存在问题、继而解决问题的基础性工作。相关职能部门要加强协作，形成合力，协助申请机构做好地理标志申请材料的准备工作。

确定申请渠道后，地理标志申请机构要按照《集体商标、证明商标的注册和管理办法》或者《地理标志产品保护规定》《农产品地理标志管理办法》等相应的规定准备申请材料、履行相应的手续。相应的职能部门应予以指导。与农特产品生产经营有关的政府职能部门，要提供相关资料，指导、协助申请机构归纳总结地理标志关联性、准备相关材料。如有必要，可通过科技项目立项成立课题组，就拟申报的农特产品地理标志保护关联性进行分析研究。

（四）制定技术标准或生产技术规范。地理标志产品的技术标准或产品生产技术规范，事关产品品质特征的稳定和提高，同时也是使用地理标志专用标识准入的门槛。合理的技术标准和生产技术规范，既要着眼于现阶段产品的生产技术水平，也要兼顾今后的发展；既要着眼于优秀质量等级的产品，也要兼顾不同质量等级的产品。质检、农业等部门，要组织草拟、发布地理标志产品的地方标准或者生产技术规范。

（五）制定地理标志产品管理办法或地理标志证明（集体）商标使用管理规则。地理标志申请机构要以建立准入机制为目标，制定一套较为完善的地理标志管理办法或地理标志证明（集体）商标使用管理规则，合理规定使用地理标志专用标志的条件、权利和义务、使用人违反管理办法应当承担的责任等。

七、加强地理标志管理和保护

（一）地理标志核准注册或审核批准后，地理标志申请和管理机构要严格按照地理标志产品管理办法，要配合相应的职能部门，对农特产品地理标志实施监管；要对地理标志产品的生产、加工、营销等提供指导服务，提高生产者的标准意识和执行标准的能力。

（二）地理标志职能部门要对通过相应渠道核准注册或审核批准的地理标志加强监管，严格执法。要加大查处侵犯地理标志权益违法行为的力度，切实保护地理标志产品生产者的利益，维护区域品牌形象。

（三）执行好使用地理标志产品专用标志的准入机制。要根据相应的地理标志产品专用标志管理的有关规定，负责地理标志产品专用标志的发放、使用和监督等工作。质检、农业等部门和地理标志证明（集体）商标注册人要严格执行使用地理标志产品专用标志的有关规定，督促地理标志产品的生产经营者规范使用地理标志产品专用标志。

地理标志权利人不得收取地理标志产品专用标志使用费。

八、运用地理标志制度整合资源，共同打造区域经济品牌，稳步推进传统农业向现代农业的转变

（一）严格执行地理标志产品标准，促进农业标准化体系建设。以获得地

理标志保护农特产品为载体，结合农业标准化工作的推进，严格按照地理标志产品种植技术规范、技术标准的要求，大力推进我省具有比较优势的茶叶、中药材、生态畜牧、果蔬、花卉等农业标准化体系建设，建成一批规范化、规模化、标准化的地理标志产品种植基地，提升我省农业的规模化、集约化水平，大力促进全省生态文明建设。

（二）建立健全农特产品地理标志管理办法（规则），确保农特产品质量安全。结合无公害农产品、绿色食品和有机食品认证工作的推进，按照地理标志法律制度的要求，分别制定和完善农特产品地理标志管理办法（使用规则），逐步建立和完善地理标志产品质量检验检测体系，严格产地环境、投入品使用、生产过程、产品质量全程监控，切实落实农产品生产、收购、储运、加工、销售各环节的质量安全监管责任，杜绝不合格农产品进入市场。

（三）整合优化现有资源，壮大特色经济产业的实力。充分发挥地理标志的品牌效应和制度功能，整合优化政府资源（地理标志）、企业资源（商标）和农户资源（家庭联产承包责任制），积极推进市场机制下的企业兼并重组，支持培育一批农特产品种植（养殖）和加工龙头企业、专业大户，形成产业规模和聚集效应，加快推进农业产业化经营。

（四）运用地理标志制度促进农特产品的市场化、产业化。充分发挥地理标志的制度功能，注重发挥地理标志申请和管理机构以及龙头企业、专业大户的作用，广泛建立和推广“企业（协会、团体或其他组织）+基地+农户”的生产经营模式，提高农特产品的市场化组织能力，实现农特产品的市场化、产业化。要提高地理标志初级农产品的商品化率，注重产品包装，提高地理标志产品专用标志的使用率，充分发挥地理标志的品牌效应，促进农特产品的市场化、产业化。

（五）建立农特产品地理标志申请和管理机构与农户利益联结机制，有效增加农民收入。以农特产品龙头企业（协会、团体或其他组织）为纽带，运用地理标志制度功能将广大农户与市场有序连接起来，让农户分享生产和销售名优农特产品等各个市场环节的利益。

（六）多渠道增加投入。充分发挥市场在资源配置中的基础性作用，努力形成政府投资引导、企业投入为主、民间投资参与的多元化投资格局。鼓励各部门将管理使用的建设发展资金，按照渠道不变、性质不变的原则，根据项目情况，加大对地理标志产品相关项目的资金扶持。

（七）加强技术创新，提升地理标志产品的核心竞争力。各级政府应用技术研究与开发资金要向地理标志产品研发倾斜，以良种选育、对地理标志关联性起主要作用的传统特色品种的提纯复壮、高产栽培技术、精深加工技术、贮藏保质技术、产品质量安全保证技术等领域为重点，加强地理标志产品的技术创新，为地理标志产品发展提供强有力科技支撑。

（八）加强农特产品的市场开拓工作，提高地理标志产品的知名度和市场占有率。鼓励和支持农特产品加工企业参加国内外专业展览、产品推介和产品出口。要积极发展农特产品专业市场，充分发挥辐射带动作用。加强农特产品及其加工业营销队伍和市场体系建设，逐步建立多元化的市场体系。

附录8

广西壮族自治区民族民间传统文化保护条例

（2005 年 4 月 1 日广西壮族自治区
第十届人民代表大会常务委员会第十三次会议通过）

第一章 总 则

第一条 为了保护、继承和弘扬民族民间优秀传统文化，推动经济和社会发展，促进社会主义物质文明和精神文明建设，根据有关法律、法规，结合本自治区实际，制定本条例。

第二条 在自治区行政区域内，下列具有历史、文学、艺术、科学、社会价值的民族民间传统文化受本条例保护：

（一）濒危的民族古文字和语言；

（二）记录民族民间传统文化的文献资料；

（三）具有代表性的文学、戏剧、曲艺、音乐、舞蹈等民族民间口头和非物质文化；

（四）具有特色的传统民俗文化活动和体育活动；

（五）民族民间传统生产、制作工艺和其他技艺；

（六）集中反映民族民间传统文化的代表性建筑、设施、标识、服饰、器物、工艺制品；

（七）集中反映民族民间传统文化并保存比较完整的自然场所；

（八）其他需要保护的民族民间传统文化形式。

前款所列需要保护的民族民间传统文化具体项目，由自治区人民政府和设区的市人民政府公布民族民间传统文化保护名录予以确认。

第三条 民族民间传统文化保护工作，实行保护为主、抢救第一，合理利用、继承发展的方针，确保民族民间优秀传统文化在得到及时抢救和有效保护的前提下，通过合理的开发利用得到继承和持续发展。

第四条 县级以上人民政府领导本行政区域内的民族民间传统文化保护工作，将民族民间传统文化保护工作纳入本级国民经济和社会发展计划，纳入城乡规划。

第五条 县级以上人民政府应当根据本地实际，对保护民族民间传统文化所需的经费给予保证。

民族民间传统文化保护经费主要用于：

（一）民族民间传统文化重大项目的保护和研究；

（二）征集民族民间传统文化的珍贵资料和实物；

（三）抢救濒危的民族民间传统文化；

（四）民族民间传统文化传承人的培养和资助；

（五）民族民间文化艺术之乡和民族文化生态保护区建设；

（六）出版民族民间传统文化资料和民族民间传统文化研究成果；

（七）表彰、奖励为保护民族民间传统文化做出突出贡献的组织和公民；

（八）民族民间传统文化的其他保护工作。

任何单位和个人不得截留、挪用民族民间传统文化保护经费，审计机关应当对民族民间传统文化保护经费的使用依法进行审计监督。

第六条 鼓励通过社会组织和个人捐赠等方式依法建立民族民间传统文化保护基金，用于保护民族民间传统文化。捐赠者依照《中华人民共和国公益事业捐赠法》的规定，享受税收减免或者其他优惠。

第七条 县级以上人民政府文化行政部门负责组织和管理本行政区域内民族民间传统文化的保护工作。县级以上人民政府其他行政部门在各自的职责范围内，做好民族民间传统文化保护工作。

第八条 加强民族民间传统文化研究与管理人才的培养，鼓励社会组织和个人从事民族民间传统文化保护工作，促进国内外民族民间传统文化的交流与合作。

第九条 县级以上人民政府鼓励和支持开展健康有益的民族民间传统文化活动。

开展民族民间传统文化活动，必须遵守法律、法规的规定，维护民族团结，不得扰乱公共秩序、侵犯公民合法权益和损害公民身心健康。

第十条 宣传、传承和振兴民族民间优秀传统文化，弘扬民族精神，促进民族团结。

报刊、出版社、电台、电视台、网站等公共传媒采取各种形式介绍、宣传民族民间优秀传统文化。

各级各类学校根据实际，开展民族民间优秀传统文化教育活动。

第二章 抢救与保护

第十一条 县级以上人民政府文化行政部门应当组织本行政区域内民族民间传统文化的普查、搜集、整理和研究工作，建立民族民间传统文化保护档案。

第十二条 民族民间传统文化实行分级保护制度，建立民族民间传统文化保护名录。建立民族民间传统文化保护名录应当遵守下列规定：

（一）设区的市级民族民间传统文化保护名录，经设区的市人民政府文化行政部门组织专家评审后，由本级人民政府核定公布，并报自治区人民政府文化行政部门备案；

（二）自治区级民族民间传统文化保护名录，由自治区人民政府文化行政部门组织专家评审后提出，报自治区人民政府核定公布。

第十三条 县级以上人民政府应当及时组织抢救濒危、有重要价值的民族民间传统文化。

县级以上人民政府文化行政部门应当对重要的民族民间传统文化资料进行系统整理，根据需要选编出版，并采用先进技术长期保存重要的民族民间传统文化资料、实物。

抢救、整理、出版民族民间传统文化资料，应当尊重民族风俗习惯，保持其原有内涵和风貌。

第十四条 列入自治区级民族民间传统文化保护名录，并经自治区人民政府文化行政部门报自治区人民政府认定为限制经营、出境的民族民间传统文化，其原始资料和实物未经批准不得经营、出境。因特殊情况需要经营、出境的，应当向自治区人民政府文化行政部门提出申请，由自治区人民政府文化行政部门报自治区人民政府批准。

第十五条 列入民族民间传统文化保护名录的项目，需要保密的，由自治区人民政府文化行政部门报请有关部门确定密级后，依法实施保密管理。

第三章 传承与命名

第十六条 对符合下列条件之一的公民，可以命名为民族民间传统文化传承人：

（一）通晓本民族或者本区域某种民族民间传统文化形式、内涵、活动程序；

（二）熟练掌握某种民族民间传统技艺，在本区域内有较大影响；

（三）掌握和保存重要的民族民间传统文化原始文献和其他资料、实物，并对其有一定研究。

第十七条　对符合下列条件的单位，可以命名为民族民间传统文化传承单位：

（一）以弘扬民族民间传统文化为宗旨，经常开展民族民间传统文化活动；

（二）掌握某种民族民间传统文化形式，并在研究、传播方面取得显著成绩；

（三）有效保存该民族民间传统文化形式的资料或者实物。

第十八条　命名民族民间传统文化传承人、传承单位，由符合条件的公民、单位向其所在地县级人民政府提出申请，经设区的市人民政府组织专家评审后，自治区人民政府文化行政部门对评审结果进行确认并予以公告，公告期为六十日。公告期内无异议或者经审核异议不成立的，由自治区人民政府文化行政部门报自治区人民政府核定公布。

第十九条　符合下列条件的县（市）、乡（镇），可以命名为民族民间文化艺术之乡：

（一）具有悠久历史、民族或者地方特色鲜明、世代传承的传统文化艺术表现形式；

（二）该文化艺术在当地具有广泛的群众基础；

（三）当地民族民间传统文化保护工作取得显著成绩。

第二十条　具有代表性的、集中反映原生态民族民间传统文化的民族聚居区域，符合下列条件的，可以设立民族文化生态保护区：

（一）居住相对集中，居民语言相通；

（二）建筑风格独特，并具有一定的规模，或者自然环境独特；

（三）生产、生活习俗特点突出，保持较好，有研究价值和传承意义。

第二十一条　命名民族民间文化艺术之乡、设立民族文化生态保护区，由所在地县级人民政府申报，经设区的市人民政府组织专家评审后，由自治区人民政府文化行政部门报自治区人民政府核定公布。

命名民族民间文化艺术之乡、设立民族文化生态保护区，应当尊重当地各民族的意愿，正确处理民族民间传统文化保护与经济发展、提高居民生活质量的关系，倡导健康、文明、进步的生活方式。

第二十二条 民族文化生态保护区经核定公布后，由自治区人民政府划定必要的保护范围，作出标志说明，建立记录档案。在民族文化生态保护区内建设其他工程项目的，应当有利于保护该保护区的文化生态与自然生态；建设单位在进行选址和工程设计时，应当根据自治区人民政府文化行政部门的意见制定保护方案，并将保护方案列入可行性研究报告或者设计任务书。

第二十三条 传承人、传承单位和民族民间文化艺术之乡丧失命名条件的，其命名由自治区人民政府予以取消。

民族文化生态保护区丧失设立条件的，由自治区人民政府予以取消。

第四章 管理与利用

第二十四条 县级以上人民政府应当组织有关部门依法做好民族民间传统文化的管理与利用工作，鼓励和支持企业事业单位、其他组织和个人结合本地实际，在依法保护的前提下发掘和利用民族民间传统文化资源，发展民族文化产业，促进本地区经济发展和社会进步。

第二十五条 自治区人民政府文化行政部门应当会同民族、城乡规划、旅游、国土资源、环境保护、林业、水利、交通等有关部门编制自治区民族民间传统文化保护利用的总体规划，报自治区人民政府批准后组织实施。

设区的市、县人民政府文化行政部门根据自治区民族民间传统文化保护利用的总体规划，编制本行政区域的保护利用规划，经本级人民政府批准后组织实施并报上一级人民政府备案。

第二十六条 编制民族民间传统文化保护利用规划应当遵循下列原则：

（一）贯彻执行国家有关抢救和保护、开发和利用民族民间传统文化的法律、法规，正确处理保护与开发、近期与远期、局部与整体的关系；

（二）民族文化生态保护区的规划应当与当地国民经济与社会发展规划、

城市总体规划、土地利用总体规划、村镇规划等相衔接；

（三）必须保持自然景观和人文景观的原有风貌，突出当地民族民间传统文化特色。

第二十七条 县级以上人民政府应当结合当地的民族民间传统文化资源，鼓励开发具有民族特色和经济价值的民族民间传统文化产品，拓展民族民间文化旅游服务，促进民族民间文化产业的发展。

第二十八条 县级以上人民政府文化行政部门应当有计划地组织开展民族民间优秀传统文化的展演和其他展示活动；挖掘、开发健康、有本地特色的民俗活动表演项目，增强其艺术性和观赏性。

第二十九条 县级以上人民政府应当在保持原有风貌特色的前提下，对列入民族民间传统文化保护名录的建筑、设施、标识、场所等进行维护、修缮。

第三十条 公开使用民族民间传统文化形式时，涉及对民族民间传统文化知识产权保护的，依照相关法律法规执行。

第三十一条 公民、法人和其他组织合法收藏的民族民间传统文化资料、实物，其所有权受法律保护。公民、法人和其他组织将其收藏的资料、实物捐赠给国家收藏、研究机构的，受赠单位应当发给证书；捐赠有重要价值的资料、实物，受赠单位应当根据具体情况给予奖励。

第三十二条 县级以上人民政府文化行政部门征集公民、法人和其他组织收藏的民族民间传统文化资料和实物时，应当以自愿为原则，合理作价，并发给证书。

第三十三条 外国团体或者个人到本自治区进行民族民间传统文化学术性考察活动，应当遵守中华人民共和国的有关法律、行政法规和本条例的规定，并接受考察活动所在地人民政府文化行政部门的管理。

第五章 法律责任

第三十四条 违反本条例第五条第三款规定，截留、挪用民族民间传统文化保护经费的，由上级主管机关责令限期归还，有非法所得的，没收非法所得；对直接负责的主管人员和其他直接责任人员，还应当由有关主管机关或者其所在单位依法给予行政处分；构成犯罪的，依法追究刑事责任。

第三十五条 有违反本条例第十四条规定行为的，按下列规定进行处罚：

（一）未经批准经营自治区人民政府限制经营的民族民间传统文化的原始资料和实物的，由县级以上工商行政管理部门没收该资料、实物及其违法所得，可以并处非法经营额3倍以下的罚款；非法经营额难以计算的，可以处1万元以上10万元以下的罚款。

（二）未经批准将自治区人民政府限制出境的民族民间传统文化的原始资料和实物邮寄、运输或者携带出境的，由海关没收该资料和实物。工商行政管理部门、海关按前款规定没收的资料和实物，应当移交自治区人民政府文化行政部门。

第三十六条 违反本条例第二十二条第二款规定，在民族文化生态保护区范围内进行工程建设，建设单位在进行选址和工程设计时未根据自治区人民政府文化行政部门的意见制定保护方案的，由县级以上人民政府建设行政主管部门责令停止施工、采取补救措施；对民族文化生态保护区已经造成损害的，由建设单位承担赔偿责任。

第三十七条 在进行民族民间传统文化考察、搜集、采访、整理或者研究过程中，不尊重民族风俗习惯，造成不良影响的，由县级以上人民政府文化行政部门责令停止侵害、消除影响；属于国家机关工作人员的，还应当依法给予行政处分。

第三十八条 国家机关工作人员玩忽职守、滥用职权、营私舞弊，致使民族民间传统文化原始资料和实物遭受损坏或者遗失的，由有关主管机关或者其所在单位依法给予行政处分。

第六章 附 则

第三十九条 已被确定为文物或者文物保护单位的民族民间传统文化的原始资料和实物、民族民间传统文化作品以及依法被授予专利权或者依法被核准为注册商标的民族民间传统文化形式，依照有关法律法规的规定进行保护。

第四十条 本条例自2006年1月1日起施行。

附录9

深圳经济特区加强知识产权保护工作若干规定

（2008年4月1日深圳市第四届人民代表大会
常务委员会第十八次会议通过）

第一条 为了加强知识产权保护工作，维护市场经济秩序，促进自主创新，根据深圳经济特区实际，制定本规定。

第二条 市、区人民政府（以下简称市、区政府）应当将知识产权保护工作纳入国民经济和社会发展规划，加强知识产权保护的教育、培训、宣传和执法工作，完善知识产权的保护机制。

第三条 设立深圳市知识产权联席会议（以下简称联席会议），研究、决定知识产权保护工作的工作规则、协调机制等重大事项。

联席会议由市知识产权、发展改革、贸易工业、教育、科技、信息、公安、司法行政、财政、文化、工商、质量技术监督、城管、法制以及海关等负有知识产权保护职责的有关单位组成。必要时，可以邀请有关社会团体、企业和中介组织列席联席会议。

联席会议由市政府召集或者由市政府委托市知识产权部门召集。

第四条 有下列情形之一的，联席会议成员单位可以要求相关部门共同召开专门工作会议：

（一）重大案件需要协助的；

（二）案件移送需要协调的；

（三）需要共同开展专项执法行动的；

（四）其他需要共同解决的事项。

专门工作会议由提议单位组织。

第五条 联席会议成员单位认为需要与其他单位开展联合执法时，应当向该单位提出书面请求，说明案件性质、涉嫌侵权人、涉嫌侵权物品、初步估算的涉案数额等案件基本情况以及联合执法的相关要求。接到请求的单位应当在三个工作日内做出答复。

有下列情形之一的，接到请求的单位应当参加联合执法：

（一）省级以上部门重点督办案件；

（二）重点区域的专项整治活动；

（三）数额特别巨大或者有其他特别严重情节的；

（四） 可能产生重大社会影响的。

第六条 建立知识产权保护信息共享和线索通报制度。

联席会议成员单位应当将各自关于知识产权案件的处理结果等工作信息及时交换，并纳入市知识产权部门建立的执法综合信息库。

有关单位发现属于其他部门管辖的案件线索时，应当及时书面通报有管辖权的部门，接到通报的部门应当及时进行调查并书面反馈调查结果。

第七条 市知识产权部门应当建立知识产权诚信档案，记载下列内容：

（一）发生法律效力的行政处罚、行政处理决定所确认的侵权事实及处理结果；

（二）发生法律效力的司法裁判文书和仲裁文书所确认的侵权事实及处理结果；

（三）其他需要录入的内容。

诚信档案可以按照规定供单位和个人查询。

市知识产权部门可以将诚信档案的有关内容通知相关机构录入企业或者个人信用征信系统。

第八条 市政府应当建立境外知识产权保护机制，加强知识产权境外保护的研究、预防和应对；对于关系本市的重大境外知识产权保护活动，应当提供必要的支持。

第九条 知识产权保护有关单位应当鼓励、支持、引导企业、事业单位和社会团体建立、完善内部预防和保护机制；加强对知识产权保护法律、政策、重大事件等有关问题的监测、研究，对本市有重大影响的，应当按照有关规定及时向社会公布和发出预警。

市知识产权部门应当定期就本市知识产权保护情况提出报告并向社会公布。

第十条 知识产权保护有关单位应当加强对从事知识产权代理、咨询、鉴定、评估等中介机构的培育、指导与监督。

市知识产权部门可以会同有关部门发布依法成立的知识产权专业中介服务机构名单。

第十一条 行业协会应当指导和帮助会员提高知识产权保护意识，建立和完善知识产权保护制度，开展知识产权保护的业务培训、经验交流、政策法律咨询等服务，帮助会员依法维护知识产权。

行业协会可以根据章程对侵犯知识产权的会员进行惩戒，并将惩戒情况报送市知识产权部门载入诚信档案。

第十二条 对保护知识产权和打击侵犯知识产权行为作出重大贡献的单位和个人，应当按照有关规定予以奖励。

第十三条 承办会展活动的单位或者个人应当在会展活动开始三个工作日前将会展活动的时间、地点、内容等基本情况书面告知市知识产权部门。

申请参加会展活动的单位或者个人应当向会展承办单位提交书面承诺，承诺其参展的产品未侵犯知识产权；未提交书面承诺的，会展承办单位不得允许其参加会展活动；违反承诺或者提供虚假承诺的，会展承办单位应当取消其参展资格并清理出场。

第十四条 对会展活动期间发生侵犯知识产权的行为，有关单位应当依法及时查处并将处理结果通知会展承办单位，会展承办单位应当予以配合。

被有关单位认定在参加会展期间侵犯知识产权的，自认定之日起两年内不得在本市参加同种产品的会展活动。

第十五条 单位或者个人具有下列情形之一的，三年内不得承接政府投资项目，市、区政府对其不得给予奖励、资助或者授予荣誉称号：

（一）侵犯知识产权构成犯罪的；

（二）侵犯知识产权受到两次以上行政处罚的；

（三）拒不执行已经生效的知识产权司法裁判文书或者行政处理决定的；

（四）其他侵犯知识产权造成重大社会影响的。

第十六条 在政府采购活动中，禁止采购侵犯知识产权的货物、工程和服务。

知道或者应当知道供应商所提供的货物、工程和服务侵犯知识产权仍然予以采购的，按照有关规定追究直接负责的主管人员和其他直接责任人员的法律责任。

在政府采购活动中，供应商应当书面承诺所提供的货物、工程和服务未侵犯知识产权。未提供书面承诺的，不得参与政府采购活动；提供虚假承诺或者被有关单位确认为侵犯知识产权的，三年内不得参加政府采购活动。

第十七条 对于依法应当移送公安机关的涉嫌知识产权犯罪案件，有关单位应当及时移交公安机关并提供下列材料：

（一）案件移送通知书；

（二）案件调查报告，调查报告应当包括涉案数额、数量标准、法律依据；

（三）调查、询问笔录复印件；

（四）涉嫌侵权物品的样品、照片或者其他证明材料；

（五）涉案物品清单。

公安机关对于提交上述材料的案件应当予以签收并依法处理。

第十八条 公安机关认为侵犯知识产权的案件属于其他行政执法部门管辖的，应当及时移送并提供下列材料：

（一）案件移送通知书；

（二）报案、受案或者立案材料的复印件；

（三）调查取证材料的复印件；

（四）调取证据通知书和调取证据清单的复印件；

（五）调查结果报告或者说明；

其他行政执法部门对于公安机关提交上述材料的案件应当予以签收并依法处理。

第十九条　知识产权保护有关单位在搜集证据时，可以根据具体情况进行现场检查，被检查的单位或者个人应当予以配合，不得阻碍或者拒绝。现场检查时，可以要求权利人或者其代理人协助，但应当同时告知被检查的单位或者个人。

公证机关对申请人符合法律、法规规定的证据保全申请，应当在三个工作日内进行证据保全。

第二十条　知识产权案件当事人应当如实提供相关的证明材料。

当事人有下列情形之一的，有关单位可以根据已经查明的事实、鉴定结论以及权利人提供的证据等材料，对是否构成侵权及损害结果等予以认定并做出行政处理：

（一）有证据证明涉嫌侵犯知识产权的当事人持有证据无正当理由拒不提供的；

（二）未在规定的限期内提交证明材料对事实进行说明的；

（三）拒绝接受调查的。

第二十一条　非法经营额是指在实施侵犯知识产权行为过程中，制造、储存、运输、销售侵权产品的价值。已销售的侵权产品的价值按照实际销售的价格计算。制造、储存、运输和未销售的侵权产品的价值，按照标价或者已经查清的侵权产品的实际销售平均价格计算。没有标价或者无法查清其实际销售价格的，按照被侵权产品的市场中间价格计算。

侵权人在不同时间多次实施侵权行为，未经行政处理或者刑事处罚的，其非法经营额应当累计计算。

第二十二条 技术秘密权利人能够证明涉嫌侵犯其技术秘密的对方当事人使用的技术与其技术秘密相同或者实质相同，对方当事人有接触其技术秘密的可能，且对方当事人不能证明下列事项之一的，可以认定为侵犯他人技术秘密：

（一）自行开发研制获得；

（二）反向工程获得；

（三）从公开渠道或者其他合法渠道获得。

第二十三条 技术秘密权利人损失数额是指侵权行为给技术秘密权利人造成的损失数额。

技术秘密权利人损失数额的计算，应当综合其研究开发成本、实施该技术秘密的收益、可得利益、可保持竞争优势的时间、技术秘密转让或者许可费用、市场份额减少等因素确定。

技术秘密权利人损失数额无法计算的，以侵权人的非法经营额作为技术秘密权利人的损失数额。

第二十四条 有关单位在查处侵犯知识产权案件中可以依法采取下列执法措施：

（一）现场检查；

（二）查阅、复制、暂扣或者封存当事人的经营记录、票据、财务账册、合同等经营资料；

（三）责令当事人在规定的期限内提供权属证明材料或者对案件事实进行说明并提交相应的材料；

（四）查封、扣押、登记保存涉嫌侵权的产品、物品；

（五）采用测量、拍照、摄像等方式进行现场勘查。

第二十五条 侵权人因侵犯知识产权受到罚款处罚后，自行政处罚决定书生效之日起两年内再次侵犯同种知识产权的，有关知识产权行政执法部门可以按照有关法律、法规规定的相应罚款数额双倍处罚。

法律、法规规定可以依法责令侵权人停止侵权行为但未规定罚款处罚，侵权人在规定的期限内拒不执行责令停止侵权的行政处理决定的，有关单位可以处以三万元以上十万元以下罚款。

第二十六条　知识产权权益受到侵害的权利人在诉讼前或者诉讼中，可以向人民法院申请临时禁令，禁止侵权人在人民法院做出裁判前继续使用其知识产权。

申请临时禁令，应当按照规定提供担保。

第二十七条　人民法院在审理知识产权案件中，对属于国家有关部门保存而当事人无法自行取得的证据和当事人因客观原因不能自行收集的其他证据，当事人的代理律师可以持人民法院签发的调查令进行调查取证，有关单位或者个人应当予以协助。

第二十八条　知识产权保护有关单位及其工作人员滥用职权、玩忽职守、徇私舞弊或者泄露执法过程中知悉的商业秘密的，依照有关规定追究其主要负责的主管人员和其他直接责任人员的行政责任；涉嫌犯罪的，移送司法机关依法处理。

第二十九条　市政府可以根据本规定制定相关具体实施办法。

第三十条　本规定自 2008 年 7 月 1 日起施行。

附录10

长沙市人民政府　株洲市人民政府
湘潭市人民政府　湖南省知识产权局
共建知识产权示范城市群合作协议

为贯彻落实《国家知识产权战略纲要》和《湖南省知识产权战略实施纲要》，促进长株潭城市群综合配套改革试验区“两型”社会建设，经长株潭三市人民政府和湖南省知识产权局共同商定，实施“长株潭知识产权示范工程”，共建知识产权示范城市群。

一、共建目标

以建设国家知识产权示范城市群为目标，以“长株潭知识产权示范工程”为抓手，发挥优势，整合资源，加强合作，全面提升长株潭地区知识产权创造、运用、保护和管理能力，将长株潭城市群打造成我国知识产权的密集区和知识产权工作的先导区，增强核心竞争力和经济发展后劲，为“两型”社会建设提供有力的知识产权支撑。

二、工作机制

1.工作机构。成立长株潭知识产权示范工程领导小组和管理办公室（以下分别简称“领导小组”“办公室”）。领导小组组长由省知识产权局局长担任，副组长由长株潭三市分管副市长和省知识产权局分管副局长担任，领导小组成员为三市知识产权局局长和省局有关处室负责人。办公室设省知识产权局综合处，负责示范工程日常工作；协调联系单位为长株潭三市知识产权局，三市局各明确一名联络员。

2.会议制度。主要包括联席会议和专题会议。联席会议对区域内知识产权创造、运用、保护和管理等方面的重大事项及相关工作，进行研究、协调并做出决定。联席会议原则上每季度召开一次，前三季度的联席会议由长株潭三市知识产权局轮流主办，省局领导和三市局局长参加；年终联席会议由省局举办，省局领导、三市分管知识产权工作的副市长及知识产权局局长出席。联席会议具体内容：（1）省局向三市通报国家、我省和兄弟省市知识产权工作的形势和动态；（2）三市局交流知识产权工作经验和情况；（3）共同研究和探讨知识产权工作，决定有关重大问题和合作事宜。（4）年底联席会议总结当年工作，研究确定下年度工作计划。

专题会议根据需要不定期召开，主要研究讨论和协调解决区域内知识产权专题事项，专题会议由省局主持召开，涉及协调事项的相关城市和单位参加。

三、共建内容及措施

长株潭三市人民政府把实施知识产权战略纳入重要议事日程，把知识产权示范工程纳入“两型”社会建设和长株潭一体化的整体部署，进一步加大对知识产权工作的领导和支持力度。

1.按照《湖南省知识产权战略实施纲要》的总体部署和要求，根据本市产业特色和优势，制定和实施城市、行业、企业知识产权战略，着力培育一批知识产权优势企业和产业，促进经济结构调整和高新技术产业、“两型”产业发展。

2.发挥“两型”社会综合改革试验区“先行先试”的优势，积极开展知识产权综合管理试点，创新知识产权工作机制，完善知识产权政策体系，着力提升知识产权宏观调控和行政管理能力，为全省知识产权管理体制改革探索道路、积累经验。

3.增强自主创新能力，加快科技创新步伐，加强知识产权工作机构和管理体系建设，逐年加大财政投入和政策扶持力度，改善知识产权工作条件，建立健全知识产权政策机制，努力营造有利于知识产权创造、运用、管理和保护的政策环境。

4.完善三市专利行政执法协调机制，整合执法资源，加强执法协作，积极开展知识产权综合执法试点，进一步提高本区域专利行政执法保护能力。知识产权行政与司法保护相结合，发挥司法保护主渠道作用，努力营造保护知识产权的法治环境，维护良好的投资环境和市场经济秩序。

5.加强知识产权信息平台建设，积极开展专利信息利用的交流与合作，共同推进知识产权（专利）展示交易中心、维权援助中心、产业化基地等知识产权公共服务体系的建设、开发和利用，实现区域内知识产权资源共享。

6.积极开展三市专利技术产业化交流与合作，鼓励和支持本区域工业企业联合建立知识产权行业协会，开展企业间专利许可或专利交叉许可，发挥区位优势，降低产业化成本，推动知识产权质押贷款试点，促进区域内专利技术产业化和集约化发展。

7.加强知识产权保护的宣传教育，形成尊重和保护知识产权的良好社会氛围。积极开展知识产权专业人才培养的合作，努力提高企事业单位运用知识产权制度和国际规则的能力。

湖南省知识产权局把长株潭城市群列为实施知识产权战略的工作重点，全面加大对三市的工作指导和政策扶持力度。

1.加强与三市政府、有关部门的协调联系，推动三市知识产权机构体系和干部队伍建设。积极开展省局与三市局干部上、下挂职锻炼和干部交流工作。组织三市主管领导、知识产权局负责同志到境内外知识产权先进城市和地区进行参访学习、实地考察。国家和省局举办的管理干部培训班优先安排长株潭三市知识产权局干部。

2.设立长株潭知识产权示范工程专项工作经费，支持示范区建设。在专利申请资助、优势企业培育、中小企业试点、县市区试点示范和国家、省级有关项目的推荐和申报等方面，加大对长株潭地区的倾斜力度。

3.加快省级知识产权（专利）信息平台的建设步伐，支持三市根据自身产业特色和企业需求，建立市级专利信息平台和行业专利数据库，指导三市开展专利信息的开发和利用工作。在省局门户网站和刊物开辟专栏，反映长株潭知识产权示范城市群工作动态，推介工作经验和好做法，加强信息交流和沟通。

4.加强与三市人民政府、省发改委的联系和沟通，以在长株潭地区建立全国首个知识产权交易市场为目标，启动相关可行性研究和论证工作，积极争取国家和省发改委的立项支持。

5.加强与省高级人民法院、三市中级人民法院和知识产权相关部门的协调、联系，在长株潭地区开展知识产权“三审合一”试点，指导三市进一步完善专利行政执法协调机制，支持三市开展知识产权联合执法。

6.在长株潭地区开展重大经济项目知识产权风险评估和审查试点，指导三市建立支柱产业和重点行业的知识产权预警机制，积极推动金融机构开展区域内跨城市知识产权质押贷款融资业务。

7.加强与省长株潭“两型”社会建设改革试验区领导协调委员会办公室的联系，争取将长株潭知识产权示范工程列为长株潭“两型”社会试验区建设的总体规划。

本协议有效期暂定5年。未尽事宜，由“领导小组”联席会议共同商定。

附录11

关于进一步加强陇西县中医药产业知识产权管理的意见

陇政办发〔2013〕161号

中医药知识产权是我国知识产权战略的重要领域，中医药知识产权工作是中医药行业在新形势下的一项新的重要任务。陇西中药材资源丰富，种植历史悠久，素有“千年药乡”和“西部药都”之美称，是全国“地道药材”的重要产区之一。为了认真贯彻落实国家中医药管理局与国家知识产权局联合出台的《关于加强中医药知识产权工作的指导意见》(国中医药科技发[2011]2号)精神和国家、省级知识产权战略纲要的实施，不断提高我县中医药产业知识产权的创造、管理、实施和保护能力，有力推进中医药产业健康可持续发展，结合我县实际，特制定本意见。

一、指导思想

(一)以科学发展观为指导，以促进和发挥中医药优势特色为核心，以提高产业科技创新和知识产权保护能力为重点，按照激励创造、有效运用、依法保护、科学管理的方针，通过政府引导、多方协调，促进中医药知识产权保护和利用，建立、健全符合我县中医药发展规律和自身特点的知识产权保护和管理体系，使中医药的独特优势转化为现实价值，促进中医药事业可持续发展。

二、总体目标

(二)建立健全陇西县中医药产业知识产权管理体系和管理制度，完善资助、奖励、保护等激励机制，形成知识产权工作与科技创新的有机结合、协调发展的工作机制和制度；不断提高企业知识产权意识，建立培养一支中医药产业知识产权人才队伍，提高产业知识产权的创造、运用、保护能力；开展中医药产业知识产权试点和知识产权托管业务试点工作，重点培育和扶持一批具有行业竞争力的龙头企业，使其拥有一定数量的核心技术自主知识产权，运用知识产权制度的能力显著加强；建立中药材信息服务网络平台，提升“陇药”知识产权信息服务能力；全面提升区域中医药产业知识产权能力，为推动区域经济发展、新农村建设、构建和谐社会提供强有力的支撑和保障。

三、基本原则

（三）现行制度运用与专门制度建设相结合。充分运用现行知识产权制度对中医药创新成果进行保护；结合中医药产业发展实际，制定出台专门的产业知识产权制度机制，加强中医药知识的源头保护，实现两种制度的有效衔接和对传统知识的完整保护。

（四）加强保护与合理利用相结合。协调中医药知识产权保护与继承创新、中医药传统知识保护与鼓励利用、中药资源保护与产业发展的关系，推动中医药知识的运用和发展。

（五）将传统中药特色、优势与现代科学技术相结合，推动中药现代化发展，促进传统产业改造、升级，适应日趋激烈的国际国内市场竞争的需要。

四、主要任务

（六）加强中医药知识产权工作体系建设。建立健全陇西县中医药产业知识产权管理体系和管理制度，完善资助、奖励、保护等激励机制，形成知识产权工作与科技创新的有机结合、协调发展的工作机制。建立县知识产权行政执法工作体系，制定加强全县中医药产业知识产权保护工作计划，建立中医药产业知识产权重大案件报告制度，全面提升区域中医药产业知识产权能力，为推动区域经济发展、新农村建设、构建和谐社会提供强有力的支撑和保障。

（七）加强中医药知识产权工作指导与服务。开展中医药产业龙头企业知识产权试点工作。培育重点龙头企业，形成一批具有自主知识产权的产品和技术并实现产业化；开展知识产权托管服务试点。建立中药材信息服务网络平台，提升“陇药”知识产权信息服务能力。

（八）加强中医药知识产权创造和运用。科技局要在相关政策、项目资金和创新成果知识产权化等方面，引导和支持中医药企业创造和运用中医药知识产权。强化中医药科技创新活动中知识产权政策的导向作用，完善中医药科技成果权利归属和利益分享机制。组织重点龙头企业参加省内外专利技术推介活动，推动专利技术产业化进程。

（九）加强中医药传统知识的保护。建立中医药传统知识管理、保护和利用机制。加强对传统制药、民间医药、道地药材以及民族医药等传统知识富集领域的有效保护，实现中医药传统知识可持续发展。利用电视、广播、网络等各种传媒，深入开展知识产权宣传工作。不断提高企业知识产权意识，建立培养一支中医药产业知识产权人才队伍，提高产业知识产权的创造、运用、保护能力。

五、工作措施

（十）完善中医药产业知识产权管理体系及工作机制。成立县中医药产业知识产权工作协调领导小组，建立联席会议制度和部门协调工作机制，加强对知识产权工作的领导、协调、监督和服务。科技部、工信部、发改委等相关部门在重大项目立项、验收、职称评定等工作中，增加知识产权评价指标。制定《陇西县专利申请资助办法》，加大对中医药产业知识产权的资助力度。制定《陇西县关于加强中医药产业知识产权管理的意见》，提升中医药产业知识产权数量和质量，推动中医药企业不断提高知识产权的创造、管理、实施和保护的能力。形成具有指导和示范意义的区域特色产业知识产权工作手册。

（十一）中医药产业知识产权人才队伍培养。利用电视、广播、报刊、网络等各种传媒，开办知识产权专题栏目，深入开展知识产权宣传工作，加强知识产权法治教育，提高全社会的知识产权法律意识。有计划、有步骤、多形式、多渠道开展产业知识产权人才队伍培养工作，聘请有关知识产权专家为顾问，通过请进来、走出去的办法，重点培养一批中医药产业龙头企业知识产权人员，使其真正掌握专利、商标、著作权等知识产权的创造、运用、管理和保护业务，以适应产业发展的需要。

（十二）开展中医药产业龙头企业知识产权试点工作。一是选择陇西中天药业、甘肃惠森药业等10家以上中医药产业重点企业，引导他们建立和完善知识产权管理和保护制度，做到机构、人员、制度和经费四落实，提高企业的科技创新水平和知识产权保护能力，调动科技人员技术创新与发明创造的积极性；扶持培育它们以产学研模式，建立企业研究中心、产品研发实验室，从中药材新品种、规范化种植、成分提取、中药研发、制药到经销整个产业链中努力挖掘，形成一批具有自主知识产权的产品和技术；将试点企业知识产权战略、科技创新战略、经营销售战略相结合，开展战略研究与应用，努力提升企业的综合竞争力，培育一批具有核心竞争力的中医药产业企业群。二是加快区域支柱产业的知识产权产业化进程。充分利用国家、省上扶持中医药产业发展的优惠政策，加大政策引导力度，依托陇西中医药产业园的产业集群优势，鼓励企业向上争取项目，通过项目实施，形成一批具有核心技术、自主知识产权的产品并实现产业化。组织并参加省内外专利技术推介活动，推动专利技术产业化进程。重点支持3项以上专利技术产业化项目。

（十三）开展知识产权托管服务试点。制定《陇西县中医药产业知识产权托管服务工作方案》，依托陇西现代中医药产业生产力促进中心、陇西县专利技术开发咨询服务中心以及甘肃省专利事务中心等知识产权中介服务机构，选择3家中医药产业龙头企业，试点开展知识产权托管服务工作，大力推进我县中医药产业发明专利申请数量和质量的提高。

（十四）“陇药产业知识产权信息服务网”建设。建立“陇药产业知识产权信息服务网”，收集发布与中医药产业相关的专利、商标、地理标志、著作权等知识产权信息；与甘肃惠森药业公司联合，结合企业中药材交易电商平台“药财盈”的开发，建立中药材信息资源数据库。调查摸底中医药传统知识资源，为立档和编制中医药传统知识保护名录提供素材。

（十五）切实加强知识产权保护。县政府协调知识产权、公安、工商、食品药品监督管理、中医药产业、法制等相关部门，建立县知识产权行政执法工作体系，健全政府、行业协会、企业三位一体的知识产权保护机制；结合省、市知识产权行政执法要求和我县实际，制定加强我县中医药产业知识产权保护工作计划；建立中医药产业知识产权重大案件报告制度，加强产业专利实施许可合同的备案和管理工作。

附录12

陕西省知识产权质押贷款管理办法（试行）

第一章 总 则

第一条 为促进知识产权的运用，支持创新及其成果产业化，进一步拓宽中小企业融资渠道，创新知识产权质押贷款业务，保障知识产权质押当事人的合法权益，根据《中华人民共和国银行业监督管理法》《中华人民共和国物权法》等法律法规的规定，结合陕西省实际，制定本办法。

第二条 本办法所称的知识产权质押贷款系指借款人或者第三人以合法享有的且可以转让的专利权、注册商标专用权、著作权等知识产权中的财产权向贷款人出质，取得贷款人一定金额的人民币、外币贷款，并按期偿还贷款本息的一种贷款业务。

第三条 贷款人系指依法设立并经营贷款业务的银行业金融机构。 借款人、出质人应当是经工商行政管理机关（或主管机关）核准登记的企（事）业法人、其他经济组织、个体工商户或具有中华人民共和国国籍的具有完全民事行为能力的自然人。出质人是第三人的，提供担保应当符合《担保法》或其他法律的规定。

第二章 贷款用途和条件

第四条 以知识产权向贷款人出质取得的信贷资金主要用于技术研发，作品创作，知识产权产业化项目建设、运营、管理，技术改造，流动资金周转等生产经营活动，不得从事股本权益性投资，不得用于有价证券、基金、房地产、期货等投资经营活动及监管机关禁止的其他信贷资金用途，法律、法规、规章及银监会规范性文件另有规定的除外。

第五条 出质人用于质押贷款的知识产权必须符合以下条件：

（一）已被依法授予专利权；已被依法核准注册商标专用权；经过作品登记的著作权；

（二）知识产权处于法定有效期限（或保护期）内，且剩余有效期（或保护期）原则上不少于 3 年，不短于贷款期限；

（三）权属清晰，依法可转让并能够办理质押登记；

（四）知识产权不得涉及国家安全与保密事项；

（五）出质人必须将质权价值全额用于贷款质押担保；

（六）知识产权出质人为公司的，应当符合公司法第十六条的有关规定；

（七）知识产权出质人有国有资产成分的，出质前应取得其上级资产主管部门的批准；

（八）出质人应书面承诺质押期间转让或授权许可第三方使用出质权利时，必须经贷款人同意，且同意转让费、许可使用费、实施专利所得收益均须优先用于归还贷款或提存。

（九）专利项目处于产业化初期和扩大再生产的实质性实施阶段；注册商标专用权、著作权中的财产权处于使用阶段，具有一定的市场潜力和良好的社会经济效益；

（十）以实用新型和外观设计专利权出质的，贷款人可以要求出质人出具国务院专利行政部门做出的专利权评价报告或检索报告，或者足以证明其具备专利实质性条件的其他材料。

第六条 有下列情形之一的，不予办理知识产权质押贷款：

（一）出质人非国家行政主管部门法定知识产权文档所记载的知识产权所有人；

（二）知识产权被提出撤销或被启动无效宣告程序的；

（三）被宣告无效、被撤销或者已经终止或提前终止的；

（四）假冒他人知识产权的；

（五）知识产权存在权属纠纷或权属不清的；

（六）质押期限超过知识产权剩余有效期限的；

（七）已被国家专利行政机关强制许可的专利权；

（八）未按时、足额缴纳专利年费的专利权；

（九）已被国家有权机关采取查封、扣押、冻结等强制措施的；

（十）其他不具备办理知识产权质押贷款的情形。

第三章 贷款额度、期限及利率

第七条 贷款额度应根据借款人生产经营需求、偿债能力、出质知识产权价值和知识产权质押率或其他担保等情况合理确定。出质知识产权价值可以为评估机构评估价值，若对评估价值有争议，由双方当事人商定。 知识产权质押率由贷款人依据出质知识产权价值，借款人的财务状况和资信状况等因素确定。作为参考标准，发明专利权、驰名商标权的质押率原则上不超过出质知识产权价值的 45%，省级著名商标权的质押率原则上不超过出质知识产权价值的 40%，其他知识产权质押率原则上不超过出质知识产权价值的 35%。 知识产权资产评估报告，应按中国资产评估协会《资产评估准则——无形资产》（中评协［2008］217 号）有关规定，可由贷款人聘请有资质的中介机构做出，费用由借款人承担并在贷款批准后支付，也可聘请由双方当事人认可的有资质的中介机构做出，费用由借款人承担，当事人另有约定的除外。 贷款人应建立知识产权评估机构库，并根据评估机构的资质、专业能力和信誉等情况，建设有效的知识产权评估机构准入、退出机制。知识产权评估机构经贷款人准入审批同意后方可开展合作。

第八条 知识产权质押可用于单一担保、组合担保、追加担保和反担保等。采用单一担保和反担保的，贷款利率可以在人民银行同期同档次基准利率基础上上浮一定比例执行，上浮比例原则上不低于10%。采用组合担保和追加担保的，贷款利率可以参照其他担保方式的规定标准执行。

第九条 贷款人在办理知识产权质押贷款业务时，应充分了解知识产权质押贷款可能存在的市场风险，合理设定知识产权质押贷款金额、期限、利率，在批准贷款申请前必须考察借款人的还款能力，确保还款安全。

第四章 贷款申办程序

第十条 出质人以知识产权向贷款人出质借款，需向贷款人提交下列（但不限于）相关资料：

（一）知识产权质押贷款申请书；

（二）拟出质知识产权的相关证书（包括但不限于专利证书、商标注册证或作品登记证）原件及复印件；

（三）证明专利权有效的专利登记簿副本原件；有效注册商标专用权、著作权权属文件或资料；

（四）中国银监会《商业银行授信工作尽职指引》规定的相关资料；

（五）贷款人要求提供的其他资料。

第十一条 贷款人根据自身审批流程和审查标准决定是否与相关企业建立授信关系，并确定担保方式。采用知识产权质押的，应重点审查借款人、出质人以下情况：

（一）信用档案、知识产权是否真实有效；

（二）是否有权将该知识产权转让或许可他人使用；

（三）是否已设定质押或重复设定质押；

（四）知识产权的市场价值；

（五）知识产权价值是否合理，评估机构是否具有知识产权评估资质，注册评估师是否具有知识产权评估资格，是否该评估机构正式专业人员；

（六）以注册商标专用权出质的，是否以其在同一种或者类似商品上注册的相同或近似商标的专用权同时出质。

第十二条 双方当事人签订借款合同及相关知识产权书面质押合同，明确质押双方当事人的权利义务，自订立合同之日起 15 日内，共同向国家知识产权局、国家工商行政管理总局商标局、由国家版权局指定的专门机构办理知识产权质押登记，并将质押登记结果报送省级相关知识产权行政主管部门。质权自国务院知识产权有关行政主管部门办理出质登记时设立。

第十三条 知识产权质押合同应包括但不限于以下内容：

（一）被担保债权的种类、数额、资金用途；

（二）知识产权件数、名称、权利要求项数，专利号或商标注册号，专利申请日、授权公告日；

（三）质押担保范围；

（四）质押金额及其支付方式、质押率；

（五）质押到期日原则上不超过贷款到期日后两年。贷款展期的，质押到期日不超过展期到期日后两年。

（六）对质押期间进行知识产权转让或实施许可的约定；质押期间出质人维持知识产权有效的约定；

（七）质押期间知识产权被宣告无效、撤销或者知识产权归属发生变更时是否另行提供担保；

（八）违约及索赔；争议的解决方法；质押期间债务的清偿方式；

（九）依照规定及当事人认为需要约定的其他事项。知识产权经过资产评估的，出质人还应当提交资产评估报告。

第十四条 出质人必须是合法知识产权所有人。出质人对知识产权享有充分的处分权，若知识产权为共有的，其处分已获得其他共有人必要的同意和充分授权。

第十五条 知识产权经过出质登记后，出质人应及时依照约定将出质的知识产权相关证书移交贷款人。质押登记注销后，贷款人应当返还相关证书。

第十六条 贷款人应当按照借款合同及知识产权质押合同约定及时办理发放质押贷款手续，并妥善保管出质人移交的知识产权证书及其他相关资料。

第五章 贷款管理

第十七条 贷款人对能够提高国家核心竞争力产业的，具有国际领先地位和广阔产业化市场前景的，具有明显节能减排、环境保护、低碳经济等国家产业政策鼓励的知识产权项目，尤其是自主研发的发明专利产业化项目，优先予以贷款支持。

第十八条 贷款发放前，出质人应当办理的事项：

（一）知识产权经过资产评估，出质人通过各行政管理部门指定或者通常发布公告的媒体向社会公告知识产权质押情况；

（二）出质人提供本办法第七条第二款规定的知识产权资产评估报告，知识产权质押作为追加担保的除外；

（三）出质人对知识产权产品或项目办理相关保险，规避贷款人信贷风险；

（四）出质人采取有效措施保证质押期内出质的知识产权的有效性，按相关规定缴纳知识产权年费等费用。

（五）其他确保质押知识产权合法有效、价值稳定的措施和方法。

第十九条 贷款人在发放知识产权质押贷款时，要按照《固定资产贷款管理暂行办法》《流动资金贷款管理暂行办法》《个人贷款管理暂行办法》《项目融资业务指引》的规定及合同约定，通过专门贷款发放账户或贷款人受托支付方式和借款人自主支付方式对贷款资金的支付进行管理与控制，防止借款人转移资金，改变信贷资金用途。

第二十条 知识产权质押贷款发放后，贷款人应当密切关注相关国务院知识产权行政部门发布的各类知识产权信息，防范知识产权权属不稳定带来的法律风险。 贷款人要对出质知识产权的风险状况和价值变动情况进行贷后跟踪监控，质物出现问题可能导致价值不足时，应要求借款人采取增加担保或提前偿还贷款等补救措施。贷款人可委托中介机构对出质知识产权法律状况和价值变动情况进行动态监控。出质人应将知识产权法律状态变化等情况及时告知贷款人或贷款人委托的中介机构。

第二十一条 知识产权质押合同登记内容发生变更的，当事人应在做出变更决定之日起7日内持变更协议及相关资料向国家相关知识产权行政主管部门申请办理变更登记。 变更登记后，双方当事人将变更结果报送省级相关知识产权行政主管部门。

第二十二条 质押合同解除或终止后，双方当事人应在30日内，持有关材料到原登记机关办理知识产权质押注销登记手续，并向省级相关知识产权主管部门报送注销情况。

第二十三条 借款人到期不能清偿债务，贷款人应通过政府设立的产权交易机构等渠道发布质押的知识产权处置公告，依法以该知识产权折价或者拍卖、变卖该知识产权的价款优先受偿，也可协议转让或在产权交易机构挂牌处置质押的知识产权。 处置所得超过债权数额的部分归出质人所有，不足以偿还借款本息的或未能处置的，可按照合同约定追索借款人其他财产。实现债权的费用应由出质人承担，当事人另有约定的除外。

第二十四条 贷款人在依法处置质押的知识产权前，可就处置知识产权将涉及的问题向当地相关知识产权行政主管部门咨询或征求意见。

第二十五条 对部分形成逾期的发明专利权质押贷款，可由陕西省人民政府设立的专项基金按照规定进行垫付式风险补偿（风险补偿基金办法另行制定）。

第二十六条 专利权质押贷款出现非主观责任形成不良贷款的，免予追究贷款人相关人员责任，提取贷款损失准备金时不抵扣贷款人的工资性费用。

第六章 组织实施

第二十七条 对技术水平高、市场前景好、具有产业化基础的专利、商标、著作权项目并获得相应知识产权质押贷款的借款人，由各级财政设立的相关专项资金，给予项目资金扶持、知识产权质押贷款贴息、知识产权产业化开发补助、知识产权评估补助等。

第二十八条 支持保险机构开发知识产权质押贷款保险产品，鼓励借贷双方以保险方式降低知识产权质押贷款风险。鼓励创业投资公司、投资基金等民间资本积极介入知识产权质押融资。

第二十九条 相关知识产权行政主管部门要积极培育知识产权产业和知识产权流转市场，规范知识产权市场交易行为。相关知识产权行政主管部门、各银行业金融机构和企业依托现有的“陕西中小企业融资信息服务平台·融资超市”等，提供知识产权管理政策咨询，相应知识产权质押状况、动态价值，相关知识产权质押贷款情况，知识产权融资需求等信息查询及知识产权质押贷款业务对接。

第三十条 资产评估机构、会计师事务所、律师事务所等中介服务机构在知识产权质押贷款执业服务中，应当遵守相关法律法规、行业规则和执业准则规定，恪守独立、客观、公正的执业原则。对中介服务机构故意提供虚假材料的，或因重大过失提供有遗漏的报告而给贷款人造成损失的，各相关管理部门应当依照有关法律法规进行严厉查处；对情节严重，构成犯罪的，依法移交有关部门追究刑事责任。贷款人可将中介机构相关负面信息通报行业协会和行业管理部门。

第三十一条 非地方法人银行业金融机构在权限范围外的，应向上级有权机构提出特别授权请示进行业务报批，以此获得知识产权质押贷款业务授权；在权限范围内的，应向上级有权机构进行业务报备。

第三十二条 开办知识产权质押贷款业务的银行业金融机构应结合本单位实际，根据本办法制定相应的实施细则。在该业务开办后 10 日内连同实施细则一并报陕西银监局。

第七章 附 则

第三十三条 贷款人开办的以知识产权作为质押担保的票据承兑等其他表内外授信业务，参照本办法的有关规定执行。信托公司发行小企业集合信托理财产品，采用知识产权质押融资的，参照本办法的有关规定执行。支持担保机构积极参与知识产权质押贷款。为贷款人提供贷款担保服务并接受知识产权作为反担保质押物的担保机构，参照本办法的有关规定执行。

第三十四条 本办法由陕西银监局、陕西省发展和改革委员会、陕西省财政厅、陕西省知识产权局、陕西省工商局、陕西省版权局、陕西省中小企业促进局负责相关解释。

第三十五条 本办法自发文之日起施行。

附录13

世界博览会标志保护条例

第一条　为了加强对世界博览会标志的保护，维护世界博览会标志权利人的合法权益，制定本条例。

第二条　本条例所称世界博览会标志，是指：

（一）中国 2010 年上海世界博览会申办机构的名称(包括全称、简称、译名和缩写，下同)、徽记或者其他标志；

（二）中国 2010 年上海世界博览会组织机构的名称、徽记或者其他标志；

（三）中国 2010 年上海世界博览会的名称、会徽、会旗、吉祥物、会歌、主题词、口号；

（四）国际展览局的局旗。

第三条　本条例所称世界博览会标志权利人，是指中国 2010 年上海世界博览会组织机构和国际展览局。

中国 2010 年上海世界博览会组织机构为本条例第二条第（一）、（二）、（三）项规定的世界博览会标志的权利人。中国 2010 年上海世界博览会组织机构和国际展览局之间关于本条例第二条第（四）项规定的世界博览会标志的权利划分，依照中国 2010 年上海世界博览会《申办报告》《注册报告》和国际展览局《关于使用国际展览局局旗的规定》确定。

第四条　世界博览会标志权利人依照本条例享有世界博览会标志专有权。

未经世界博览会标志权利人许可，任何人不得为商业目的(含潜在商业目的，下同)使用世界博览会标志。

第五条　本条例所称为商业目的使用，是指以营利为目的，以下列方式使用世界博览会标志：

（一）将世界博览会标志用于商品、商品包装或者容器以及商品交易文书上；

（二）将世界博览会标志用于服务业中；

（三）将世界博览会标志用于广告宣传、商业展览、营业性演出以及其他商业活动中；

（四）销售、进口、出口含有世界博览会标志的商品；

（五）制造或者销售世界博览会标志；

（六）将世界博览会标志作为字号申请企业名称登记，可能造成市场误认、混淆的；

（七）可能使他人认为行为人与世界博览会标志权利人之间存在许可使用关系而使用世界博览会标志的其他行为。

第六条　国务院工商行政管理部门依照本条例的规定，负责全国的世界博览会标志保护工作。

县级以上地方工商行政管理部门依照本条例的规定，负责本行政区域内的世界博览会标志保护工作。

第七条　世界博览会标志权利人应当将世界博览会标志报国务院工商行

政管理部门备案，由国务院工商行政管理部门公告。

第八条　在本条例施行前已经依法使用世界博览会标志的，可以在原有范围内继续使用。

第九条　未经世界博览会标志权利人许可，为商业目的擅自使用世界博览会标志即侵犯世界博览会标志专有权，引起纠纷的，由当事人协商解决；不愿协商或者协商不成的，世界博览会标志权利人或者利害关系人可以依法向人民法院提起诉讼，也可以请求工商行政管理部门处理。应当事人的请求，工商行政管理部门可以就侵犯世界博览会标志专有权的赔偿数额进行调解；调解不成的，当事人可以依法向人民法院提起诉讼。

第十条　工商行政管理部门根据已经取得的违法嫌疑证据或者举报查处涉嫌侵犯世界博览会标志专有权的行为时，可以行使下列职权：

（一）询问有关当事人，调查与侵犯世界博览会标志专有权有关的情况；

（二）查阅、复制与侵权活动有关的合同、发票、账簿以及其他有关资料；

（三）对当事人涉嫌侵犯世界博览会标志专有权活动的场所实施现场检查；

（四）检查与侵权活动有关的物品；对有证据证明侵犯世界博览会标志专有权的物品，予以查封或者扣押。工商行政管理部门依法行使前款规定的职权时，当事人应当予以协助、配合，不得拒绝、阻挠。

第十一条　工商行政管理部门处理侵犯世界博览会标志专有权行为时，认定侵权行为成立的，责令立即停止侵权行为，没收、销毁侵权商品和专门用于制造侵权商品或者为商业目的擅自制造世界博览会标志的工具，有违法所得的，没收违法所得，可以并处违法所得 5 倍以下的罚款；没有违法所得的，可以并处 5 万元以下的罚款。利用世界博览会标志进行诈骗等活动，构成犯罪的，依法追究刑事责任。

第十二条　侵犯世界博览会标志专有权的货物禁止进出口。世界博览会标志专有权海关保护的程序适用《中华人民共和国知识产权海关保护条例》的规定。

第十三条　侵犯世界博览会标志专有权的赔偿数额，按照权利人因被侵权所受到的损失或者侵权人因侵权所获得的利益确定，包括为制止侵权行为所支付的合理开支；被侵权人的损失或者侵权人获得的利益难以确定的，参照该世界博览会标志许可使用费合理确定。销售不知道是侵犯世界博览会标志专有权的商品，能证明该商品是自己合法取得并说明提供者的，不承担赔偿责任。

第十四条　任何单位或者个人可以向工商行政管理部门或有关行政管理部门举报违反本条例使用世界博览会标志的行为。

第十五条　世界博览会标志除依照本条例受到保护外，还可以依照《中华人民共和国著作权法》《中华人民共和国商标法》《中华人民共和国专利法》《中华人民共和国反不正当竞争法》《特殊标志管理条例》等法律、行政法规的规定获得保护。

第十六条　本条例自 2004 年 12 月 1 日起施行。

附录14

保护世博会知识产权专项行动方案

世界博览会是人类新思想、新创意、新发明、新创造的伟大聚会，是人类创新成果交流的重要平台。为将中国 2010 年上海世博会举办成一届成功、精彩、难忘的盛会，根据市委、市政府的总体要求，结合实施知识产权战略纲要，上海市知识产权联席会议办公室决定，自 2009 年 7 月至 2010 年 10 月在全市范围内开展“保护世博会知识产权专项行动”（以下简称“专项行动”）。现将“专项行动”方案部署如下：

一、指导思想

坚持以中国特色社会主义理论体系为指导，深入贯彻落实科学发展观，围绕实施知识产权战略纲要主题，切实加强知识产权宣传和保护工作，营造良好的尊重知识产权环境，服务于举办一届成功、精彩、难忘的世博会。

二、主要目标

通过专项行动的实施，使世博会知识产权得到有效保护，社会公众知识产权意识明显增强，知识产权执法部门执法力度明显加大，保护知识产权的效果明显提高，上海的知识产权保护环境明显改善。

三、重要意义

自中国申博成功以来，中国政府和上海世博会的组织者始终高度重视世博会知识产权保护工作。制定和实施本“专项行动”方案，是举办世博会的需要，是上海贯彻实施知识产权战略纲要、建设创新型城市的需要，更是提高城市软实力和综合竞争力的需要。

四、工作重点

（一）加强宣传教育

动员社会各方力量，采取多种形式，在筹办、举办世博会期间，重点向企事业单位与社会公众、外来人员、境内外游客宣传尊重知识产权的重大意义，重申中央和地方政府保护知识产权、执法部门加强对知识产权侵权行为惩处的坚定立场，宣传本市为营造世博会城市环境、加强知识产权保护的成果。

（二）提供便利服务措施

组织具有涉外代理经验、且具有一定知名度的知识产权代理机构和相关受理机构为世博会参展方办理专利申请、商标注册申请、版权登记申请（包括计算机软件登记申请）、植物新品种申请、集成电路布图设计登记申请和知识产权海关备案申请等手续提供便利服务。

（三）建立园区保护机制

在世博会园区内设立知识产权保护现场办事机构，提供知识产权咨询服务；为参展方的演出、展品等出具相关证明；接受有关世博会标志、专利、商标、版权等违法或侵权行为的举报投诉，协调解决现场发生的知识产权纠纷。

（四）加强市场监管整治

重点监管和集中整治本市大型服饰和小商品市场、邮币市场、旅游纪念品市场、电子商场等，加强对展览场所、宾馆内设商店及租借宾馆场地的展销会的管理和检查，坚决打击销售侵犯世博会标志、假冒世博会特许商品和其他侵犯知识产权的违法行为。

（五）取缔销售假冒盗版摊点

对世博会园区周边地区、进出世博会园区的主要交通干道以及中心城区主要街道、旅游景点、宾馆、大型商场周边给予重点监督和整治，坚决取缔占道设摊和游商走贩销售侵权商品、盗版物品、非法音像制品和假冒商标商品等违法行为。

（六）实施网络监管

重点加强对互联网上涉嫌侵犯世博会知识产权和其他知识产权侵权行为的监管执法工作，及时查处和制止网络侵犯知识产权的活动。

（七）加强海关执法

重点加强海关知识产权保护工作，建立进出口侵犯世博会标志等知识产权的货物案件快速处理机制，对重点地区、重点渠道、重点企业进行监管，加强长三角地区海关世博会标志保护执法协作。

（八）打击侵犯知识产权犯罪活动

加强侦破工作，重点打击侵犯世博会标志及其他涉及世博会知识产权的违法犯罪活动；打击侵害驰名、著名、涉外注册商标权的违法犯罪活动；打击制售盗版物品的违法犯罪活动；打击恶意假冒专利行为。

（九）制定预警应急方案

相关部门要重点做好以侵犯世博会知识产权为重点的知识产权侵权预警和应急方案，及时、有效、妥善地处理知识产权突发事件。

（十）加强广告宣传监管

对企业从事与世博会相关的广告、宣传、商业识别等活动进行监管，加强对媒体、网络及其他广告宣传平台的引导和监督，及时查处未经世博会组织者许可擅自使用世博会相关知识产权以及利用广告宣传侵犯世博会赞助商合法赞助权益的行为。

五、工作机制

（一）建立重大难题商议制度：有关部门在专项行动执行期间发现的、需要相关部门进一步合作处理的重大疑难问题，及时报市知识产权联席会议办公室，办公室应及时组织研究、协商解决。

（二）建立信息共享机制：设立上海世博会知识产权信息平台，及时和定期地通报有关知识产权保护信息，沟通相关情况，实现资源共享；同时对相关区县、部门组织开展知识产权宣传和保护工作的成果进行宣传。

（三）建立执法情况督察机制：各区县和有关市执法部门要定期组织执法情况的督察并将督察情况以电子信息形式发送给市知识产权联席会议办公室，对存在的问题要及时组织整改；市知识产权联席会议办公室适时组织知识产权执法情况的综合督察和情况通报，对存在的问题通知相关的区县和执法部门及时处理；相关的区县和执法部门应及时反馈处理结果。

六、工作分工

（一）各区县人民政府根据专项行动的部署，按照“条块结合、以块为主”的原则，制定和组织实施本区域的行动计划，组织开展对区域内知识产权保护突出问题的综合治理，加强知识产权宣传和保护工作。

（二）市公安局、市工商局、市版权局、市知识产权局、上海海关、市城管执法局、市文化执法总队等单位按照专项行动的部署，制定和组织实施本系统的行动计划和突发事件预警应急方案，切实加强宣传、执法和督察工作。

（三）市发改委、市经信委、市教委、市科委、市司法局、市农委、市商务委、市文广局、市旅游局、上海世博局等单位按照专项行动的总体部署，制定和组织实施本领域行动计划，并加强与有关部门的密切配合，共同做好知识产权宣传和保护工作。

（四）有关部门要加强与检察院、法院的密切配合，加大对侵犯知识产权违法行为的打击力度，通过以案说法形式加强宣传教育，进一步完善行政执法与刑事司法衔接工作机制。

（五）市知识产权联席会议办公室统筹协调专项行动实施工作，对专项行动中的重大疑难问题上报市政府或通报相关区县政府，并负责信息沟通工作。

七、工作进度

（一）2009 年 7 月至 12 月，各区县、各单位制定实施计划，并重点开展“尊重知识产权、迎接精彩世博”的宣传，再次掀起知识产权宣传进机关、进企业、进学校、进社区、进农村、进商场的高潮。

（二）2009 年 9 月至 2010 年 4 月，各区县、各相关单位重点开展大规模的整治行动，依法查处侵犯世博会知识产权行为，加大保护知识产权的行政执法力度。

（三）2010 年 1 月至 10 月，组建世博会知识产权办事机构并启动运行工作，组织落实便利服务措施；各区县和相关单位分别根据行动计划和应急方案进行市场监管和整治。

八、工作要求

（一）提高思想认识，落实各自责任。各区县政府、各单位要以全局观念认识加强知识产权保护的重要性和必要性，切实落实各自职责，于 2009 年 7 月 20 日之前制定行动计划、预警应急方案报送市知识产权联席会议办公室，并组织有效实施。

（二）加强宣传教育，树立正面形象。各区县政府、各部门要加强有关知识产权创造和保护的宣传，重点报道社会各界开展的迎世博、尊重知识产权的各类活动，企事业单位实施知识产权战略纲要的阶段性成果，执法部门处理的侵犯知识产权的典型案件以及司法部门对知识产权权利人的有效保护。

（三）加强能力建设，注重工作成效。各区县政府、各有关单位要依法行政、提高执法能力；要加强教育，疏、堵结合，注重执法效果；要避免矛盾激化，维护安定有序的社会环境，建立与完善长效监管机制。